Ullrich Bauer

Sozialisation und Ungleichheit

Bildung und Gesellschaft

Herausgegeben von
Ullrich Bauer,
Uwe H. Bittlingmayer
und Albert Scherr

Die Reihe Bildung und Gesellschaft bietet einen Publikationsort für Veröffentlichungen, die zur Weiterentwicklung sozialwissenschaftlicher Bildungsforschung beitragen. Im Zentrum steht die Untersuchung der gesellschaftlichen Voraussetzungen, Bedingungen, Formen und Folgen von Bildungsprozessen sowie der gesellschaftlichen Hintergründe und Rahmenbedingungen institutioneller und außerinstitutioneller Bildung. Dabei wird von einem Bildungsverständnis ausgegangen, das Bildung nicht mit den Organisationen und Effekten des sog. ‚Bildungssystems' gleichsetzt. Vielmehr verstehen wir Bildung als Oberbegriff für Lern- und Entwicklungsprozesse, in denen Individuen ihre Fähigkeiten und ihre Autonomiepotenziale entfalten. Die Reihe ist sowohl für empirisch ausgerichtete Arbeiten als auch für theoretische Studien offen. Überschneidungen mit dem Gegenstandsbereich der Sozialisations-, Kindheits-, Jugend-, Erziehungs- und Familienforschung sind damit im Sinne einer produktiven Überschreitung gängiger Grenzziehungen durchaus beabsichtigt. Die Reihe will damit nicht zuletzt zur interdisziplinären Kommunikation zwischen der sozial- und erziehungswissenschaftlichen Bildungsforschung beitragen.

Ullrich Bauer

Sozialisation und Ungleichheit

Eine Hinführung

Bibliografische Information der Deutschen Nationalbibliothek
Die Deutsche Nationalbibliothek verzeichnet diese Publikation in der
Deutschen Nationalbibliografie; detaillierte bibliografische Daten sind im Internet über
http://dnb.d-nb.de abrufbar.

1. Auflage 2011

Alle Rechte vorbehalten
© VS Verlag für Sozialwissenschaften | Springer Fachmedien Wiesbaden GmbH 2011

Lektorat: Frank Engelhardt

VS Verlag für Sozialwissenschaften ist eine Marke von Springer Fachmedien.
Springer Fachmedien ist Teil der Fachverlagsgruppe Springer Science+Business Media.
www.vs-verlag.de

Das Werk einschließlich aller seiner Teile ist urheberrechtlich geschützt. Jede Verwertung außerhalb der engen Grenzen des Urheberrechtsgesetzes ist ohne Zustimmung des Verlags unzulässig und strafbar. Das gilt insbesondere für Vervielfältigungen, Übersetzungen, Mikroverfilmungen und die Einspeicherung und Verarbeitung in elektronischen Systemen.

Die Wiedergabe von Gebrauchsnamen, Handelsnamen, Warenbezeichnungen usw. in diesem Werk berechtigt auch ohne besondere Kennzeichnung nicht zu der Annahme, dass solche Namen im Sinne der Warenzeichen- und Markenschutz-Gesetzgebung als frei zu betrachten wären und daher von jedermann benutzt werden dürften.

Umschlaggestaltung: KünkelLopka Medienentwicklung, Heidelberg
Druck und buchbinderische Verarbeitung: Ten Brink, Meppel
Gedruckt auf säurefreiem und chlorfrei gebleichtem Papier
Printed in the Netherlands

ISBN 978-3-531-17898-1

Für Ina

Inhalt

Vorwort ... 9

Einleitung ... 11

1 **Immer noch zur Einführung – sind soziale Ungleichheiten immer gleich?** ... 17
   1.1 Die schichtspezifische Sozialisationsforschung (1950er–1970er Jahre) ... 23

2 **Die Kritik an der schichtspezifischen Forschung (1970er–1980er Jahre)** ... 39
   2.1 Das Paradigma der Person-Umwelt-Interaktion (1980er Jahre) ... 44
   Exkurs – der Interaktionismus George Herbert Meads ... 45
   2.2 Interaktion als Sozialisationsmodus ... 53

3 **Das Modell des produktiv realitätsverarbeitenden Subjekts (1980er–1990er Jahre)** ... 61
   3.1 Ungleichheit und Sozialisation ... 68
   3.2 Selektion und Allokation durch das Bildungssystem ... 76
   3.3 Individualisierung als „neuer" Sozialisationsmodus ... 83
   3.4 Der Widerstand gegen das Integrationspostulat in der Sozialisationsforschung ... 91

4 **Ungleichheitsdesorientierte Sozialisationsforschung – Ein Zwischenfazit** ... 99

5 **Der Input durch die Sozialraum- und Habitusforschung** ... 107
   5.1 Zwischen den Erkenntnispolen – Objektivismus und Subjektivismus ... 110
   5.2 Soziale Positionen und Lebensstile – die Sozialraum-Lehre ... 121
   5.3 Die Habitus-Theorie ... 130
   5.4 Eine in die Habitus eingeschriebene Komplizenschaft ... 140
   5.5 Der schulische Reproduktionsmodus sozialer Ungleichheit ... 147

6 Ausblick auf die ungleichheitsorientierte Sozialisationsforschung 161
    6.1   Erweiterung 1: Das Milieu-Modell 167
    6.2   Erweiterung 2: Die Habitus-Theorie 171

Fazit – Wozu der Anschluss an Bourdieus Forschungsperspektive? 179

Literatur 191

Vorwort

Aufgabe der Hinführung ist, in den Gegenstand Sozialisation und Ungleichheit einzuführen. Damit ist die Hinführung natürlich als Einführung zu verstehen, aber als sehr basale Einführung. Als eine einführende Einführung, die noch vor den Daten und Fakten zunächst eine Sensibilisierung für den Gegenstand schaffen soll. Das gilt für eine Annäherung an den schwierigen Bereich der Theoriebildung. Bei kaum einem anderen Gegenstand ist eine transparente Auseinandersetzung über die Wahl der Theorien so lange aufgeschoben worden. Die Hinführung muss also zunächst die maßgeblichen Zugangswege zum Gegenstand Sozialisation und Ungleichheit verständlich machen. Dabei sind zwei besonders populäre Zugänge gewählt worden. Der eine ist ein Sozialisationsansatz, der klassisch ist. Es ist Klaus Hurrelmanns *Modell des produktiv realitätsverarbeitenden Subjekts*. Der andere – *Bourdieus Sozialraum- und Habitus-Theorie* – stammt nicht aus der Sozialisationsforschung, sondern aus der Ungleichheitsforschung, scheint aber so viel Potenzial zu besitzen, auch sozialisationstheoretisch fruchtbar gemacht werden zu können. Die Gegenüberstellung der beiden Autoren ist also ein Mittel der Darstellung. In inhaltlicher Hinsicht wird dabei deutlich werden, dass die Wahl des Grundverständnisses sozialer Ungleichheiten darüber entscheidet, wie erfolgreich die – wie sie im Buch genannt wird – ungleichheitsorientierte Sozialisationsforschung verfahren kann. Zu zeigen, dass sie nach dem Ende der schichtspezifischen Sozialisationsforschung nicht mehr erfolgreich sein konnte, ist ein Ergebnis der Hinführung. Welche Theorieentwicklung in dieses Dilemma geführt hat und welche Theorieerweiterung herausführen könnte, ein anderes.

Die Lese-Methode ist folgende: Gegenüber anderen Einführungen in die Sozialisationsforschung, die fast ausnahmslos mit der Klassikerlektüre beginnen, wird hier vom Gegenstand ausgegangen. Ich hoffe, dass damit dennoch ein fundierter Einstieg gelingen wird. Und vor allem, dass die mit besonders ausführlichen Verweisen ausgestattete Wiedergabe der beiden Hauptreferenzen, Bourdieu und Hurrelmann, eine vertiefende Beschäftigung mit den vielen Details dieser beiden hoch aktuellen Theoriegebäude ermöglichen wird. Das Gleiche gilt für die Lektüre der Klassiker, die auf keinen Fall ausgesetzt werden darf. Ich versuche hier aber, für diese weiterführende Lektüre zunächst einen Rahmen zu schaffen. Der Bedarf nach einer vertiefenden Lektüre soll also erst geweckt werden. Die Hinführung kann, wenn es gelingt, auch hierfür sensibilisieren. Vieles ist zum Nachschlagen gedacht und soll den Umgang mit der Primärliteratur anleiten (viele Ausführungen sind aus anderen Texten von mir vertraut und kommen hier in einer vereinfachten Form zum Einsatz). Fremdwörter, die im Text verwendet werden, werden in Klammern erklärt.

Auch dies soll dem Einüben wissenschaftlicher Methoden dienen. Dass schließlich die Hinführung diese Gestalt angenommen hat, ist den Studierenden in den Einführungsvorlesungen der Universität Duisburg-Essen zu verdanken. Ihnen gilt darum auch mein besonderer Dank. Ihre Aufmerksamkeit hat so manchen überhasteten Gedankensprung, den man nur am Schreibtisch machen kann, aufgedeckt. Sarah Zimmermann und ihrer Aufmerksamkeit schulde ich ebenso großen Dank. Sie hat das Manuskript redigiert, Druck- und Denkfehler korrigiert. Frank Engelhardt vom VS Verlag hat die gesamte Publikation durch seine freundliche und kompetente Betreuung erst möglich gemacht. Ihm möchte ich abschließend danken.

Ullrich Bauer

Einleitung

Sozialisation wirkt heute wie ein veralteter Begriff. Obwohl wissenschaftsgeschichtlich vergleichsweise jung (er taucht Ende des 19. Jahrhunderts systematisch auf), hat er eine Wirkungsgeschichte, die ihren Höhepunkt bereits erreicht hatte. Er ist in den 1960er und 70er Jahren aufgelebt, erfährt dort eine Strahlkraft, die Psychologie, Soziologie und Erziehungswissenschaften verbinden konnte, flacht dann ab, wird unmodisch und sogar verpönt. Sein Niedergang hat eine Quelle, die so einfach nicht zu benennen ist. Wenn im Wissenschaftsbereich ein Begriff, ein Konzept oder eine Theorie außer Mode kommen, dann kann es unterschiedliche Gründe haben. Manchmal ist es ein ganz banaler Mechanismus, eine Art Inflation, die einen Begriff so weit verbreitet, dass man im akademischen Betrieb etwas Besonderes wird, wenn man auf ihn verzichtet. Manchmal aber auch sind es die mit einem Begriff verbundenen Implikationen, die seine Attraktivität beeinträchtigen. Ein Begriff kann unmodisch werden, weil er umkämpft ist, weil mit den Erkenntnissen, für die die Forschung mit diesem Begriff steht, praktische Folgen verbunden werden, die unbeliebt sind.

Es scheint, als ob der Sozialisationsbegriff und die mit ihm verbundene Forschung der 1960er und 70er Jahre dieses Schicksal erfahren hat. Der Begriff wurde unbeliebt, weil er inflationär wurde und mit ihm mehr und mehr eine politische Indienstnahme verbunden war. Es ist ein eigenes Kapitel der Sozialisationsforschung, wollte man aufarbeiten, wie hier ein Begriff und eine Forschungslinie langsam aus dem universitären Feld hinaus gedrängt wird. Wichtiger aber ist heute zu verstehen, wie die Kernfrage der Sozialisationsforschung in den Mittelpunkt so vieler Debatten zurück drängt. Es ist ein leichtes zu zeigen, dass das ein basales Verständnis von Sozialisation in allen großen Theorien und Kontroversen zurückkehrt. In Theorien über Prozesse der gesellschaftlichen Integration, der Chancengleichheit, der Bildung usw. Überall dort, wo auf das Funktionieren sozialer Prozesse rekurriert wird, sprechen wir mindestens implizit über Sozialisation. Jede Institution – also auf Dauer gestellte regelmäßige Handlungen – bedürfen einer bestimmten Sozialisation ihrer Mitglieder. Ohne diese Sozialisation gibt es keine Institutionen. Institutionen leben davon, dass Menschen wissen, wie sich zu verhalten haben. Und damit Menschen erfahren, welches Verhalten das einer Institution angemessene Verhalten ist, durchlaufen sie den Prozess der Sozialisation. Die Institution Ehe könnte ohne diese Eingewöhnung, dieses Erlernen der Basics über die Ehe nicht funktionieren. Die Art und Weise, in der wir das Monogamieprinzip erlernen und seine Verletzung ächten, ist ein Ergebnis von Sozialisation. Eine Sozialisation, die lebenslag erfolgt. Schon als Kind erlernen wir, dass zu Erwachsenen die Ehe gehört, dazu die Familie und wir als Kinder. Wir lernen, wie unterschiedlich Ehen geführt werden können. Wir lernen, was eine gute Frau, was ein guter Mann zu tun hat. Wir kämpfen mit den Verlockungen der Treulosigkeit, glauben aber an die Versprechungen einer ewigen Liebe. Dass die Institution der Ehe funktioniert und sie sich als zweigeschlechtliches Prinzip der partnerschaftlichen Verbindung so langsam verändert, ist erklärungsbedürftig. Obwohl die Säkularisierung die Ehe aus religiösen Korsett herausgelöst hat, bleibt diese Institution erstaunlich stabil. Wenn wir fragen, warum sie so stabil ist, ist der Verweis auf grundsätzlichen Handlungsnormen unverzichtbar, die wir als Heranwachsende wie Erwachsende als erstrebenswert erlernen müssen. Wir erfahren, welche Normen in einer Gesellschaft gesetzt werden und richten uns eigene Präferenzen daran aus. Das ist Teil unserer Sozialisation.

Relevanter wird dieses Schema, das die Bedeutung von Sozialisationsprozessen noch grob veranschaulicht, wenn wir über die Aufrechterhaltung von sozialen Ungleichheiten sprechen. Auch hier sprechen wir von Institutionen, die allerdings unterschiedlich wirken. Zum einen, wenn das System der sozialen Ungleichheit als Norm auftritt (so wenn wir sagen, es gibt immer Ungleichheiten), an die wir glauben. Zum anderen, wenn es Institutionen gibt (die Schule, Zertifikate, das Elternhaus etc.), die dafür sorgen, dass eine bestimmte Norm erreicht wird (etwa ein Zeugnis oder eine Zugangsberechtigung) und bestimmte Normen verinnerlicht werden. Kompetenzen beispielsweise, die für Bildungsprozesse entscheidend sind und die in unterschiedlichen Herkunftsmilieus unterschiedlich erfolgreich vermittelt werden. Auch das System der sozialen Ungleichheit lebt also von Sozialisation. Ohne Sozialisation würden keine ungleichen Ausgangsvoraussetzungen und Fähigkeiten bestehen, die zu ungleichen Positionen in der Sozialstruktur führen. Sozialisation ist der Hebel, der uns zum Verständnis der Mechanismen zur Verfügung steht, die zu der Herstellung und Aufrechterhaltung (wir sprechen hierbei technischer von der Produktion und Reproduktion) sozialer Ungleichheiten führen. Wenn man so will, ist Sozialisation von Beginn an mit der Frage der Ungleichheit verknüpft. Denn Sozialisation findet immer in ungleichen sozialen Arrangements statt. Und Sozialisation stellt immer wieder Ungleichheiten her.

Für eine Diskussion, die spätestens seit der Veröffentlichung der ersten PISA-Erkenntnisse im Jahr 2000 geführt wird, ist diese Ausgangsüberlegung nicht unerheblich. Ab dem Moment, ab dem die Diskussion zur Chancenungleichheit wieder mehr öffentliche Aufmerksamkeit erhielt (die empirischen Daten im Hintergrund waren freilich nicht neu), musste man also über Möglichkeiten der Verringerung solcher Chancenunterschiede nachdenken. Wie aber soll über Ungleichheiten reflektiert werden, wenn wir nicht auf Sozialisationsprozesse schauen? Zum Glück existiert hier heute keine Sperre mehr. Der veraltete Begriff Sozialisation taut demnach wieder auf. Auch wenn die Trennung zwischen Ungleichheits- und Sozialisationsforschung kaum verwischt ist, grundlegende Überschneidungen der beiden Themenbereiche können nicht mehr übersehen werden. Soziale Ungleichheiten sind kein auf die Erwachsenenwelt begrenztes Phänomen. Die Struktur hierarchisch (also ungleich) gegliederter Existenzbedingungen nimmt auf die Lebenswelt nachwachsender Generationen manifest Einfluss. Für uns alle ist verständlich, dass das Aufwachsen in der segregierten (das heißt einer räumlich und soziale isolierten) Hochhaussiedlung einerseits sowie in einem bürgerlichen Milieu andererseits unterschiedliche Wirkungen hat. Wenn wir aber fragen, warum die einen die „guten" Karrieren machen und die anderen das Risiko des Verbleibens in der Prekarität nicht überwinden, rückt die Frage näher, die hier in der Hinführung im Mittelpunkt stehen soll. Was wissen wir eigentlich über Prozesse der Sozialisation und die soziale Vererbung ungleicher Lebenschancen? Wie füllt man das Thema Sozialisation und Ungleichheit mit Leben?

In der Geschichte der Sozialisationsforschung seit dem zweiten Weltkrieg nimmt das sogenannte schichtspezifische Paradigma eine herausragende Rolle ein. Ihr Merkmal war bereits die Verknüpfung der Sozialisations- mit der Ungleichheitsthematik. Schichtspezifische Fragestellungen, so nach der sozialen Vererbung von Bildungs- und Lebenschancen, haben bis in die 1970er Jahre hinein eine breite fachwissenschaftliche Öffentlichkeit gefunden und von dort auf bildungs- und sozialpolitische Diskussionen Einfluss genommen. Die Sozialisationsforschung im Allgemeinen und der Zusammenhang zwischen Sozialisation und Ungleichheit im Besonderen wurden zu einem zeitweiligen Brennpunkt politischer Kontroversen. Dann aber ebbte das Interesse in den öffentlichen Auseinandersetzungen ab und der schichtspezifischen Sozialisationsforschung war ein stilles Ende beschieden. Die Kritik an ihr – die hier ausführlich diskutiert wird – wurde übermächtig. Im Anschluss fand etwas statt, was man den Paradigmenwechsel (den Wechsel des gesamten wissenschaftlichen Theorie- und Begriffapparates) zur nach-schichtspezifischen Sozialisationsforschung nennen könnte. Dies hatte weitreichende Implikationen. Es wurden nicht lediglich Begriffe und Basistheorien ausgetaucht. Der neue theoretische Zugang hat nicht nur zu einer erneuerten Sichtweise geführt. Der gesamte Forschungsgegenstand soziale Ungleichheit selbst, mit dem die Sozialisationsforschung einen Boom in der Nachkriegszeit erfahren hat, wurde nach und nach aufgelöst. Das ehemals enge Verhältnis zwischen Sozialisation und Ungleichheit zerbricht damit. Die Folge ist, dass keine oder nur noch unzureichende Analyseinstrumente zur Verfügung stehen, um Reproduktionsmechanismen sozialer Ungleichheit zu verstehen. Warum also die Sozialisation in der Hochhaussiedlung und das bürgerliche Milieu unterschiedliche Wirkungen haben, können wir gar nicht mehr erklären. Wie aber dann weiter verfahren?

Die Hinführung, die eine Sensibilisierung für den Gegenstand darstellen soll, ist hier bescheiden. Sie will zunächst verständlich machen, warum die Theorieentwicklung in der Sozialisationsforschung einen solchen Knick bekommen hat. Wenn dabei argumentiert wird, dass die schichtspezifische Sozialisationsforschung besser war als ihr Ruf, soll damit kein Paradigmenstreit ausgerufen werden. Auf das schichtspezifische Erbe stößt heute unweigerlich, wer den Zusammenhang zwischen Sozialisation und Ungleichheit fokussiert. Dabei ist das Erkenntnisinteresse der schichtspezifischen Forschung unverändert aktuell. Die Rückschau ergibt darum die übereilte Auflösung dieser Perspektive. Etwas ähnliches gilt für ihre Methoden und Ansätze. Wir wissen, dass soziale Ungleichheiten nicht naturgegeben sind. Sie sind auch nicht nach dem Stände-Prinzip geregelt. Sie beruhen in modernen Gesellschaften auf feinen Mechanismen der Produktion und Reproduktion. Sozialisation unter ungleichen Herkunftsbedingungen stellt das sichere Fundament für die Reproduktion ungleicher Chancenverteilung dar. Dass dabei die Sprache oder der Erziehungsstil in unterschiedlichen Herkunftskontexten eine Rolle spielt, ist das Teil des Erbes schichtspezifischer Sozialisationsforschung. Wenn die Armuts- und Ungleichheitsforschung auf die Bedeutung der Lebensbedingungen in den ressourcenschwachen Milieus verweist und wir mehr und mehr verstehen, dass das Erlernen von bestimmten Strategien des „Überlebens" in diesen Milieus dazu führt, dass man geringere Chancen besitzt, Strategien zu entwickeln, aus diesen benachteiligten Bedingungen auszubrechen, ist das die Wirkung sozialisatorischer Prozesse. Auch dies hatte die schichtspezifische Forschung bereits im Blick. Ist der Anschluss an sie also die Lösung? Erhalten wir dann Einblick in die Mechanismen der ungleichen Chancenreproduktion in den Hochhaussiedlungen und im bürgerlichen Milieu?

Die Hinführung ist hier noch einmal unentschieden und vorsichtig, der Blick in die Empirie (also genaue Forschungsergebnisse) ist eingeschränkt. Die Frage, wie aus ungleichen Lebensbedingungen Ungleichheiten zwischen Menschen werden, steht zwar im Mittelpunkt. Beantwortet wird aber zunächst nur, ob Ungleichheiten der Lebensführung, der Lebensweise und der zur Verfügung stehenden Ressourcen tatsächlich die Potenz besitzen, als Ungleichheiten lebenslang weiterzuwirken. Dies ist allem voran eine Theorieperspektive. Wir sprechen damit über die Mittel, die der Sozialisationsforschung zur Verfügung stehen, um die Entstehung von individuellen Ungleichheiten aus sozialen Ungleichheiten heraus analysieren zu können. Und wenn dabei über die Fehlentwicklungen der Theoriebildung gesprochen wird, folgt das dem gleich Zweck. Auch hier geht es um die Mittel, die der Sozialisationsforschung zur Verfügung stehen, um die Entstehung von Ungleichheiten zu analysieren. Nur eben mit der Betonung auf dem, was sich als Mittel als nicht tauglich erwiesen hat.

Damit gibt die Hinführung keinen generellen Einblick in die Sozialisationsforschung. Hierfür stehen mittlerweile gute Einführungsarbeiten zur Verfügung, auf die zurückzugreifen nur empfohlen werden kann (Abels/König 2010; Veith 2008; Geulen 2007; Hörner/Drinck/Jobst 2008; Böhnisch/Lenz/Schroer 2009; Grundmann 2006; Hurrlemann 2006; Hurrlemann/Grundmann/Walper 2008; Scherr 2008; Tillmann 2010; Zimmermann 2006). Das Gleiche gilt für eigenstän-

Einleitung

dige Theorieentwürfe und die internationale Theorieentwicklung (Denzin 2009, Grundmann 2006; Grusec/Hastings 2007; May 2004; Meadows 2009; Sameroff 2009; Sutter 2009; Wagner 2004a,b). Wenn die Hinführung hier also nur verweisen will, dann, um die Konzentration auf den Gegenstand zu schärfen. Zu diesem Zweck soll auch begrifflich sehr genau unterschieden werden. Mit Reinhard Kreckel (1992) sind „Unterschiede" überall vorhanden, sie sind – so der technische Ausdruck – ubiquitär. Aber nicht alle Differenzen und Unterschiede haben auch Konsequenzen. Von Ungleichheiten wird darum dann gesprochen, wenn diese Ungleichheiten auch Konsequenzen haben, im engeren Sinne soziale Konsequenzen, also relevante Folgen für die Lebensführung oder für die Realisierung von Lebenschancen eines Menschen. Unterschiede oder soziale Differenzen können also nahezu alles darstellen: eine unterschiedliche Haarfarbe, die unterschiedliche Körpergröße, ein unterschiedlicher Humor oder unterschiedliche Vorlieben. Zu Merkmalen sozialer Ungleichheiten werden sie erst, wenn sie Folgen haben für die einzelnen Individuen. Sie bleiben reine Unterschiede oder bloße soziale Differenzen, wenn sie nicht relevant für die Lebenschancen eines Menschen sind. Haben sie soziale Konsequenzen, sprechen wir von Ungleichheiten oder in der Terminologie Kreckels, von „strukturierten sozialen Ungleichheiten".

Diese kleine Einleitung hat damit genügend Stichworte geliefert. Die Gliederung der folgenden Ausführungen könnte ohne Probleme anders ausfallen. Und doch habe ich mich für eine Konzeption entschieden, die an zwei Positionen entlang arbeitet. Das Modell des produktiv realitätsverarbeitenden Subjekts Klaus Hurrelmanns und die Sozialraum- und Habitus-Theorie Pierre Bourdieus stehen im Mittelpunkt. Hurrelmanns Ansatz ist ein rein sozialisationstheoretischer. Er steht für die Etablierung des Faches seit den 1980er Jahren stellvertretend. Seine Forschungstätigkeit begann mit Arbeiten zur Struktur und Funktion des Erziehungs- und Bildungssystems (1971; 1973; 1974; 1975; Brusten/Hurrelmann 1973). Er leitete in den 1970er und 80er Jahren die Arbeitsgruppe Schulforschung und wirkte maßgeblich an der Institutionalisierung der Sozialisations-, Kindheits- und Jugendforschung in Deutschland mit. Tatsächlich aber gibt es bisher keine eigenständige Arbeit, die sich mit der Bedeutung Hurrelmanns für die Sozialisationsforschung befasst. Auch deswegen ist es so bedeutsam, diese Position in den Mittelpunkt zu stellen. In inhaltlicher Hinsicht ist die Wahl der Position Hurrelmanns ebenso einleuchtend. Kaum ein anderes Beispiel in der Entwicklung der Sozialisationsforschung steht so stellvertretend für die Schwierigkeit, das Ungleichheits- und das Sozialisationsthema zu verbinden. In der Geschichte der Sozialisationsforschung nach dem schichtspezifischen Paradigmas bildet Hurrelmann so etwas wie ein Scharnier. Sie führt aus dem einen Paradigma (hier als Wissenschaftsrahmen verstanden) heraus und in das andere hinein.

Die zweite Position ist inhaltlich anders strukturiert. Pierre Bourdieu vertritt die zur Zeit wahrscheinlich bekannteste Sozialtheorie weltweit. Eine Vielzahl von

Erläuterungen bezieht sich auf seine Arbeiten. Er hat ein inhaltliches Spektrum, das von ethnologischen bis zu literatursoziologischen Überlegungen reicht. Im Mittelpunkt steht seit den 1960er Jahren aber die Ungleichheitsforschung. Hier leistet Bourdieu eine Verknüpfung der „reinen" Sozialstrukturforschung mit der Analyse von Lebensstilen und Mentalitäten. Diese Verbindung ist in der Soziologie nicht ohne Vorläufer. Und doch ist sie bei Bourdieu so differenziert ausgearbeitet, dass mit der Sozialraum- und Habitus-Theorie ein völlig neuer Ansatz vorliegt, der über die vergangenen drei Jahrzehnte hinweg unser Verständnis der Produktion und Reproduktion von Ungleichheiten prägt. Dass dieser Ansatz nun auch sozialisationstheoretisch Geltung beanspruchen kann, ist eine Übertragung, die nicht zum erste Mal stattfindet. Sie allerdings in einer so basalen Einführung durchzuführen, die primär Anlässe zur Lektüre und zum Nachschlagen eröffnen soll, hat mitunter experimentellen Charakter. Wenn dabei eine weit gestecktes Zeit formuliert wird, dann soll die Konfrontation der Positionen Hurrelmanns und Bourdieus für eine Wiederbelebung der Grundlagendiskussion werben, die das Verhältnis zwischen Ungleichheit und Sozialisation in den Mittelpunkt stellt. Diese soll die Erkenntnisgrenzen des schichtspezifischen als auch des nach-schichtspezifischen Paradigmas überwinden.

Der Aufbau des Buches ist sehr einfach: Anschließend an die Einleitung wird ein Überblick über das gegeben, was als schichtspezifische Sozialisationsforschung verstanden werden kann. Die Linien sind sehr grob und der Stil der Darstellung ist verallgemeinernd. Ab dem zweiten Abschnitt wird detaillierter diskutiert. Zunächst (2.) zur Kritik am schichtspezifischen Paradigma, die gerade in Deutschland sehr umfangreich vorgetragen wurde. Im Anschluss (3.) das Modell des produktiv realitätsverarbeitenden Subjekts, das in den 1980er Jahren in vielerlei Hinsicht alte Theoriestränge ablöst. Der nachfolgende Abschnitt (4.) beinhaltet ein kurzes Zwischenfazit, bevor (5.) der Ansatz Pierre Bourdieus ausführlich vorgestellt wird. Der abschließende Abschnitt (6.) nimmt eine Einordnung der Sozialraum- und Habitus-Theorie aus Sicht der Sozialisationsforschung vor. Mit dem Fazit schließlich wird die Klammer dieser kleinen Hinführung wieder geschlossen. Hiermit soll denjenigen, die den Anschluss an die Grundlagenforschung suchen, genau so gedient werden wie jenen, die eine stärkere Anwendungsorientierung erwarten.

1 Immer noch zur Einführung – sind soziale Ungleichheiten immer gleich?

Die Frage, wie aus unterschiedlichen Bedingungen des Aufwachsens, der Lebensbedingungen, und der Möglichkeitsspielräume individuelle Ungleichheiten werden, könnte auch heißen, wie erfolgt die Verwandlung sozialer Ungleichheiten in individuelle Ungleichheiten. Wenn wir so fragen, treten sofort zwei neue Fragestellungen auf. Gibt es das überhaupt, kann eine Verwandlung sozialer Ungleichheiten in individuelle Ungleichheiten stattfinden? Diese erst Frage wird uns in den kommenden Kapiteln immer wieder beschäftigen. Und die zweite Frage, was sind überhaupt soziale Ungleichheiten, worüber sprechen wir, wenn wir den Terminus technicus, den Fachbegriff, soziale Ungleichheit verwenden? Der Fokus auf soziale Ungleichheiten, der hier verfolgt wird, weist danach eine doppelte Problematik auf.

(1) Zum einen müssen wir immer davon ausgehen, dass sich soziale Ungleichheiten in einer Gesellschaft wandeln. Ungleichheiten verändern sich, dies betrifft die Verteilung von Einkommen, Vermögen, dem Bildungsgrad, Bildungs-, Gesundheits- und Lebenschancen. Zwischen verschiedenen Gesellschaften finden wir große Unterschiede, wenn wir allein auf die Indikatoren sozialer Ungleichheit schauen. Aber auch in einer einzelnen Gesellschaft finden sich enorme Wandlungsbewegungen, wenn Ungleichheiten im Zeitverlauf betrachtet werden. Der Unterschied zwischen einer Ständegesellschaft mit ihrem Ungleichheitsgefüge, das vor allem eine kleine Oberschicht und eine sehr große Unterschicht beinhaltet, und einer modernen Gesellschaft, in der Ungleichheiten so differenziert betrachtet werden, dass eine relativ breite Mitte und ein schmales Oben und Unten existiert, werden im Allgemeinen als eklatant eingeschätzt. Abbildung 1 gibt mit den sogenannten SINUS-Milieus eine Vorstellung der Sozialstruktur wieder, das zwar nur der Marktforschung Verwendung findet, dennoch aber differenziert soziale Lagen und Grundorientierungen der Bevölkerung abbildet.

Aber auch mit Blick auf die Entwicklung in viel kürzeren Zeiträumen, also etwa mit Blick auf die Entwicklung der Sozialstrukturen im 19. und 20. Jahrhundert, finden sich rasante Wandlungsbewegungen. Gerade hier wird deutlich, wie sensibel die Ungleichheitsstrukturen auf gesellschaftliche Entwicklungen reagieren. Wirtschaftliche Auf- und Abschwünge regulieren, in welchem Umfang soziale Ungleichheiten ab- oder zunehmen. Ungleichheiten, von denen in der Alltagskommunikation gerne behauptet wird, es gäbe sie doch immer und sie würden immer so bleiben, erweisen sich also bei näherer Betrachtung als ein sehr beweglicher und variabler Gegenstand. Politische Regulierungen sorgen dafür, ob

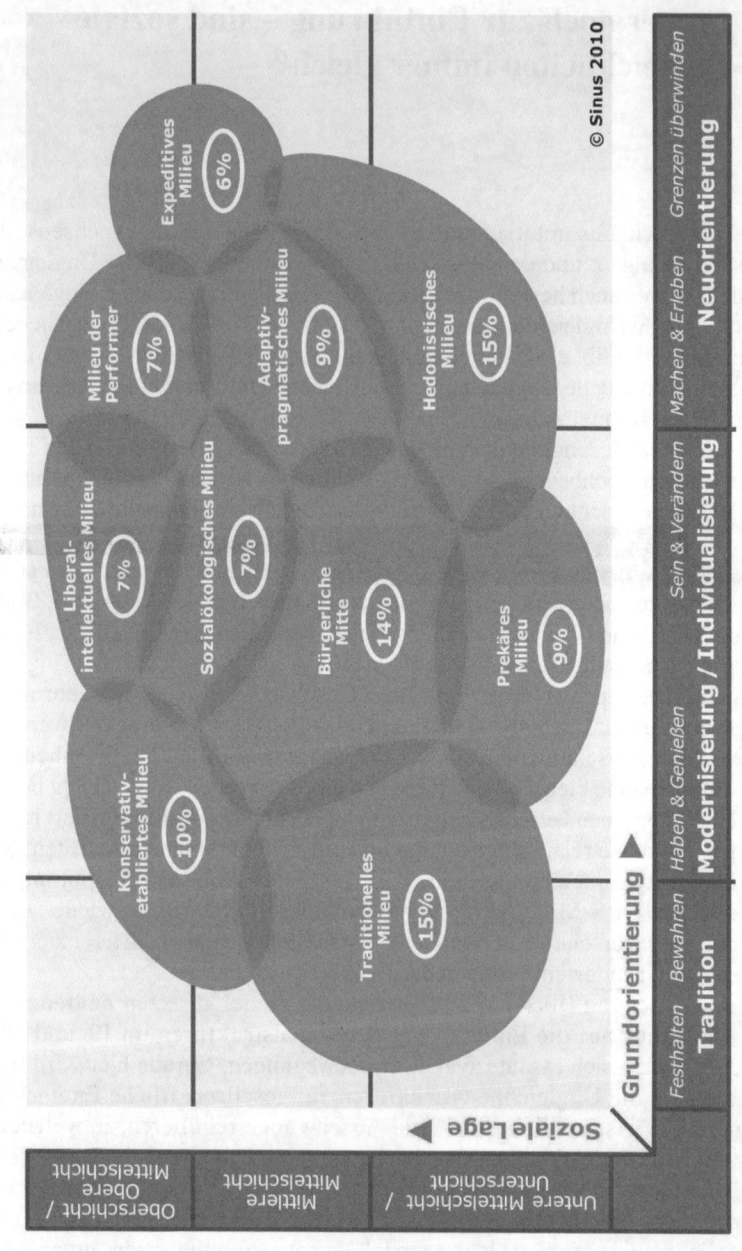

Abbildung 1 Die SINUS-Milieus 2010. Quelle: Sinus Sociovision GmbH. Update 2010.

Immer noch zur Einführung

Ungleichheiten stark zur Ausprägung gelangen oder eher in einem schwächeren Grad (die sogenannte Hartz-IV-Gesetzgebung ist dafür ein sehr treffendes Beispiel). Soziale Bewegungen, wie die Arbeiterbewegung im 19. und 20. Jahrhundert, haben einen sehr starken Einfluss auf die Ausprägung des gesellschaftlichen Ungleichheitsgefüges genommen. Dies sind nur einige Kernfaktoren, die das gesellschaftliche Gefüge sozialer Ungleichheit regulieren.

(2) Der zweite Teil der Schwierigkeit, über soziale Ungleichheiten zu sprechen, betrifft die wissenschaftliche Perspektive. Wenn es schon keinesfalls leicht ist, Sozialstrukturen in einer einzelnen Gesellschaft als stabil anzunehmen, dann tritt als Problem hinzu, dass sich die Perspektive auf die Bewertung von Ungleichheiten permanent wandelt. Wir sprechen hier von einer sich wandelnden Wahrnehmung von Ungleichheiten. Im engeren Sinne ist dies eine veränderte Wahrnehmungs- und Bewertungsperspektive, die nicht nur das Alltagsbewusstsein betrifft. Sie betrifft gerade auch die wissenschaftliche Perspektive, also das wissenschaftliche Feld, in dem „Meinungen" über soziale Ungleichheit ein große Rolle spielen. Das heißt, die Analyse sozialer Ungleichheiten erfolgt auch in der Gemeinschaft der Wissenschaftlerinnen und Wissenschaftler keinesfalls einheitlich. Vielmehr haben wir eine Vielzahl von Hinweisen darauf, dass sich in der Sozialstrukturanalyse und Ungleichheitsforschung die Wahrnehmung und Bewertung sozialer Ungleichheiten in den vergangenen Jahren immer wieder verändert hat; und zwar häufiger als ein objektiver Wandel der maßgeblichen Strukturen sozialer Ungleichheit angenommen werden kann. Es ist für den Gegenstand der ungleichheitsorientierten Sozialisationsforschung also unerlässlich zu fragen, wie plausibel ein Erklärungsansatz ist, mit dem soziale Ungleichheiten analysiert werden.

In den Sozial- und Erziehungswissenschaften treffen wir auf dieses Problem der normativen Hintergrundannahmen immer wieder (scheinbar objektive Auffassungen, die durch eine subjektive Norm, eine Norm im Hinterkopf, beeinflusst werden). Damit ist gemeint, dass bestimmte individuelle Ansichten einen Einfluss darauf nehmen, wie ein Gegenstand der Analyse, hier soziale Ungleichheiten, subjektiv bewertet wird. Also aus Sicht derjenigen, die über einen Gegenstand sprechen. Der Prozess des *Analysierens* und *Bewertens* kann demnach nicht voneinander getrennt werden. Schaut man genau hin, kann man erkennen, dass sich die Erkenntnisproduktion in den Sozial- und Geisteswissenschaften hier sehr deutlich von rein naturwissenschaftlichen Methoden unterscheidet. Wenn auch in den Naturwissenschaften eine Trennung zwischen *Meinen* und *Analysieren* nicht immer vollständig durchgehalten werden kann, so ist die Unterscheidung zwischen beiden Vorgängen doch viel leichter vorzunehmen. In den Sozial- und Erziehungswissenschaften vermischen sich beide Prozesse. Wenn man unterschiedliche Meinungen über soziale Ungleichheiten hat (über ihre Bedeutung, über ihre Ausprägung etc.), dann kann man auch zu unterschiedlichen Analyseergebnissen kommen. Die Geschichte der Ungleichheitsforschung ist voll von solchen Beispielen und auch die Analyse des Gefüges von ungleichen Lebensbedingungen und ungleichen Möglichkeiten der individuellen Entwicklung wird auf diesen Zusammenhang zu sprechen kommen.

Der Weg der Ungleichheitsthematik in der sozialwissenschaftlichen Analyse

Ein erster Blick zurück zeigt, wie wichtig die Frage der sozialen Ungleichheiten als Forschungsgegenstand für die modernen Sozialwissenschaften war. Das Thema Ungleichheit steht „an der Wiege der modernen Soziologie" (Müller 1992), verbunden mit der Kernfrage danach, warum soziale Ungleichheiten existieren und wie sie entstehen? Wenn man so will, war die Klassikerfrage: Wie werden soziale Ungleichheiten produziert – hergestellt – und reproduziert – immer wieder neu hergestellt? In der deutschsprachigen soziologischen Diskussion des 19. und zu Beginn des 20. Jahrhunderts hat diese Fragestellung eine besondere Verankerung. Sie wird mit zwei unterschiedlichen Positionen besetzt: Mit der Position von Karl Marx auf der einen Seite und Max Weber auf der anderen Seite.

Mit Karl Marx (1818–1883) wird heute vor allem jener analytische Standpunkt verbunden, der die Bedeutung *materieller* Ausgangsbedingungen betont. Mit dem so bezeichneten materialistischen Paradigma ist dabei vor allem jene Annahme verbunden, dass die Stellung in der Sozialstruktur von der Position im Erwerbsprozess, genauer von der Verfügbarkeit über die Produktivkräfte abhängt. Marx ist seither zweifellos der wichtigste Denker in der soziologischen Tradition, der darauf aufmerksam gemacht hat, wie wichtig die Analyse von politischen Ausgangsbedingungen und ökonomischen Strukturen ist, wenn man soziale Ungleichheiten und ihren Wandel in Gesellschaften beschreiben will. Mit Max Weber (1864–1920) findet sich in der Diskussion teilweise ein Widerpart zu Marx. In der späteren Rezeption (also in der Wiederaufnahme der Denker) wird die Gegenüberstellung zu Marx überbetont. Weber wollte vielmehr an Marx anschließen, dessen Denkmodell aber erweitern. Weber ging darum neben der Bedeutung der politisch regulierten Arbeitsverhältnisse und der Bedeutung der ökonomischen Struktur im Hintergrund zusätzlich davon aus, dass die Mentalität und der Lebensstil eines Menschen zu einer bestimmten Verwirklichung von Lebenschancen führt. Bei Weber – und das kann die wirkliche Erweiterung zum Denken von Marx bis heute sein – spielt also das Handeln der Menschen selbst, ihre Einstellungen zum Leben, ihre Motivationen und ihre Auf- oder Abstiegsaspirationen eine ganz besondere Rolle. In den klassischen Arbeiten von Weber (etwa zur protestantischen Ethik als Bedingung des ökonomischen Handelns) spielt diese Analyse des Individuellen darum eine besondere Rolle. Der Gegensatz zwischen den Positionen von Marx und Weber wird in der sozialwissenschaftlichen Diskussion unterschiedlich stark betont. Im Folgenden wird noch zu sehen, dass sich beide Positionen nicht diametral gegenüber stehen. Auch in der heutigen Analyse von sozialen Ungleichheiten spielen beide Positionen eine bedeutsame Rolle und es wird zu erkennen sein, dass beide Positionen nicht gegeneinander ausgespielt werden dürfen, sondern in einer gemeinsamen Analyseperspektive miteinander verbunden werden (zur Weiterlektüre Vester et al. 2001: Kap. 4).

In der deutschsprachigen soziologischen Diskussion ging die Analyse von sozialen Ungleichheiten im Anschluss an Marx und Weber weiter. Die für unsere heutige Diskussion vielleicht wichtigste Etappe beginnt nach dem Zweiten Weltkrieg. Hier spielen Positionen eine Rolle, die neben der Analyse von Ungleichheiten eine Prognose auf die Entwicklung von Ungleichheiten in einer Gesellschaft versuchen. Ein Vertreter dieser Diskussion ist Helmut Schelsky (1912–1984). Schelskys wichtigste Arbeiten zur Sozialstrukturanalyse gehen davon aus, dass Ungleichheiten in einer Gesellschaft niemals stabil bleiben. Schelsky betont zwar einen weiten gesellschaftlichen „Range" (also eine große Spannbreite) sozialer Ungleichheiten. In den westlichen Gesellschaften der Nachkriegszeit überwiegt Schelsky zufolge jedoch die Tendenz zur „Nivellierung" („Glättung" oder „Neutralisierung") der Sozialstruktur oder anders ausgedrückt, einer „Nivellierung" von Ungleichheitsverhältnissen. Diese sehr spezifische Annahme, die für die Zeit nach dem Zweiten Weltkrieg in den 1950er und 60er Jahren durchaus nicht untypisch war, ist geprägt von der Erwartung, dass die wirtschaftlichen Boom-Bedingungen der Nachkriegszeit auf Dauer gestellt werden können (Lutz 1984). Für diese Annahmen, die Schelsky mit dem Begriff der Nivellierung am allerbesten zusammenfassen kann, sprechen in der Tat einige Indizien. Der wirtschaftliche Aufschwung verringert Ungleichheiten, die Quote der Arbeitslosen nimmt immer weiter ab, der Bedarf nach Arbeitskräften nimmt sogar zu. Diese Boom-Bedingungen im Hintergrund sind für diese Theorie von wesentlicher Bedeutung.

Mit Nivellierung meint Schelsky die Neutralisierung von Ungleichheiten zwischen den Menschen. Eine Neutralisierung von Ungleichheiten, die normalerweise durch die unterschiedliche Verfügbarkeit über ökonomisches Kapital (sprich Geld) und kulturelles Kapital (etwa Bildungstitel) gebildet werden. Nivellierung oder Neutralisierung heißt also, dass diese Ungleichheiten immer weniger Bedeutung haben in der Lebensführung von Menschen. Schelskys Annahme einer „nivellierten Mittelstandsgesellschaft" stellt sich die Sozialstruktur der Zukunft so vor, dass es eine sehr breite Masse gibt, eine breite Mitte der Gesellschaft, und an den Polen, dem Oben und Unten, werden die sozialstrukturellen Lange immer dünner, die beiden entgegengesetzten Pole erhalten eine immer geringere Bedeutung. Die Lebensverhältnisse gleichen sich einander an und damit spielen Ungleichheiten in der nivellierten Mittelstandsgesellschaft eine immer geringere Rolle.

Dieser Diskussionsstrang erhält in der deutschen Diskussion über soziale Ungleichheiten deswegen eine Bedeutung, weil er in der Diskussion seit den 1980er in einer etwas veränderten Gestalt wieder auftaucht und von dort aus viel Bedeutung gewinnt. Ab den 1980er spielt die Individualisierungsthese des deutschen Soziologen Ullrich Beck (*1944) eine hervorgehobene Rolle. Becks Individualisierungstheorie wird im Folgenden noch detaillierter besprochen werden, hier ist zunächst nur wichtig, sie als Fortführung der Annahmen zu einer Nivellierung von Ungleichheiten zu verstehen. Individualisierung als Zeitdiagnose moderner Gesellschaften, die bis weit in die 1990er Jahre viel Wirkung hatte auf die Sozial- und Erziehungswissenschaften, meint primär, dass Ungleichheiten eine immer geringere Rolle spielen. Das heißt, die Zugehörigkeit zu sozialen Großgruppen, die sich aufgrund von ungleichen Ressourcen unterscheiden, wird immer bedeutungsloser. Beck geht mit dieser Diagnose von einem dauernden Wohlstandsschub aus (ähnlich wie Schelsky). Es ist eine Verlängerung der Boom-Annahme aus der unmittelbaren Nachkriegszeit, obwohl Strukturdaten schon seit den 1970er Jahren Gegenteiliges nahelegen. Ullrich Becks Hauptveröffentlichungen in diesem Bereich, „Jenseits von Stand und Klasse" (1983) und „Risikogesellschaft" (1986), heben genau diese Diagnose der Individualisierung hervor. Individualisierung als Freisetzung des Einzelnen aus traditionellen Normen- und Wert-, Schicht- und Klassenzusammenhängen. Bei Beck führt der Einzelne Regie über den eigenen Lebenslauf. Die Hauptannahme im Hintergrund ist der so bezeichnete „Fahrstuhleffekt" sozialer Ungleichheit. Damit bezeichnet Beck in der Analyse sozialer Ungleichheit die Entwicklung, dass die Abstände zwischen unterschiedlichen Lebens- und Ausgangsbedingungen zwar immer noch vorhanden sind, aber durch den Wohlstandsschub alle Individuen insgesamt um eine oder mehrere Etagen „hoch fahren". Die individuelle Absicherung im Rahmen einer Gesellschaft, die über ein ausgebautes wohlfahrtsstaatliches System verfügt, ist nach Beck so umfassend, dass Ungleichheiten eine immer geringere Rolle spielen. Mit der Boom-Annahme im Hintergrund und der Vermutung, dass sich sozialstaatliche Absicherungssysteme nicht wieder verändern, konstatiert Beck, dass der Prozess hin zu einer Individualisierung von Lebensbedingungen nicht mehr aufzuhalten sei.

Mit der Individualisierungsthese behauptet Beck zumindest implizit, dass sich soziale Ungleichheiten mehr und mehr auflösen. Und genau mit dieser Stoßrichtung werden seine Arbeiten auch bis heute rezipiert. Einen Einschnitt in die Plausibilität dieser Annahmen gab es aber dennoch. Als ab dem Jahr 2000 die Ergebnisse der ersten PISA-Studie diskutiert wurden, wurde auch deutlich, dass gerade in Deutschland das System sozialer Ungleichheiten weder gebrochen noch aufgelöst ist. Ganz im Gegenteil, es stelle sich als relativ stabil dar, wenn darauf geschaut wird, wie ungleich Bildungschancen reproduziert werden. Die Ergebnisse der PISA-Studie spiegeln damit das, was in den bildungssoziologischen Untersuchungen ohnehin bereits bekannt war. Nur war die Aufmerksamkeit für diese Untersuchungen bisher immer sehr gering. Erst durch eine durch die OECD gestützte internationale Vergleichsstudie wie die PISA-Studie wurde für eine große Öffentlichkeit sichtbar, dass sich die Wandlungsbewegungen im Bereich sozialer

Die schichtspezifische Sozialisationsforschung (1950er–1970er Jahre)

Ungleichheiten viel geringer ausprägen als durch die Theoriediskussion, die so lange von der Annahme einer Nivellierung und Individualisierung ausgegangen war, nahegelegt wurde. Die Empirie der PISA-Studie spricht also eine andere Sprache. Sie zeigt, dass manifeste soziale Ungleichheiten bestehen bleiben und sie unterstreicht Annahmen, die seit den 1980er Jahren fast ungehört blieben: Ungleichheiten nehmen seit über 20 Jahren wieder zu, auch die „modern" genannten Gesellschaften erleben seit den 1980er Jahren eine Form der „Restrukturierung" (und nicht der Entstrukturierung) sozialer Ungleichheiten. Die PISA-Ergebnisse wirkten also als ein PISA-Schock. Lange hatte man sich an den Gedanken gewöhnt, dass Ungleichheiten in ihrer Bedeutung abnehmen. Dies stellte sich aber also ein Irrtum heraus.

Wie es weiter geht ...

Diese Fehlentwicklung in der Theoriebildung wird im Folgenden noch eine große Rolle in der Darstellung spielen. Bevor aber so genau auf die Theorieentwicklung der Sozialisationsforschung geschaut wird, soll zunächst gefragt werden, welche Tradition zunächst unterbrochen wurde. Das Auffällige ist nämlich, dass vor der Diskussion, die ab den 1980er Jahren zu einer Vernachlässigung des Problems sozialer Ungleichheiten geführt hat, die Frage der Ungleichverteilung einen hohen Stellenwert hatte. Das gilt vor allem in den 1960er und 70er Jahren für die Ungleichheits- und Sozialisationsforschung gleichermaßen. Das, was in dieser Zeit als sogenannte schichtspezifische Sozialisationsforschung diskutiert wurde, soll zunächst vorgestellt werden. Im Anschluss dann wird verständlich, warum sich die Diskussion über Sozialisation und Ungleichheit so sehr in eine Sackgasse verfahren hat.

1.1 Die schichtspezifische Sozialisationsforschung (1950er–1970er Jahre)

Untersuchungen, die „unter dem Firmenschild schichtspezifische Sozialisationsforschung" (Hurrelmann 1976b: 24) zusammengefasst wurden, setzten im angelsächsischen Sprachraum nach dem zweiten Weltkrieg ein. In Deutschland begann ihre akademische Rezeption bereits Mitte der 1960er Jahre. Das zentrale Erkenntnisinteresse dieser international breit gefächerten Debatte richtete sich auf die Reproduktion sozialer Ungleichheiten. Die Hauptannahme bestand darin, dass Heranwachsende mit sozial und ökonomisch deprivierter Herkunft ein nur geringes Maß an Bildungschancen besitzen und daher die unterdurchschnittlichen Berufs-, Einkommens- und Lebenschancen ihrer Herkunftsfamilie reproduzieren. Wenn man umfassender in die Debatte einsteigen möchte, kann auf Literatur zum Thema verwiesen werden, die inzwischen sehr gut einführt (Rolff 1997; Grundmann 1994). Für die Entwicklung der schichtspezifischen Sozialisationsforschung ist zunächst zu verstehen, warum die Forschung begann. Interessanterweise hat die Diskussion, die wir aus heutiger Perspektive schichtspezifische Forschung nennen, viele Anstöße aus dem nicht-wissenschaftlichen Feld bekommen. Die schichtspezifische Sozialisationsforschung war damit auch ein Ergebnis des steigenden Problemdrucks in der öffentlichen Diskussion. Aber wie ist dieser Druck entstanden?

Gründe für den ansteigenden Druck auf das Bildungsthema

Noch heute wird von einem Zustand der deutschen „Bildungskatastrophe" (Picht 1964) und einer anschließenden Periode der Bildungsreformen in den zweieinhalb Jahrzehnten nach dem zweiten Weltkrieg gesprochen. Wenn dabei gefragt wird, warum die Bildungsfrage in der Nachkriegszeit im wissenschaftlichen ebenso wie im politischen Diskurs so bedeutsam wurde, scheint die Antwort zunächst eindeutig: Mit der Forderung nach Veränderungen im deutschen Bildungssystem entlädt sich ein aufgestautes Reformbedürfnis. Der zweite Blick ist aber komplexer. Dieses Reformbedürfnis ist *nicht nur* als das aufgestaute Bedürfnis einer intellektuellen oder akademischen Avantgarde zu verstehen, die auf eine gesellschaftliche Reform drang und dafür zunächst den Bildungssektor aussuchte, das eigene Aktionsfeld also. Vielmehr handelt es sich um das Zusammenwirken unterschiedlicher Motivationen in sehr verschiedenen gesellschaftlichen Gruppen, die nach dem zweiten Weltkrieg auf eine Veränderung des Bildungssystems drängten. Der Boom des Bildungsthemas ist danach auf mindestens drei Triebkräfte zurückzuführen, die hier nur stichwortartig genannt werden sollen:

(1) Der gestiegene Bedarf der Ökonomie nach gut ausgebildeten Arbeitskräften. Die sich etablierenden neuen Dienstleistungsökonomien führen zu einen gestiegenen Qualifikationsbedarf der ArbeitnehmerInnen (Bittlingmayer 2005). Zugleich setzt sich in den Unternehmen ein neuer Rekrutierungsmodus der wirtschaftlichen Eliten durch. Der Bildungstitel wird zur wichtigsten Ressource im Verdrängungswettbewerb um gute erwerbswirtschaftliche Positionen.

(2) Von dieser Dynamik, die primär durch Veränderungen im wirtschaftlichen Feld bedingt ist, ist eine *politische* Motivation zu unterscheiden. Diese basiert darauf, dass in der Nachkriegszeit die Bedeutung des technologischen Wandels als besonders hoch eingeschätzt wurde. Der technologische Fortschritt ist einerseits eine zentrale Ressource der gesellschaftlichen Entwicklung. Er ist andererseits eine gezielte Strategie in der Blockkonfrontation zwischen den unterschiedlichen Regime in Ost und West. Mit dem ersten künstlichen Satelliten in der Umlaufbahn (dem sowjetischen „Sputnik") wurde der vermutete technologische Vorsprung der kommunistischen Staaten Osteuropas als Schock wahrgenommen („Sputnik-

Schock"). In der Folge initiieren die USA und die verbündeten Staaten des Westblocks staatlich gesteuerte Bildungsprogramme, die zu einer Verbreiterung der Bildungsbeteiligung führen sollten. Diese Nutzung und „Weckung" gesellschaftlicher Begabungsreserven sollte vor allem in jenen „bildungsfernen" Gruppen erfolgen, die bis dahin institutionalisierte Bildung in weit geringerem Maße für sich in Anspruch genommen haben. Zweifellos folgte dieser Zielsetzung ein „nicht zu unterschätzendes volkswirtschaftliches Kalkül" (Heller 1969: 354). Sie ist aber zunächst als ein genuines politisches Motiv anzusehen, der die Vorstellung der politischen Kontrollierbarkeit des technologischen Wandels zu Grunde liegt.

(3) Schließlich wird Bildung zu einem Hebel solcher Bestrebungen, das Ziel der gesellschaftlichen Emanzipation voranzutreiben. Dieses Motiv, das zu einer breiten Thematisierung von Bildungsreformen geführt hat, wird heute womöglich etwas überschätzt. Tatsächlich sind die politische und wirtschaftliche Motivation für die Periode der Bildungsexpansion sicherlich folgenreicher. Emanzipative Bestrebungen sind aus dem Geflecht, das zu den Bildungsreformen der 1960er und 70er Jahre führte, aber nicht wegzudenken. Sie stärken den „Geist" der Reform und bündeln jene gesellschaftlichen Interessengruppen, die einer liberalen Öffentlichkeit zuzurechnen sind. Das Ziel der Demokratisierung der Gesellschaft sowie die Schaffung von Chancengleichheit ist Bestandteil einer progressiven gesellschaftlichen Entwicklungstendenz und einem dazugehörigen egalitären Grundverständnis. Was wir heute als die spezifische Motivik alternativer sozialer Bewegungen ansehen (Anti-Globalisierung, Attac, religiöse Sozialbewegungen etc.), die außerhalb des etablierten politischen Feldes agieren, gehörte in den 1960er und 70er Jahre viel deutlicher zum politischen Mainstream (Slomp 2000).

Der meritokratische Prinzip

Interessanterweise bedeutet diese sehr unterschiedliche Motivlage, die zum Start der schichtspezifischen Sozialisationsforschung geführt hat, keine offensichtliche Vorentscheidung bei der inhaltlichen Ausrichtung. Elementares Kennzeichen war allein, das Sozialisationsgeschehen mit der Struktur der sozialen Ungleichheit in Beziehung zu setzen. Das bedeutet für den Zuschnitt dieser interdisziplinären Forschung, dass primär Erkenntnisse aus der Ungleichheits- und Sozialisationsforschung zusammenfließen. Auch über den Bezug zur Ungleichheits- und Sozialisationsforschung hinaus, existierte diese sehr ausgeprägte interdisziplinäre Orientierung. Auffälligen Niederschlag findet insbesondere die Rezeption der sprachanalytischen Untersuchungen Basil Bernsteins (1972a) sowie die Befunde zu differenzierten Erziehungsstilen in Abhängigkeit von der Schichtzugehörigkeit in den Arbeiten Melvin Kohns (1981 [1969]). Seit dem Ende der 1960er Jahre werden dann auch von deutschsprachigen Autoren Untersuchungen zur Ausprägung schichtspezifischer Unterschiede im Sozialisationsprozess durchgeführt (Rolff 1967; Gottschalch et al. 1971; betrifft: erziehung Redaktion 1971; Lorenz 1972; Oevermann 1972). Hauptgegenstand ist auch hier die Frage, wie sich ungleiche Lebensbedingungen reproduzieren, wie sie *sozial* weiter vererbt werden. Im Kern dominiert damit in den 1960er und 1970er Jahren jene Fragestellung, die in der Rekonstruktion der beiden wichtigsten sozialisationstheoretischen Zugänge mit dem Begriff der Vergesellschaftung verbunden wurde. Die Frage also, wie sich unterschiedliche Kontexte der sozialen Einbindung auf die individuelle Entwicklung auswirken? Etwas weiter gefasst: Was ist in der menschlichen Entwicklung biologisch determiniert, was ist durch die sozialen Lebensbedingungen, durch die Umstände, unter denen das Aufwachsen, die Integration in ein gesellschaftliches Gefüge stattfindet bedingt?

Aber auch ein zweiter Aspekt, der in der Rekonstruktion sozialisationstheoretischer Zugänge als Erkenntnisinteresse der Individuation benannt wurde, spielt in der schichtspezifischen Sozialisationsforschung eine Rolle. Die Frage, wie sich Kompetenzen ausbilden, die in der individuellen Entwicklung dazu führen, dass eine Form der *Emanzipation* von den Herkunftsbedingungen (als Loslösung von den Zyklen der sozialen Reproduktion) erfolgen kann? Dieses Zusammenspiel beider Kernfiguren der Sozialisationsforschung wird im Folgenden in der weiteren Rekonstruktion schichtspezifischer Ansätze wiederkehren. Hier steht zunächst die Orientierung an der Frage der sozialen Reproduktion im Mittelpunkt. Das Bildungsfeld und speziell die Schule erhalten darin die zentrale Bedeutung. Schule wird in ihrer Funktion als Chancenverteilungsstelle wahrgenommen. Dies hat primär mit dem Übergang vom einem familialen Reproduktionsmodus zum schulischen Reproduktionsmodus sozialer Ungleichheit zu tun, von dem Ansätze schichtspezifischer Sozialisationsforschung ausgehen (ausführlich hierzu Abschnitt 5.5). Die Annahme, dass nicht mehr die Herkunft aus einer bestimmten Familie allein darüber entscheidet, wo die Positionierung in der Sozialstruktur erfolgt, wird durch Erkenntnisse der Ungleichheitsforschung in der Nachkriegszeit immer deutlicher unterlegt (Hadjar 2008, Castells 2005). Das meritokratische Prinzip – die Annahme einer durch Leistung legitimierten Positionierung – wird zu einem politisch gewollten Prinzip der Allokation (also der Zuweisung) von Lebenschancen. Es soll also keine Rolle mehr spielen, welche Ressourcen und Lebenschancen jemand in gesellschaftliche Positionskämpfe einbringt. Diese Position muss generell „verdient" werden, sie muss legitimiert werden. Man muss eine Berechtigung für eine bestimmte Position erwerben und man kann diese verlieren. Auf dem *Weg* aber, auf dem die Berechtigung, eine bestimmte Position zu bekleiden, erworben wird, ist der Bildungsgrad von entscheidender Bedeutung. Der Weg über das reine Vererben, über die alleinige Zugehörigkeit zu einer bestimmten sozialen Gruppe, wird danach seltener und vor allem immer weniger erwünscht. Mehr noch, diesem *reinen* Vererbungsprinzip wird die gesellschaftliche Legitimation entzogen. Und auch wenn dieser sehr optimistischen Auffassung darüber, wie sich heute soziale Ungleichheiten „leistungsgerecht" herausbilden, noch zu widersprechen sein wird, ist eines richtig: Mit der Etablierung des meritokratischen Prinzips ist die gesellschaftliche Skepsis gewachsen, wenn Reichtum und gute gesellschaftliche Positionen einfach nur noch sozial vererbt werden. Die allgemeine Akzeptanz hat nachgelassen und der Prestigefaktor einer „guten" Familie reicht heute keinesfalls mehr aus, um Anerkennung zu erfahren. Nicht dass dieses Prinzip komplett außer Kraft gesetzt wurde (dafür gibt es viele Hinweise gerade heute noch). Die Bedingung ist aber, dass für Anerkennung etwas geleistet werden muss.

Die generelle Bedingung, dass wir etwas als Leistung erwarten, wenn kollektiv Anerkennung (in Form von Einkommen, Status etc.) vergeben wird, ist zweifellos das Ergebnis eines gesellschaftlichen Emanzipationsprozesses. Die Befreiung von einem Prinzip der stillschweigenden und nur über das Erbrecht legitimierten Herrschaft ist damit begonnen worden. Dafür ist mit dem Bildungswesen seit dem ausgehenden 19. Jahrhundert und vor allem mit dem Prozess der Bildungsexpansion in der zweiten Hälfte des 20. Jahrhunderts eine Instanz ausgebaut worden, die die Legitimation für Statuszuweisung verschafft. Einmal kurz sehr schematisch ausgedrückt: Nicht mehr über Zugehörigkeit zu einer bestimmte sozialen Gruppe werden Status und Anerkennung vergeben (der familiale Reproduktionsmodus oder das Erbprinzip), sondern über die erbrachte Leistung (der schulische Reproduktionsmodus). Die Schule ist damit nicht mehr nur Beiwerk bürgerlicher Sozialisationspraktiken, sie wird vielmehr für alle Bevölkerungsgruppen ein entscheidender Hebel, eine maßgebliche Weichenstellung für den Verlauf von Biografien (Reichwein 1985).

Passung und Sprache

Das zentrale analytische Konzept, das die schichtspezifische Sozialisationsforschung für die Analyse von Reproduktionseffekten verwendet, ist das der *Passung*. Das Passung-Konzept zielt wörtlich auf das Zusammenspiel, man könnte auch sagen das „zusammen passen" zwischen Ausgangsvoraussetzungen der SchülerInnen und dem, was das Bildungssystem als Eigenschaften, Fähigkeiten und Kompetenzen erwartet. Das Passungsverhältnis zielt auf die Art und Weise, in der Schule in Erscheinung zu treten, dort einen bestimmten Lern- und Bildungsstil anzubieten. Die schichtspezifische Sozialisationsforschung visiert genau diese ungleichen Ausgangsvoraussetzungen an, von denen ein Effekt für den Bildungserfolg angenommen wird. Dies meint die Fähigkeit, sich zu artikulieren, Lernstrategien auszubilden, die Kompetenz, das Lernen zu lernen, richtig gekleidet zu sein, einen schulischen Habitus zu besitzen, und das verfügbare Bildungskapital einzusetzen. Diese Eigenschaften müssen in ein *Passungsverhältnis* mit den schulischen

Erwartungen überführt werden. Das, was aus heutiger Perspektive der empirischen Bildungsforschung bereits vertraut klingt (Krüger et al. 2010), war für die schichtspezifische Sozialisationsforschung eine weitreichende Erkenntnis. Vor allem aber markiert es einen Wechsel, der die vorher dominierende Begabungsideologie im Bildungsbereich ablöste.

Mit der lange vorherrschenden Annahme, nach der Fähigkeiten und Begabungen biologisch bedingt sind und deswegen die Bildungschancen von Menschen gar nicht veränderbar (weil eben die genetische Vorprägung determiniert), kommt es zu einem Bruch (Bronfenbrenner 1976a). *Passung* meint eben nicht die genetische Vorprägung. Vielmehr wird damit auf die soziale Prägung fokussiert, das Produkt spezifischer Bedingungen, unter denen Heranwachsende sozialisiert werden. Dieses Denken ist bis heute weit in die Propädeutik der Pädagogik und Sozialwissenschaften vorgedrungen, in den 1960er und 70er Jahren bedeutete es indes den entscheidenden Startpunkt dieser Denkrichtung. Sozialisatorische Arrangements, die vor der Schule, außerhalb der Schule und neben der Schule auf das vorbereiten, was in der Schule erwartet wird, bedingen also Startvorteile. Und umgekehrt bedingen Arrangements Startnachteile, wenn sie von dem wegführen, was in der Schule erwartet wird. Der Prozess der Passung ist der entscheidende Mechanismus, über den diese Startvorteile und Startnachteile praktisch realisiert werden.

Wenn man nur auf die Forschung dazu zurück blickt, was diese unterschiedlichen Vorprägungen bedeuten, was also als ungleiche Startvorteile angesehen werden konnte, stößt man auf zwei große Stränge der Diskussion. Zum einen der soziolinguistische Ansatz. Der bekannteste Vertreter in dieser Linie ist Basel Bernstein (hierzu der Überblick bei Sadovnik 2001). Bernstein war Sprachwissenschaftler, Linguist und Sprachsoziologe. Die soziolinguistische Forschung Bernsteins schließt an Erkenntnisse zu sozial bedingten Ungleichheiten im Sprachgebrauch an (Labov 1966) und beschreibt die schichtspezifische Verwendung unterschiedlicher Sprachcodes. Bernstein (1972a,b, 1977) vertritt die Annahme, dass sich bildungsnahe und bildungsferne Schichten durch ihren Sprachcode unterscheiden. Er differenziert dabei einen restringierten (eingeschränkten) von einem elaborierten (erweiterten) Sprachcode. Der restringierte Sprachcode steht für ein geringes Sprachniveau, der elaborierte für das hohe Niveau. Bernsteins (1972a) eigene Untersuchungen mit Bildergeschichten, die von Kindern nacherzählt werden, unterlegen diese Unterschiedlichkeit im Sprachgebrauch, die zu einem unterschiedlichen Grad der Passung an schulinstitutionelle Sprachanforderungen führen (s. Abb. 2).

Abbildung 2 Beispiele für den elaborierten (linke Spalte) und restringierten Sprachcode (rechts).

„Drei Jungen spielen Fußball und ein Junge schießt den Ball und er fliegt durch das Fenster der Ball zertrümmert die Fensterscheibe und die Jungen schauen zu und ein Mann kommt heraus und schimpft mit ihnen weil sie die Scheibe zerbrochen haben also rennen sie fort und dann schaut diese Dame aus ihrem Fenster und sie schimpft hinter den Jungen her."

„Sie spielen Fußball und er schießt ihn und er fliegt rein dort zertrümmert er die Scheibe und sie schauen zu und er kommt raus und schimpft mit ihnen weil sie sie zerbrochen haben deshalb rennen sie weg und dann sieht sie raus und sie schimpft hinter ihnen her."

- universelle Orientierung
- situations-unspezifisch
- explizite Bedeutungen (auch ohne Kenntnis der
- Situation verständlich)
- komplexere grammatikalische Strukturen
- komplizierter Satzbau, Gebrauch von Nebensätzen
- Kaum Konjunktionen, Gebrauch vieler erklärender
- Substantive, die den Erzählfluss strukturieren

- partikulare Orientierung
- situations-spezifisch
- implizite Bedeutungen (nur aus der Situation heraus
- verständlich)
- einfachere grammatikalische Strukturen
- einfache und unvollständige Sätze
- seltener Gebrauch von Nebensätzen
- viele Konjunktion
- Pronomen statt Substantive.

Obwohl die Soziolinguistik nach Bernstein sozial bedingte Sprachcodes differenzierter unterscheidet (Trudgill 2000; Veith 2005), ist die Grundüberlegung Bernsteins ungebrochen aktuell. Wenn wir selbst einen unterschiedlichen Sprachgebrauch bewerten und uns dabei beobachten, hat dies eine unmittelbare Evidenz (eine bestimmte Einsichtigkeit), in der Art und Weise, wie wir Sprache wahrnehmen, klassifizieren und die SprecherInnen sozial einordnen (hierzu auch Bourdieu 1990). Wir erkennen selbst in kleinen Textfragmenten den Grad der Bildungsnähe. Und auch wenn heute nicht mehr im schulischen Kontext sofort gefolgert wird, dass der restringierte Code für jemanden steht, der als unbegabt angesehen werden muss, so schließen wir doch auf bestimmte Merkmale der Lebenslage, die zu Bildungskarrieren ungleich befähigen. Für den restringierten Code: bildungsferne Herkunft, Aufwachsen in einem ressourcenschwachen Milieu. Und umgekehrt: die elaborierte Ausdrucksweise, tendenziell bildungsnah, eher ein ressourcenstarkes Herkunftsmilieu im Hintergrund, die Eltern selbst Akademiker. Diese Grundüberlegung, die heute der Soziolinguistik zu verdanken ist, dient als Leitunterscheidung für die Wirkung unterschiedlicher sozialer Kontexte. Dass hiermit auch ein so differenziertes Ausdrucksmedium wie die Sprache in den Korpus der Merkmale aufgenommen werden kann, die wir alltagsweltlich für individuell halten (also als ein Produkt der individuellen Einzigartigkeit), die tatsächlich aber durch Lebens- und Umweltfaktoren ihre spezifische soziale Charakteristik erhalten, wird für die anschließende sozialwissenschaftliche Analyse von Ungleichheiten noch bedeutsam sein.

„Ey Alter, Du bis auch ne Hure"

Die Leitunterscheidung der unterschiedlichen Sprachcodes, die wir hier an Anlehnung an Basil Bernstein einführen, verfolgt zunächst nur den Zweck, diese Forschungslinie erneut zu *bewerben*. Was heute auf dieser Grundlage sicher nicht zeitgemäß ist (und das ist das Verdienst dieser Forschung), ist die Aussage, ein bestimmter Sprachcode sei restringiert und ein anderer elaboriert und damit Ausdruck von Intelligenzunterschieden. Diese Unterscheidung befördert die Annahme, der „restringierte" Sprachcode sei weniger intelligent (Kohn 1999). Wir würden heute eher übersetzen, dass der elaborierte Code für eine gewisse Bildungsnähe steht, die dabei unterstützt, einzuüben, wie man in der Schule zu sprechen hat. Mit dem restringierten Code geht umgekehrt eine Bildungsferne einher, die diese Anpassung nicht unterstützen kann. Wir würden heute auch nicht mehr annehmen, der eine Sprachcode sei notwendig komplexer und der andere Code unterkomplex. Das hat die Sprachforschung der letzten Jahrzehnte gezeigt, Sprachverwendungen, die in der Sprachforschung als „kreolisch" bezeichnet werden (das Zusammensetzen unterschiedlicher Sprachen) sind hochkomplexe Gebilde (Bickerton 1981). Auch die Rappersprache oder Straßenslangs bilden komplizierte sprachliche Muster und Grammatiken ab, die der anerkannten Hochsprache in der Art und Weise nicht nachstehen, wie Sprache eingeübt und präsentiert werden muss. Die zentrale Einsicht dieser Forschung bedeutet also: Die Codes hängen von dem ab, was in den jeweiligen Umfeldern, den Lern- und Erfahrungsräumen der Sozialisation, als richtiges Sprach-Verhalten gefordert und nachgefragt wird. Wäre Bushido derjenige, der definiert, wie in der Schule gesprochen wird, dann hätten Kinder und Jugendliche aus Berlin-Neukölln eindeutige Startvorteile. Sie wären bildungsnah. Bushido aber verfügt über eine besondere Art des Einsatzes kulturellen Kapitals, da er den restringierten und den elaborierten Sprachcode verinnerlicht hat, er spricht selbst in mehreren Sprachen und verschafft damit dem restringierten Code ein höheres Maß an Anerkennung. Dies ist eine Besonderheit, nach der die Anerkennung eines spezifischen Sprachcodes immer auch davon abhängt, wer als SprecherIn identifiziert wird und wie das Maß an Legitimation und Anerkennung des/der SprecherIn bewertet wird.

Diese Besonderheit der symbolischen Bewertung von sprachlichen Gesten oder auch ihrer sozialen Inwertsetzung wird im Weiteren noch aufgenommen. Zunächst ist wichtig: Wäre Bushido für das Bildungssystem verantwortlich, würden Kinder aus Neukölln Startvorteile haben. Das System würde sich umdrehen, und wir sähen mit unseren Jacketts im Hörsaal auf einmal deplatziert aus, dann wirkten unsere akademischen Curriculum Vitae (die akademischen Lebensläufe), die Auslandsaufenthalte, der bilinguale Unterricht auf der Eliteschule, der Vater als Arzt, die Mutter als Apothekerin gar nicht mehr so hochrangig. Sie würden nicht mehr die Norm eines akadamischen Habitus darstellen. Auch nicht, dass wir am Wochenende einen Kurztrip nach Berlin gemacht haben, um endlich mal die Museumsinsel besuchen zu können. Wir werden mit den Arbeiten des französischen Soziologen Pierre Bourdieu (s. unten), die zweifellos die wichtigsten Impulse im Bereich der Forschung zu den Abgrenzungspraktiken im akademischen Feld darstellen, hier noch weiter und tiefer schürfen. Im Moment ist mit dem Beispiel der Bushido-Bildung nur bedeutsam zu verstehen, dass die Art und Weise, in der wir selbst über Bildung nachdenken und Bildungspraktiken bewerten, ein bestimmtes Bildungsideal im Kopf haben, etwas, an dem wir erfolgreiche Bildungsprozesse messen, wir haben damit also eine soziale Norm vor Augen. Diese Denkfigur ist wichtig, sie wird uns im Folgenden begleiten. ==Bildungsnähe und Bildungsferne werden von bestimmten Standards abhängig gemacht, die nicht konstant sind, sich demnach auch verändern können== (ein Beispiel dafür ist, wie das humanistische Bildungsideal durch das ökonomisch-instrumentelle abgelöst wurde). Dennoch aber nehmen wir an, es existiere so etwas wie eine Konstante des richtigen Zugangs zu Bildung, der Bildungsaneignung und des Umgangs mit Bildung. Das aber, was hinter diesen Prozessen der Wahrnehmung und Bewertung von Bildungspraktiken steckt, bleibt häufig unbemerkt.

Ein Beispiel zu diesem Aspekt, der Besuch unter KollegInnen im Hochschulbereich: Der erste Blick fällt auf das Bücherregal, am besten eine Antiquität, vornehmlich ein Gegenstand vom Flohmarkt. Groß, sichtbar, Mittelpunkt der Wohnung, von außen durch die Fenster auch für alle, die nur vorbei gehen, zu erkennen. Der Fernseher so klein wie möglich, kein Flachbildfernseher. Das gesamte kulturelle Kapital wäre mit einem Schlag für den entwertet, der/die sich als „Fernseher" entpuppt, es sei denn, er/sie kann es als Interesse an der Mediensoziologie ausgeben. Am besten aber noch immer gar kein Fernseher. Den Apparat im Schrank zu verschließen, ist indes nicht mehr modisch in den Bildungsmilieus, das wirkt spießig. Die Küche ist der zentrale Wohnort. Man kocht gerne, kein Fast-Food. Im akademischen Feld wird ein ganz bestimmter kultureller Code gepflegt, sprachlich sowieso, aber auch unabhängig davon. Hier genauer hin zu schauen, offenbart äußerst Interessantes: Jede noch so zufällige Geste ist ein Ausweis von bestimmten Bildungspraktiken, die nicht offen, sondern nur verklausuliert benannt werden dürfen, wenn sie erfolgreich wirken sollen („Das hier haben wir zufällig auf einem Flohmarkt in Paris entdeckt"). Im akademischen Feld wird auf diese Weise miteinander konkurriert, es wird um Anerkennung gerungen. Und das – noch überraschenderweise – nicht mehr mit den Waffen der „alten" Universität. Wichtige Titel, lange Bücher, die seriöse Kleidung, dies alles ist veraltet, damit ist kaum mehr zu punkten. Auch im Universitätsbereich, dem Bereich also, an dem Bildungsnormen gebildet werden, finden permanent Modernisierungen statt. Und wenn dann ein junger Professor oder eine junge Professorin vor Ihnen steht und in lockerer Kleidung (kaum von der der Studierenden zu unterscheiden) spricht, wirkt das wie eine Liberalisierung des Bildungsfeldes. Tatsächlich ist es aber nicht so. Die Machtmechanismen bleiben erhalten, nur in anderer Form. ProfessorInnen, die ohne Manuskript reden können, alte Schuhe tragen, eine Jeanshose, keine Anzughose, halten einen bestimmte Code ein, an den man sich zu halten hat. Es ist ein permanentes Spiel mit Signalen, die andeuten, wo wir jemanden einordnen. Bildungsnah oder bildungsfern, erfolgreich im Bildungsfeld oder doch ein Mitläufer, welche Art von Milieuzugehörigkeit liegt vor usw. Man würde nie auf die Idee kommen, dass ein Universitätsprofessor für Soziologie oder Erziehungswissenschaften ein Auto fährt, das jünger als zwei Jahre ist. So wird ohne Pause kategorisiert, und durch diesen Mechanismus werden auch SchülerInnen eingeordnet. Der kleine Junge mit der Sporthose, der nicht die adäquate Schulkleidung trägt, das kleine Mädchen, das immer ihren Nintendo dabei hat, das andere Mädchen, das gern liest und ein Instrument spielt. Das sind die „Spiele", mit denen soziale Zugehörigkeit bestimmt wird und eine Voraussage über das getroffen wird, was jemand erreichen kann (weil die soziale Laufbahn immer schon vorausgesehen wird). Dass dabei nur eingeschliffene Vorstellungen von dem zum Ausdruck kommen, was als bildungsnah und als bildungsfern eingestuft wird, ist offensichtlich. Eigentümlich nur, dies soll dieses Beispiel abschließen, dass die Reflexion dieser Bewertungsprozesse seit dem Beginn der schichtspezfischen Sozialisationsforschung kaum Eingang in die LehrerInnenausbildung gefunden haben. Ohne weit vorgreifen zu wollen, dass hier eine Lücke im Wissenstransfer in die Praxis vorliegt, lässt sich schnell feststellen.

Sprachbarrieren und soziale Selektion

Sprachbarrieren sind also im engeren Sinne Sprachcodebarrieren, unterschiedliche Sprachcodes sind ungleich anschlussfähig. Diejenigen der LeserInnen, die aus bildungsfernen Milieus stammen, kennen das aus ihrer eigenen Erfahrung. Sie sprechen (und hier geht es um den Code, nicht die Landessprache) im schulischen und universitären Milieu anders als im Kontext der Familie und Freunde. Es handelt sich um einen Bruch, der sich aus den unterschiedlichen Sprachanforderungen und Sprachnormen ergibt. Woran diese Anfangsüberlegungen – hier einmal etwas beschleunigt – nun angeschlossen werden sollen, ist das Motiv der Eliminierung. Eliminierung ist ein analytischer Begriff der soziologisch geprägten Ungleichheitsforschung, über den versucht wird zu beschreiben, wie bestimmte Gruppen in bestimmen Institutionen, zum Beispiel im Bildungswesen, aussortiert werden. Die

Kernfrage ist, wie überleben bestimmte Gruppen und über welche Mechanismen werden andere selektiert. Die Bedeutung des Eliminierungsbegriffes ist dabei eine doppelte: Zum einen Fremdeliminierung, also Aussortierung durch andere, zum anderen Selbsteliminierung, als Form des Aussortierens durch eigenen Verzicht. Und genau hierfür gibt die Sprachcodeforschung viele Beispiele. Ein bestimmter Code, eine bestimmte Art des Ausdrucks („Isch", „Ey Alter, Du bist auch ne Hure") wird fremd eliminiert. Wer so spricht, wird abgewertet, das kommt in den Institutionen der Bildungsvermittlung nicht an. Genau komplementär aber funktioniert der Mechanismus der Selbsteliminierung. Wenn man mit seiner Sprache nicht ankommt, wächst die Wahrscheinlichkeit, dass man sich von selbst zurückzieht. Also auch ohne Fremdurteil, als Ergebnis einer eigenen Entscheidung, als Entschluss, der für alle weiteren Handlungen vermeiden will, dass ein Gefühl von Nicht-Anschlussfähigkeit, Unpassenheit, Ausgesondert-Werden oder Scham auftritt.

Gerade zu diesem Mechanismus der Selbsteliminierung existiert reichhaltige Forschungsliteratur. Darin finden sich wichtige Differenzierungen der Art und Weise, wie Selbsteliminierung erfolgen kann. Eine bereits aufschlussreiche, hier zu nennende Untersuchung, ist die Sighard Neckels zum Zusammenhang von „Status und Scham" aus dem Jahr 1991. Das, was in den nachfolgenden Ausführungen zur Bedeutung der Interaktionsverhältnisse von Heranwachsenden noch breiter diskutiert wird, ist hier exemplarisch durchgeführt worden. Soziale Scham ist als das Ergebnis einer bestimmten Praxis zu verstehen (zu der auch die Ausstattung mit Sprachkapital, der Kleidungsstil etc. gehören), die nicht zu den Anforderungen eines Feldes passt, in dem gehandelt wird. Selbsteliminierung beinhaltet also eine Form des Selbstausschlusses. Weil man die eigene Unzulänglichkeit bemerkt und dies als eigenes Versagen interpretiert, ist Verzicht oder Selbstausschluss eine immer wahrscheinlichere Folge.

Dies ist indes keine notwendige Folge, wie kurz erläutert werden muss: Hier wie im Folgenden wird bei den sozialen Konsequenzen spezifischer Lebensbedingungen immer häufiger auf die Figur rekurriert, dass mit bestimmten Konstellation der materiellen und sozialen Ausstattung einer Handlungssituation eine bestimmte Wahrscheinlichkeit der Folgen erzeugt wird. Man könnte hierbei auch von einer sozialen oder einer individuellen Disposition sprechen, also von einer Anlage zu einer typischen Folge bzw. zu einem typischen Verhalten (s. unten). Man wird dabei aber sehen, dass wir es hier in allen Fällen der sozialwissenschaftlichen Theoriebildung mit einer Reaktion zu tun haben, die wir probabilistisch, also wahrscheinlichkeitstheoretisch bestimmen können, nicht aber in einem Sinne, der allenfalls in einigen Fällen naturwissenschaftlich ausgerichteter Forschung zutreffen kann, der der völligen Determination, also Vorherbestimmtheit eines Ereignisses oder einer Handlung. Man kann sich anhand des Beispiels der Selbsteliminierung immer vorstellen, dass es so etwas gibt wie einen Widerstandwillen, der eingesetzt wird, wenn das Gefühl der sozialen Scham auftritt und wenn dann Scham in Gegenwehr, als eine Form der Überwindung von Scham, umschlägt (MacLeod 2004). Das Ergebnis kann dann ein völlig anderes sein. Es kann sein, dass jemand den Prozess, in dem er „eliminiert" wird, durchschaut und dadurch noch zusätzlich motiviert wird, sich in Bildungsprozessen durchzusetzen etc. Beispiele der Werdegänge von Topmanagern mit bildungsferner Herkunft in Deutschland können diese Umkehrung einer sozialen Disposition unterlegen. Kajo Neukirchen und Detlef Schrempf etwa, die mit dem Volks- und Hauptschulabschluss einen sozialen Aufstieg absolvieren konnten (Hartmann 2004, 134; Hartmann 2004, 123). Eine solche „Umkehrung" ist wiederum von einer spezifischen Konfiguration individueller Faktoren abhängig (etwa ein hohes Maß an Selbstvertrauen, frühe Erfolgserfahrungen im Bildungsfeld, Familienmitglieder, die fördern etc.) sowie schließlich von der Konfiguration eines bestimmtes Feldes, in dem gehandelt wird (Durchlässigkeit der Bildungssysteme, gute Berater, Förderer etc.). Es gibt also nur sehr selten wirklich determinierende Mechanismen, die eine bestimmte Entwicklung zwingend machen oder eine andere überhaupt nicht zulassen. Der Modus einer sozialwissenschaftlichen Erkenntnisweise, die nur Wahrscheinlichkeiten, nicht aber Gesetzmäßigkeiten bestimmen kann, ist ursächlich mit dem Gegenstand der Analyse verbunden, einer Gesellschaft und ihrer Mitglieder, deren Verhaltensweisen, Mentalitäten und Dispositionen kaum stabil, sondern in einer permanenten Konstruktions- und Wandlungsbewegung sind. Man kann folgern, dass a) die materialen Ausgangsbedingungen einer jeweiligen Gesellschaft (Freiheit, Zwang, Wohlstand, Armut etc.), b) die dominierenden Konstruktionsleistungen bestimmter Gruppen in gesellschaftlichen Schlüsselbereichen (Unterdrückung von Reformwillen, Förderung von Autonomie etc.) und c) der individuelle/kollektive Wille zur Veränderung oder Erhaltung bestimmter Systeme nur selten genau bestimmbare Einflussgrößen einer einheitlichen Erkenntnisgewinnung für die Prognose von sozialen Entwicklungsdynamiken bilden. Daher kann von sozialen Wahrscheinlichkeiten gesprochen werden, nicht aber von einer Sicherheit der Folgen bestimmte Ausgangsvoraussetzungen.

Passung und Erziehungsstile

Ein ergänzendes Beispiel der älteren Forschung zu den schichtspezifischen Einflüssen stammt wie das der Soziolinguistik aus den 1960er Jahren. Auch hier ist es ein internationaler Forschungsstrang, der im Deutschen als „schichtspezifische Erziehungsstile" diskutiert wurde. Im Besonderen wird hierbei an die Arbeiten Melvin Kohns ([1969] 1981; 1999) angeschlossen, die im Wesentlichen die Logik der Forschung Bernsteins aufnehmen und auf den Bereich der Erziehungsstile anwenden. Kohn selbst formuliert thesenartig dazu, inwieweit Erziehungsstile als schichtabhängig angesehen werden können:

„Die Bedingungen des beruflichen Lebens in höheren sozialen Schichten fördern das Interesse an den intrinsischen Qualitäten der Arbeit, die den Glauben an die Möglichkeit rationalen Handels zur Erreichung gesetzter Ziele stärken und die Bewertung von Selbststeuerung fördern. Die Bedingungen des beruflichen Lebens in den unteren sozialen Schichten schränken die Einstellung zur Arbeit auf die extrinsischen Belohnungen, die sie verschaffen ein, begünstigen eine eng umrissene Vorstellung von sich selbst und der Gesellschaft und fördern eine positive Bewertung von Konformität und Autorität." (Kohn [1969] 1981, 192)

Kohn unterscheidet zwei auseinander liegende Muster des Erziehungsverhaltens. Das eine Muster ist gebunden an Bedingungen, die in den so genannten höheren sozialen Schichten existieren. Das zweite Muster ist geprägt durch Existenzbedingungen in den unteren sozialen Schichten. Die Erfahrungen des ersten Musters beinhalten beruflich selbstverantwortlich zu handeln und sich motivieren zu können für Tätigkeiten, die ohne unmittelbaren Zwang erfolgen, also aufgrund von weitgehend intrinsischer Motivation. Auf der anderen Seite das Gegenbeispiel, die durch extrinsische Motivation, also durch Zwang und Druck ausgelöste Handlung, eine stärkere Orientierung auf Konformität und Regelbefolgung. Kohn hat damit in seinen Untersuchungen aufgenommen, was die neuen Angestellten- und Dienstleistungsmilieus charakterisiert, die im Zuge der Tertiarisierung der Arbeitswelt in der Nachkriegszeit eine in quantitativer Hinsicht höhere Bedeutung gewinnen als die traditionellen Milieus der manuellen und körperlichen Arbeit (Bell 1985; Häußermann/Siebel 1995; Bittlingmayer/Bauer 2006). Das, was heute als selbstverständlich angenommen wird, bedeutete vor rund fünfzig Jahren eine weitgehende Veränderung im Arbeitsprozess: Das Vordringen selbstständiger Arbeit, die Projektförmigkeit von Arbeitsaufträgen, die steigenden Anforderungen an die Selbstorganisation von Arbeitsprozessen sowie die Fähigkeit, sich selbst motivieren können. Die akademischen Milieus bilden dafür ein gutes Beispiel. So wie heute studiert und projektförmig gelernt wird, wird später auch gearbeitet. Auf der anderen Seite stehen – in quantitativ weit geringerem und schrumpfendem Ausmaß – die traditionellen Arbeitnehmermilieus. Charakteristisch hierfür ist die Tätigkeit im produktiven Sektor, z. B. in der Fabrik. Hier werden Arbeitsprozesse strukturiert durch äußere Anreize, Arbeit ist nicht positiv besetzt, Arbeit ist etwas, was man machen muss, Arbeitsergebnisse müssen extrinsisch motiviert werden.

In dieser Gegenüberstellung der unterschiedlichen Arbeitsbedingungen sieht Kohn eine Entsprechung der ungleichen Lebensbedingungen einerseits sowie der sozial ungleichen Erziehungsstile andererseits. Mit Kohn lässt sich deswegen für die 1960er Jahre die Differenzierung schichtspezifischer Erziehungsstile aufnehmen. Kohn unterscheidet ein Erziehungsmuster der, in der aktuellen Terminologie, bildungsnahen Milieus. Diese fördern in den Erziehungsprozessen einen Lern- und Aneignungsmechanismus, den sie selbst in ihren Arbeitsprozessen einsetzen. Kohn spricht von einer Form der Selbststeuerung („self-direction"), die durch Sozialisationsprozesse in den Familien der Dienstleistungsmittelschicht gefördert wird. Sie ist bestimmt durch ein hohes Maß an Selbstbestimmung sowie durch die Förderung von intrinsischer Motivation („überlege doch einmal, ob das gut für Dich ist?", „was könnten die Folgen sein?", „ich mache mit und helfe Dir, dann kannst Du es dann einmal allein probieren" etc.). Diese Fähigkeiten, welche man auch als Kapital der bildungsnahen Milieus in den Dienstleistungsberufen beschreiben kann, ist etwas, was sich nach Kohn in die Erziehungsstile übersetzt. Die Fähigkeit, Selbstwirksamkeit dadurch zu erfahren, dass man ein eigenes Projekt verfolgt, dass man sich selbst motiviert und damit Erfolg hat, ist ein Bestandteil erzieherischen Handelns in den bildungsnahen, eher ressourcenstarken Milieus. Wir können durchaus vermuten, dass wir dieses allgemeine Schema der „aktivierenden" Erziehungspraktiken aktuell differenzierter beschreiben können, dennoch besitzt das dem gegenüberstehende, dichotomisierende Muster, das Kohn verwendet, einen wichtigen exemplarischen Charakter, der noch heute Bestätigung findet (Tamke 2008: 249). Exemplarisch lassen sich hier folgende Praktiken nennen: organisierte Wochenenden in den bildungsnahen Milieus, gemeinsame Ausflüge, beide Elternteile sind dabei, der Vater geht nicht abends in die Kneipe, er ist morgens um neun Uhr am Wochenende „fit"; die Organisation von abwechselnden Wochenendausflügen, keine reinen Freizeitparkbesuche, richtige, das heißt wertvolle und fördernde Aktivitäten, ein Besuch im Museum, in der Oper, im Kabarett etc. Dies zusammengenommen ist ein Beispiel der Förderung von einer Struktur der „self-direction", der Förderung des Selbstvertrauens und der Fähigkeit, selbstdiszipliniert und eigenverantwortlich handeln zu können. Typische Praktiken also, die auf das vorbereiten, was auch die Bildungsinstitutionen erwarten (Stichwort: Passung).

Das gegenüberliegende Muster in den bildungsfernen, ressourcenschwachen Milieus bezeichnet Kohn als Konformität („conformity"). Kohn spricht selbst von einer spezifischen Haltung der ArbeiterInnenmilieus, die wie in den Angestelltenmilieus durch Erfahrungen in den Arbeitsprozessen geprägt ist. Gegenüber der Selbststeuerung spricht er in den manuellen Berufen jedoch von einer Wertschätzung äußerer Konformität bzw. der stärkeren Autoritätshörigkeit im produktiven Sektor. Kohn reserviert für diesen Typus der Konformitätsorientierung eine Erziehungshaltung der Autorität und Autoritätsorientierung, der geringen Überzeugung, die Bedingungen, denen man ausgesetzt ist, verändern zu können und der damit verbundenen Tendenz, sich anzupassen und zu überleben. Die Idee der selbstbestimmten Gestaltung dagegen, das Motiv, durch eigenverantwortliches und intrinsisch motiviertes Handeln Selbstwirksamkeit zu erfahren, nimmt nach Kohn in den bildungsfernen Milieus ab. Dies ist Ausweis ihrer Ressourcenschwäche und der Beginn einer zirkulären Reproduktion sozialer Ungleichheiten. In dem Maße, in dem auf die Anforderungen des schulischen Lernens nicht adäquat vorbereitet wird, werden auch die schulischen Anforderungen, die die Bevorzu-

Die schichtspezifische Sozialisationsforschung (1950er–1970er Jahre) 37

gung zu einem intrinsisch motivierten, selbstgesteuerten Lernen beinhalten, sozial ungleich bewältigt. Die Lebens- und Arbeitsbedingungen haben nach Kohn also nicht nur auf die Auswahl von Wertorientierungen und Erziehungseinstellungen Einfluss. Der Modus der *self-direction* führt zu einer direkten Passung, der Modus der *conformity*-Orientierung zur Nicht-Passung mit dem schulischen Lerncode. Auch auf dieser Theoriebasis wird der Zusammenhang zwischen den sozialen Ausgangsbedingungen und dem Schulerfolg bestätigt.

Konzertierte Kultivierung und natürliches Aufwachsen

Die Annahmen zu schichtspezifischen Erziehungsstilen und -mustern haben wie angedeutet inzwischen ein höheres Maß an Differenzierung erfahren (deutschsprachig Oswald 1997). Wenn hingegen die Forschung Melvin Kohns noch heute Berücksichtigung findet, dann als deutliche Bestätigung der Kernannahmen. Die Korrelation, das heißt, die Wechselwirkung von Arbeits- und Existenzbedingungen auf der einen Seite sowie der Ausprägung von Mustern der Erziehungshaltungen und Erziehungspraktiken auf der anderen Seite lässt sich heute noch beobachten. Die US-amerikanische Soziologin Annette Lareau (2003) beforscht seit vielen Jahren die Erziehungspraktiken und Muster der Eltern-Kind-Interaktion in sozial differenzierten Milieus. Ihre Studie zu ungleichen Kindheiten („Unequal Childhoods") kommt zu übereinstimmenden Ergebnissen, wenn die Erziehungspraktiken in unterschiedlichen sozialen Milieus analysiert werden. Lareaus Methode, der Vergleich zwischen armen Familien, Arbeiter- und Mittelschichtfamilien zeigt klare Mentalitätsunterschiede, die sich in den Praktiken der Kindererziehung reproduzieren. Die hoch interessanten Befunde der sozialstrukturellen Differenzierung von Erziehungspraktiken, die kaum Unterschiede zeigen, die auf die Zugehörigkeit zu einer spezifischen ethnischen Herkunft (afroamerikanisch, lateinamerikanisch etc.) beruhen, bestätigen abermals die ungleichen Passungsverhältnisse, die mit unterschiedlichen Erziehungspraktiken erreicht werden. Lareau bestätigt also empirisch ein traditionelles Muster der schichtspezifischen Sozialisationsforschung, differenziert aber noch weiter auf der Ebene der Beschreibung von Erziehungsstilen. So identifiziert sie in den gehobenen Milieus der US-amerikanischen Mittelschicht ein übergreifendes Erziehungsstilmuster, das sie konzertierte Kultivierung („concerted cultivation") nennt. Sie überschreibt hiermit einen spezifischen Typ der elterlichen Erziehungspraktiken, der vor allem auf die teilnehmende Organisation aller schulischen und außerschulischen Aktivitäten der Kinder zielt. Die Eltern sind hiernach in alle Entscheidungsprozesse der Kinder einbezogen, sie organisieren die Schulwahl, das Schulleben und sind die Hauptansprechpartner ihrer Kinder in allen Bestandteilen der Schulvorbereitung, Lernüberwachung, Freizeitgestaltung etc. Den Charakter dieser organisierten Praktiken bezeichnet Lareau als konzertiert und meint damit ein aufeinander abgestimmtes hoch komplexes Muster der Förderung von Praktiken, die auf Anforderungen im schulischen Bereich und darüber hinaus vorbereiten. Der hohe Grad der Strukturierung auch der Freizeitaktivitäten entspricht der Arbeitswirklichkeit der Mittelschichtsfamilien. Die Eltern verfügen selbst zumeist über gehobene Bildungsabschlüsse und bereiten ihre Kinder auf erfolgreiche Bildungskarrieren und die Tätigkeit im gehobenen Dienstleistungssegment vor. Am Deutlichsten wird diese Form der konzertierten Vorbereitung oder des gezielten Trainings in der Form, in der Kinder auf die Umgangsformen in den gehobenen Dienstleistungssegmenten eingestellt werden: der höfliche Umgang, die gezielte Ansprache, aber auch das selbständige Kommunizieren mit Ärzten, anderen Eltern und das forschende und interessierte Fragen im Schulbereich.

Demgegenüber ist der Erziehungsstil der armen und Arbeiterfamilien durch etwas gekennzeichnet, das Lareau als die Bereitstellung von Verhältnissen des natürlich Aufwachsens bezeichnet („The Accomplishment of Natural Growth"). Lareau bezeichnet damit ein Muster, in dem die Eltern ihren Einfluss auf die Erziehungspraktiken nur sehr partiell geltend machen, es ist gekennzeichnet durch einen besonders geringen Grad an Involviertheit in die Freizeitgestaltung, aber auch in schulische Angelegenheiten. Es ist ein dem Muster der konzertierten Kultivierung tatsächlich diametral entgegengesetztes Muster. Der Entwicklungsprozess wird nicht überwacht, der Vorbereitungsfunktion der häuslichen Erziehung wird in einem ganz anderem Sinne Bedeutung verliehen, das Kindes- und Jugendalter wird als Latenzzeit begriffen, ein Übergangs- oder Schonraum, mindestens aber als arbeitsfreie Zeit. Allein das Einhalten der elterlichen Autorität wird als dominante Erziehungspraxis begriffen. Der schulischen Erziehungsarbeit wird viel Verantwortung übertragen und damit wird auch das akzeptiert, was die Schule als Bewertung der Kinder anbietet. Die schulischen Urteile über die Leistungsfähigkeit werden als Urteile ernstgenommen, die elterlichen Bildungserwartungen hängen sogar von diesen Urteilen ab. Die Eltern ordnen ihre eigenen Bildungsaspirationen diesen Verdikten (Urteilen) unter. Die Kindheit in armen und Arbeitermilieus ist damit durch ein weit höheres Maß an nicht-organisierter Freizeit gekennzeichnet. Es existiert viel mehr freie Zeit, Vergesellschaftung erfolgt auf der Straße, das „natürliche Aufwachsen" ist also im engeren Sinne einfach ein nicht gesteuertes Aufwachsen.

2 Die Kritik an der schichtspezifischen Forschung (1970er–1980er Jahre)

Lareaus Forschungserkenntnisse haben in der Debatte über ungleiche Sozialisationsbedingungen zweifellos wichtige Markierungen der schichtspezifischen Forschung wieder aufnehmen können. Wenn sie im Rahmen der ethnographischen Forschung die Kinder und Jugendlichen auf dem Weg in die Arztpraxis begleitet, beobachtet, wie die Jugendlichen den Ärzten die Hand geben und in die Augen schauen, wie sie versuchen zu folgen, worüber gesprochen wird, sie sich in Konversation einmischen, Mut entwickeln, wenn es darum geht dem Lehrer zu widersprechen usw., verleiht dies den älteren Erkenntnissen Kohns erneut Gewicht. Über all diese Verhaltensweisen resümiert Kohn, dass sie Ausweis bildungsnaher Erziehungspraktiken darstellen. Und diese haben die bekannte Konsequenz: ein bestimmter Mechanismus der Erziehung, der als Förderung der Fähigkeit zur Selbststeuerung verstanden werden kann („self-direction") führt zur Passung, Förderung von Konformität führt zur Nicht-Passung. Auch hier existieren die bekannten Startvorteile und -nachteile. Ein vorläufiges Fazit muss darum zum einen beinhalten, dass die schichtspezifische Forschung ein weiterhin hohes Maß an Aktualität besitzt. Der Zusammenhang zwischen den Sozialisationsbedingungen und Startvorteilen bzw. -nachteilen scheint fortzubestehen, die sozialen Ungleichheiten einer Gesellschaft behalten ihre Konsequenzen für die Lebensführung von Kindern und Jugendlichen, Lebensbedingungen werden übersetzt in bestimmte Erziehungsstile und spezielle Sprachcodes.

Diese beiden wichtigsten Beispiele der Forschung zur schichtspezifischen Sozialisation sind aber nicht kritiklos in die aktuelle Forschungsdiskussion zu übertragen. Was das Fazit zur schichtspezifischen Sozialisationsforschung darum auch vorbereiten muss, ist die Kritik an den schichtspezifischen Ansätzen, die letztlich zum Abbruch dieser Forschungsrichtung geführt hat. Hauptargument dieser spezifischen Kritik, die in den anschließenden Abschnitten weiterverfolgt wird, ist die Vorstellung einer zirkulären Reproduktion von Herkunftsvorteilen und -nachteilen. Das Kreislauf-, Ketten- oder Zirkelmodell der schichtspezifischen Sozialisationsforschung (s. Abb. 3) beinhaltet die Vorstellung der statischen Reproduktion: Die Schule als Chancenverteilungsstelle stellt die Weichen im Lebensverlauf und ist dafür verantwortlich, dass eine bestimmte Statusposition zugewiesen wird. Daraufhin werden die Arbeits- und Lebensbedingungen durch die Verortung in der Sozialstruktur strukturiert (Qualifikationsniveau, Einkommen, Prestige), die dann wiederum als Sozialisationsbedingungen für die nachkommende Generation dienen und die Ausbildung von bestimmten Persönlichkeitsmerkmalen, Fähigkeiten und Kompetenzen – kurz: eine individuelle Dispositionsstruktur – wahrscheinlich machen (die Erfahrung von Selbstbestimmung und Konformität usw.), die dann schließlich ungleiche Starchancen im Bildungswesen bedeuten. In der Familie materialisiert sich damit eine spezifische Struktur der Lebensbedingungen und der Erziehungsstile. Diese führen zur Ausprägung von Persönlichkeitsmerkmalen bei den Heranwachsenden (wie Leistungsmotivation, Wertorientierungen, kognitive und sprachliche Fähigkeiten), die mit jenen der Elterngeneration übereinstimmen. Dadurch „ererbt" die nachkommende Generation, vermittelt über den schulischen *Selektions- und Ausleseprozess*, das elterliche Qualifikationsniveau, erlangt nach Erwerbseintritt dasselbe Sozialprestige und gewährleistet bei Familiengründung die Wiederherstellung ihres eigenen, früheren Sozialisationsprofils.

Abbildung 3   Das Zirkelmodell der schichtspezifischen Sozialisationsforschung

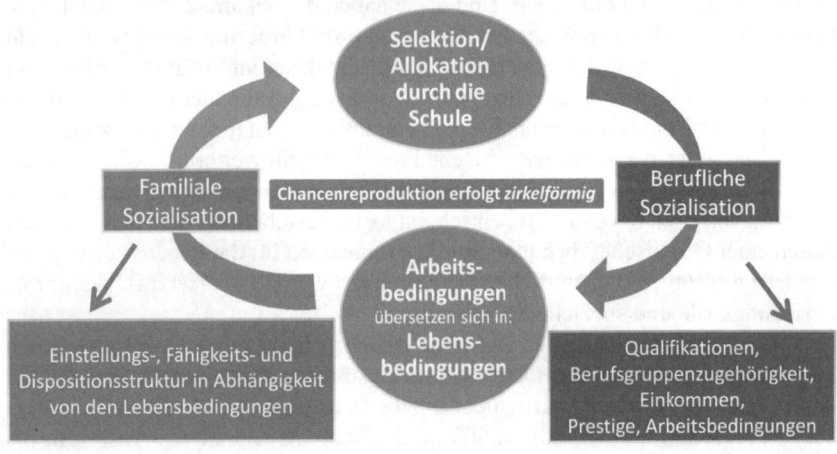

Aus heutiger Perspektive kann man zum einen kritisieren, dass die Erfahrungen von Arbeitslosigkeit und Langzeitarbeitslosigkeit und die damit assoziierten Sozialisationseffekte noch gar nicht modellhaft enthalten sind. Wichtiger aber ist zum anderen die Kritik an der Kernüberlegung, die als Scharnier zum Verständnis der sozialen Reproduktion von Ungleichheiten begriffen wird: die Funktion der Familie und damit die Annahme, dass diese nur jene Eigenschaften weiter geben kann, die mit einem bestimmten sozialen Status verbunden sind (Sprach- und

Erziehungsstile etc.), was dann zu einer statischen Form der Reproduktion führt. Dies ist die Zirkel- oder Kreislaufannahme der schichtspezifischen Sozialisationsforschung, die viel Kritik erfahren hat. Nicht, weil sie verdeutlichen soll, wie soziale Reproduktion erfolgt, sondern weil sie von Lebensbedingungen und damit verbundenen Sozialisationsprozessen ausgeht, die kaum als variabel oder veränderbar angenommen werden.

Der sehr statische Aufbau der Annahmen zur Zirkelhypothese wird heute sehr gern stellvertretend für den gesamten Zuschnitt der schichtspezifischen Sozialisationsforschung gesehen. Wir werden noch sehen, dass diese Sicht der Kritik selbst nicht vollständig ist. Dennoch ist sie in den Jahren, nach dem das schichtspezifische Paradigma seinen Höhepunkt erreicht hat, der Ansatzpunkt für eine stetig wiederholte kritische Haltung, die dieses Forschungsparadigma insgesamt anprangerte. Mit dem Argument, dass diese Forschung permanent nur Reproduktion beschreibt, wurde ihr Ende eingeleitet. Die Kritik und die Weiterführung[1] der schichtspezifischen Annahmen beziehen sich vor allem auf folgende Entgegnungen:

(1) Die Gesamtheit der – zumeist soziologisch orientierten – Untersuchungen überprüft Sozialisationseffekte lediglich auf ihre *Funktionalität für die Erhaltung der Stabilität* einer jeweiligen Gesellschaftsformation. Dabei ist es einerlei, ob diese Versuche durch soziologische Theorien des Strukturfunktionalismus oder die materialistische Gesellschaftskritik motiviert sind (zu den beiden großen Theoriesträngen Abels/König 2010: 106–127, 156–171). Charakteristisch für dieses Erkenntnisinteresse im Hintergrund dieser hauptsächlich empirisch verfahrenden Sozialisationsforschung ist die Tendenz, „teleologische [also zielgerichtete, Anm. d. A.]) Zweck-Mittel-Zusammenhänge" als „kausale Ursache-Wirkungs-Beziehungen auszugeben" (Hurrelmann/Ulich 1980b: 8). Dadurch wird eine „Zielgerichtetheit" der Erhaltung sozialer Systeme angenommen, die „ein stark verzerrtes Verständnis von Persönlichkeitsentwicklung" (Hurrelmann/Mürrmann/Wissinger 1986: 102) festschreibt. Exemplarisch für diesen Zweifel an der schichtspezifischen Forschung ist die richtungsweisende Kritik am Konzept des „oversocialized man" durch Dennis Wrong, die bereits aus dem Jahre 1961 stammt (s. unten). Wrong kritisiert hier, dass die Theoriebildung sich menschliches Handeln nur durch den Filter der Rollenanforderungen vorstellen kann (so als ob jeder Mensch immer nur eine Rolle spielt), individuelles Handeln infolgedessen als ein einstudiertes und konditioniertes Verhalten erscheint, das durch Sozialisationsprozesse antrainiert wurde. Darum die

---

[1] Weil die Einführung nur schemenhaft beschreiben soll, bleibt hier ganz ausdrücklich die Würdigung ausgespart, die die schichtspezifische Sozialisationsforschung in der wissenschaftlichen Diskussion natürlich auch erfahren hat. So etwa die mit den Erfolgen der akademischen Forschung verbundenen politischen Forderungen nach der Verringerung von sozialen und Bildungsgleichheiten. AutorInnen wie Klaus Hurrelmann bezeichnen es vollkommen zu Recht als die große Leistung schichtspezifischer Ansätze, erstmals für eine „Verbesserung der Sozialisations- und Bildungschancen gesellschaftlich relativ unterprivilegierter Gruppen und Schichten" (Hurrelmann 1976b: 26) eingetreten zu sein.

Kritik an der Formel des übersozialisierten Menschen („oversocialized man"), die die frühen KritikerInnen vor allem mit der Rollentheorie des Strukturfunktionalismus verbunden sehen. Damit eng verbunden ist die Kritik an der Vorstellung einer einseitigen Gerichtetheit der Sozialisationseinflüsse auf die Heranwachsenden. Der durch die methodische Einengung auf eindimensionale Ursache-Wirkungs-Mechanismen dominierten Sozialisationsforschung entgeht also, dass sich die Entwicklung der menschlichen Persönlichkeit nicht in der „Ableitung" der Strukturanforderungen der Gesellschaft in die regelhaften Verhaltensweisen der sozialisierten Akteure erschöpft. Dieser unterkomplexen Annahme, die von dem Sozialisationsforscher Ulrich Oevermann analog als „Theoriedefizit" (1979: 147) der schichtspezifischen Sozialisationsforschung bezeichnet wurde, entspricht die Setzung eines „passiven Subjekts" (Hurrelmann/Ulich 1980b: 8) im Sozialisationsprozess. Gesellschaftlich normierte Verhaltenserwartungen in der Familie und Gleichaltrigengruppe, dem Kindergarten, der Schule oder Hochschule leiten also Handlungsorientierungen in einem „gewissen" Maße an. Diese sehr allgemeinen Rollendefinitionen seien aber in der Praxis – so die Kritik – ungeeignet, als „Mandatsträger" jedes Einzelnen „und für ihn handeln zu können" (ebd.). Diese Form der Anleitung reicht also nicht aus, um die Entwicklungsdynamiken verstehen zu können. Die Impulse kommen also nicht nur von außen, die Entwicklung wird auch von innen, von den Heranwachsenden selbst gesteuert. Von den ersten Lebensjahren an befindet sich der/die Heranwachsende danach in Interaktion mit Sozialisationsinstanzen, deren Einflüsse er/sie „höchst selbst kombinieren, koordinieren und integrieren muß." (ebd.) Voraussetzung für diese Fähigkeit ist ein angemessenes Kompetenzniveau, das auf eine sehr individuelle und nicht lediglich rollendiffundierte Persönlichkeitsstruktur hinweist. Damit muss jedoch eine Qualität in der menschlichen Persönlichkeitsentwicklung unterstellt werden, die durch die erkenntnisleitenden Prämissen der schichtspezifischen Sozialisationsforschung unbeachtet bleibt: Gegenüber der „Ableitung" der heranwachsenden Persönlichkeit aus verselbstständigten makrostrukturellen Bedingungen stellt daher die „Subjektwerdung" als ein „spezifisch psychischer Prozeß" (Hurrelmann/Ulich 1980b: 9) den neuen Bezugspunkt des Forschungsinteresses der Sozialisationsforschung dar. (Vgl. auch Geulen/Hurrelmann 1980: 57ff.)

(2) Mit der Kritik an einem Verständnis dessen, was als Individualität oder individuelles Handeln in den schichtspezifischen Ansätzen verstanden wird (nämlich nur die Reproduktion von Rollenvorgaben), beginnt ein paralleler Kritikstrang. Dieser konzentriert sich darauf, dass Ansätze des schichtspezifischen Paradigmas mit monokausalen (also einseitigen oder eindimensionalen) Analysemodellen operieren. Das heißt, es werden nur Annahmen über die Wirkung sehr weniger, dafür dominierender Sozialisationsinstanzen verfolgt. Diese Kritik an der Monokausalität bezieht sich darauf, dass die schichtspezifische Forschung hauptsächlich die Sozialisationseinflüsse einer sozialen Schicht, einer schichtspezifischen

Die Kritik an der schichtspezifischen Forschung 43

Subkultur oder einer schichtspezifischen Familienstruktur in den Blick nimmt. Die Kritik lautet, dass sie damit eine lineare Vermittlungskette von wirtschaftlichen Ausgangsbedingungen über die Funktionsweise des Produktionsprozesses zu Erziehungsstilen/-zielen in der Familie und Verhaltensweisen der Heranwachsenden konstruiert. Diese Vorstellung, die zuvor als Zirkel- oder Kettenmodell vorgestellt wurde, unterstellt praktisch eine:

„eindeutige Einflußlinie zwischen der Beschaffenheit der äußeren Realität – hier repräsentiert durch die Stellung der erwachsenen Familienmitglieder in der Berufshierarchie – und den Sozialisationseinflüssen auf die Persönlichkeit der Kinder und Jugendlichen". (Hurrelmann/Mürrmann/Wissinger 1986: 102)

Tatsächlich aber beginnen VertreterInnen der Sozialisationsforschung gegen eine solche Engführung der Diskussion anzugehen. Sie sprechen von der Wirkung vieler (multipler), sich überlagernder Sozialisationseinflüsse, die nicht nur als Effekt (als Wirkung) von schichtspezifischen Einflüssen verstanden werden. Danach werden also Einflüsse einer sozialen Schicht, einzelner Subkulturen oder der Erziehungsstile durch zusätzliche, sogenannte sozial-ökologische Parameter wie der jugendlichen Bezugsgruppen (peers), der Familien- und Geschwisterkonstellation sowie der Schul-, Nachbarschafts- und Wohnumwelt gebrochen (hierzu aktuell Grusec/Hastings 2008). Die schichtspezifische Sozialisationsforschung hat also in ihrer Fixiertheit auf zu wenige unabhängige Einflussfaktoren, die für das Sozialisationsgeschehen bedeutsam sein sollen, einen zu geringen Beitrag zur Aufklärung der Differenziertheit in der Persönlichkeitsentwicklung erbracht. Gerade diese Position, die auf die Begrenztheit der Forschungsannahmen der schichtspezifischen Forschung abhebt, stellt den Tenor der seit Mitte der 1970er Jahre in der deutschsprachigen Diskussion einsetzenden kritischen Auseinandersetzung dar.[2] Dem entspricht die Forderung, künftig einer Art der *Mehrdimensionalität der Sozialisationsfelder, -instanzen und -wirkungen* Rechnung zu tragen.

Im Allgemeinen wird diese Ausdifferenzierung mit dem Einfluss sozialökologischer Modellvorstellungen seit Bronfenbrenner (1976a, 1981) und Barker (1968) in Verbindung gebracht (grundlegend in der hiesigen deutschsprachigen Diskussion Schneewind/Beckmann/Enger 1983; Vaskovicz 1982; Grundmann/Lüscher 2000). Steinkamp (1991) argumentiert zu diesem Einfluss, dass die Sozialisationsforschung nach der „traditionell schichtspezifischen", der daran anschließenden „neueren sozialstrukturellen" Orientierung zu Beginn der 1990er Jahre

---

[2] Nach Schärfe und Konsequenz dieser Kritik lassen sich etwa die Positionen von Abrahams/Sommerkorn (1976) und Bertram (1976; 1981, 1982), die die schichtspezifische Sozialisationsforschung „verabschieden", von der Oevermanns (z. B. 1976) unterscheiden, der für eine konstruktive Weiterentwicklung unter Beibehaltung des Paradigmas eintritt.

abschließend in das sozialökologische Paradigma eingegangen ist. Besonderer Schwerpunkt der sozialökologischen Forschung liegt auf dauerhaften und alltäglichen Sozialisationskontexten, in denen Heranwachsende interagieren, ohne dass sie von mehr oder weniger abstrakten Einflüssen wie der Schichtzugehörigkeit Kenntnis nehmen. Diese Einschätzung zehrte lange davon, das Heranwachsende (wie auch Erwachsene) ihre persönliche Lebenslage selbst nicht als „klassentypisch" oder „schichtkonform" beschreiben, was sich in der empirischen Forschung gut abbilden ließ (Berger 1996). Natürlich ist das erneute Gegenargument hier richtig, das auf der Hand liegt, dass man soziale Ungleichheiten, Schicht- oder Klassenzugehörigkeiten nicht immer subjektiv „spüren" muss, damit sie als einflussreich gelten. Ungleiche Sozialisationsbedingungen in der konkreten Nahumwelt von Heranwachsenden können demnach auf einer höheren Abstraktionsebene statistisch sehr wohl mit der Zugehörigkeit zu spezifischen Großgruppen korrelieren, das Beispiel der in „bestimmten" Wohngegenden segregierten einkommensschwachen oder ethnisch marginalisierten Bevölkerungsgruppen veranschaulicht dies (Keller 2005). Dennoch soll dieses erneute Gegenargument gegen die Kritik noch nicht im Mittelpunkt der Auseinandersetzung stehen. Zunächst zählt, dass die Kritik an der schichtspezifischen Sozialisationsforschung offenbar zu Recht beanstandet, nicht allein die vertikale, hierarchische Struktur ungleicher Sozialisationskontexte zu fokussieren (das heißt, immer nur die Faktoren, die direkte Verteilungsungleichheiten messen: ein mehr an Einkommen, Bildung, sozialen Netzwerken etc.). Im Grundlagenwerk zur Bestandsaufnahme der Sozialisationsforschung zu Beginn der 1980er Jahre fassen Klaus Hurrelmann und Dieter Geulen den diesbezüglichen Forschungsstand zusammen: Um den vollständigen „Strukturzusammenhang der gesellschaftlichen Sozialisationsbedingungen" erfassen zu können, müssen deshalb die „horizontale, *kontextuelle Einbettung der einzelnen Momente innerhalb jeder Betrachtungsebene*, technisch gesprochen die Kovarianzen und die Interaktionseffekte zwischen ihnen" (Geulen/Hurrelmann 1980: 56) im Mittelpunkt stehen.

2.1 Das Paradigma der Person-Umwelt-Interaktion (1980er Jahre)

Die Annahmen der Kritiker der schichtspezifischen Sozialisationsforschung beinhalten bereits seit dem Ende der 1970er Jahre ein mehr und mehr erkennbares Gegenprogramm. Dieses enthält an erster Stelle, dass mit dem Prozess Sozialisation die Bedingung aktiver, in ihrer Entwicklung auf Umwelt- und Umfeldbedingungen zurückwirkender Sozialisanden verbunden ist. Gezielt gegen das sehr enge Verständnis rollentheoretischer Ansätze gerichtet, pointiert Klaus Hurrelmann, dass Heranwachsende nicht lediglich als „isolierte Rollenträger" – ohne eigenes Bewusstsein und Wirkung auf ihr Umfeld – handeln. Allgemein unreflektiert bleibt in der Sozialisationsforschung, dass „die Koordination der verschiedenen Rollenaspekte" (Hurrelmann 1976b: 30) ein hohes Maß an selbst-reflexivem Wissen beim Handelnden voraussetzen. Diese sich abzeichnende Aufwertung der Prozesse der Persönlichkeitsentwicklung basieren auf der Annahme, dass sich personale und soziale Einflüsse in einem Verhältnis der Interaktion im Sozialisationsprozess befinden. Diese Interaktionsannahme geht auf die „ausdrücklich interdisziplinär angelegte intersubjektive Handlungstheorie" (Hurrelmann/Mürrmann/Wissinger 1986: 96) George Herbert Meads zurück. Mead – ein heutiger Klassiker in der Sozialisationstheorie (Abels/König 2010: 73–96) – hat demnach eine analytische Perspektive begründen können, in der die Forderung nach einer wechselseitigen Abhängigkeit von individueller Entwicklung und Umwelteinflüssen repräsentiert ist. Hieran soll die Sozialisationstheorie in ihrer erneuerten Variante anschließen. Folgt man Klaus Hurrelmann (1986: 64; 1989b: 110) entwickelt sich das Individuum danach in Auseinandersetzung mit der ihm dargebotenen materiellen und sozialen Umwelt und seine Entwicklungsergebnisse wirken auf jene zurück. Dieter Geulen bekräftigt die Bedeutung dieses interaktionistischen Zugangs für die Sozialisationsforschung:

„Das Subjekt verhält sich gegenüber der Realität teils aktiv gestaltend, teils ausweichend bzw. selektiv suchend, teils auch nur passiv hinnehmend. Als Folge dieser Tätigkeit verändert sich zunächst die reale Situation des Subjekts, wobei anzunehmen ist, daß die sich real herstellende neue Situation nicht vollständig und genau der antizipierten Situation entspricht. Als Folge der Tätigkeit verändert sich außerdem das Subjekt selber, dies ist seine Sozialisation." (Geulen 1981: 553)

Exkurs – der Interaktionismus George Herbert Meads

George Herbert Mead (1863–1931) gilt heute als ein Klassiker der Soziologie.[3] Würde man Mead jedoch nur als Soziologen bezeichnen wollen, überginge man ein wichtiges Charakteristikum seiner lebenslangen Arbeit: sein Grenzgängertum zwischen den Disziplinen der Soziologie, Philosophie, Pädagogik, Psychologie und den Naturwissenschaften. Dieses allein aus der damals gerade erst einsetzenden Spezialisierung jener Einzelwissenschaften erklären zu wollen, genügt indes nicht. Vielmehr bedarf es des ausdrücklichen Zusatzes von Meads praktischer Motivation. Als Sozialreformer, Kommunalpolitiker, politischer Philosoph und radikaler Demokrat ging es Mead um die theoretische Begründung der Bedingungen der Möglichkeit von Verständigung und Kooperation. Aus diesem Anspruch heraus

---

[3] Hier wie im Folgendem beziehe ich mich – wenn nicht anders kenntlich gemacht – auf die relevante Primär- und Sekundärliteratur zum Werk von George Herbert Mead. So Mead 1995; Joas 1980, Wenzel 1990; Abels/König 2010: Kap. 5; Veith 2008).

wurde Meads Arbeit schnell interdisziplinär. Dies ist ein bedeutender Schlüssel zu Meads Selbstverständnis als Wissenschaftler wie auch zu seinem gesamten Werk. Mead geht bei der Begründung seiner Sozialpsychologie, seinem „zentralen Werkstück" (Wenzel 1990), nicht vom Verhalten des einzelnen Individuums, sondern von der kooperierenden Gruppe aus. Nicht die „Robisonade" (der isoliert handelnde Mensch), sondern der „social act", eine komplexe Gruppenaktivität, steht für Mead am Anfang der Analyse. Meads Herausbildung der „Ich-Identität" (eines entwickelten Individuums) war damit zentral gegen die Annahmen vom Menschen in der Ethik und in der Erkenntnistheorie gerichtet; gleichfalls richtete er sich gegen die behavioristische Auffassung eines uneingeschränkten Einflusses der Gesellschaft auf das Individuum. Mead fasste den Prozess der Identitätsbildung als eine Form der Einheit von Vergesellschaftung und Individuierung. In dieser Auffassung liegt heute noch die zentrale Bedeutung seiner sozialisationstheoretischen Überlegungen. So wie Mead als erster „dieses intersubjektive Modell des gesellschaftlich produzierten Ich durchdacht hat" (Habermas), kann heute noch nicht hinter seine Einsicht einer grundsätzlich unendlichen und damit per se variablen Entwicklungsdynamik des Selbst zurückgegangen werden (so wie es im Modell des produktiv realitätsverarbeitenden Subjekts auch gewürdigt wird). Eine Rekonstruktion der Meadschen Überlegungen aus einer sozialisationstheoretischen Perspektive kann sich vornehmlich mit den Begriffen der „Rollenübernahme", den Entwicklungsstufen „play" und „game" sowie der Vermittlung von objektiven gesellschaftlichen Strukturen (vertreten im „Me") und den subjektiven Bedürfnissen (vertreten im „I") befassen. Vorsichtig muss aber jede Wiederaufnahme Meads vorgehen, weil Mead selbst niemals den Versuch unternommen hat, seine sozialisationstheoretischen Überlegungen in einem einheitlichen Konzept zusammenzufassen. Der Exkurs wird darum laufend Ergänzungen zu Meads fragmentarisch gebliebenem sozialisationstheoretischem Werk vornehmen. Dabei wird am Ende seine Wirkungsgeschichte beleuchtet und gleich zu Beginn der geistesgeschichtliche Hintergrund der Entstehung seines Werks, ohne den Meads Bedeutung für die Entwicklung der Sozialisationsforschung nicht abgeschätzt werden kann. Wie groß diese Bedeutung ist, wird im Folgenden noch weiter erörtert werden. Es wird sich dabei zeigen, dass Mead als ein sehr lebendiger Klassiker der Sozialisationsforschung verstanden werden kann.

Geistesgeschichtlich beginnt Meads Prägung in seinem Elternhaus. Dort, wie im College, traf er auf ein tief religiös fundiertes Reformdenken. Während er sich dieses Reformdenken zeitlebens bewahrte, legte er seine religiösen Wurzeln bald ab: Zu einem Schlüsselerlebnis in Meads Jugend wurde die Auseinandersetzung mit Charles Darwins Evolutionstheorie. Diese naturwissenschaftliche Haltung verhalf ihm nicht nur zur Loslösung von religiösen Vorstellungen, sondern stellte ihm gleichzeitig das Grundmodell des Organismus als ein sich an seine Umwelt anpassendes Wesen bereit. Diese Auffassung wurde später die Basis für Meads

Begründung der funktionalistischen Psychologie. Als Mead 1887 in Harvard zu studieren begann, wählte er zugleich den Einfluss seines ersten akademischen Lehrers, des Neuhegelianers Josiah Royce.[4] Royce vermittelte ihm das Bild des deutschen Idealismus. Aus diesem bewahrte sich Mead die Frage nach der Konstruktion von „Selbstbewusstsein", er wandte sich deshalb gegen die Aporien (unauflöslichen Widersprüche) der Bewusstseinsphilosophie, deren Perspektive des endlichen Ich, nach Mead, hoffnungslos in die Subjektivität verstrickt sei. Mead hielt dieser bewusstseinsphilosophischen Haltung die Auffassung von der „Sozialität der Lebensformen" (Wenzel 1990) entgegen. In der Strömung des psychologischen Behaviorismus fand Mead dann die radikalste Kritik am idealistischen Subjektbegriff. Die Sonderstellung des menschlichen Bewusstseins wurde vom behavioristischen Menschenbild strikt abgewiesen. Die Reduzierung menschlichen Verhaltens auf Reiz-Reaktions-Schemata war für Mead zwar empirisch falsch. In der behavioristischen Methode, nur rein äußerliches Verhalten zu beobachten, fand Mead jedoch den sinnvollsten Gegenpol zur Methode der traditionellen Bewusstseinspsychologie, der Introspektion (der reinen Innensicht). Die Meadsche Theorie sollte es dem gegenüber später schließlich ermöglichen, die den sozialen Akt charakterisierende Vermittlung von Innen- und Außensicht zu erfassen.

Geht Mead nun in seinen Erörterungen oftmals von behavioristischen Begriffen aus, ist diesen die Forderung nach einer Erweiterung ihrer Erklärungsreichweite auch auf solche Phänomene wie „mind" (Geist), „consciousness" (Bewusstsein) und „self" (Selbst) inhärent. Als Mead über ein Forschungsstipendium Endes des 19. Jahrhunderts nach Deutschland gelangt, war es der Eindruck des wissenschaftlich-empirischen Vorgehens der experimentellen Psychologie, vornehmlich Wilhelm Wundts, das ihn stark beeinflusste. In Deutschland erfuhr aber auch seine auf „soziale Betätigung gerichtete Handlungssehnsucht" (Joas) durch den Eindruck der sozialdemokratischen Arbeiterbewegung, weitere Inspirationen.

Mead hat sich selbst als Vertreter des Pragmatismus verstanden. Der Pragmatismus ist eine Philosophie der Handlung und beinhaltet vor allem, dass der Ursprung und die Rechtfertigung von Erkenntnissen auf dem praktischen Umgang

---

[4] Der Neuhegelianismus zu Beginn des 20. Jahrhunderts beschreibt das Wiederaufkommen einer philosophischen Strömung, vor allem in Deutschland, den Niederlanden und Italien, die an den deutschen Philosophen Georg Wilhelm Friedrich Hegel (1770–1931) anschließt. Der Neuhegelianismus wird durch Einflüsse des Neukantianismus und der Lebensphilosophie gespeist und insbesondere Wilhelm Dilthey, der spätere Lehrer Meads (s. unten), spielt für diese Denkrichtung eine besondere Rolle. Bei Mead führt sie zu einer strengen kritischen Ausrichtung seiner wissenschaftlichen Arbeiten und zu einer philosophischen Haltung, die seine Skepsis am Subjektmodell des Idealismus stärkte. Für Mead sieht der Idealismus das handelnde Subjekt zu strikt von den umgebenden Strukturen getrennt, seine eigene Haltung sah gerade vor, dass Subjekt in seiner Entwicklung von den umgebenden Strukturen als abhängig anzusehen und die Interaktionseffekte zwischen dem Subjekt und seiner Umgebung als prägend für die Entwicklung zu begreifen.

mit den Dingen bzw. im Handeln mit ihnen beruht. Der Pragmatismus trat zur Zeit Meads jedoch nicht als eine klar umgrenzte Schule, als ein sich deutlich abgrenzendes Paradigma auf. Obwohl auch in den USA unterschiedlich aufgefasst, zeichnete sich der Pragmatismus vor allem durch die funktionale Zuordnung der Wahrnehmung als Teil der Handlung aus. Die bis ins Sprachliche reichende Entsprechung von „Praxis" und „Pragmatismus" bezeichnete für Peirce die Überwindung der Kantschen Unterscheidung von „praktisch" und „pragmatisch". Insofern trifft Durkheims Einschätzung, die Soziologie und der Pragmatismus hätten vornehmlich den Bruch mit der älteren Philosophie gemeinsam, vor allem auch für Meads pragmatistisches Selbstverständnis zu. Diese entwickelte Mead in Auseinandersetzung mit den Hauptvertretern des amerikanischen Pragmatismus, Dewey, Peirce, James und Wright. Meads spezifische Version des Pragmatismus zeichnete sich vor allem durch seine Kenntnis des deutschen Idealismus, sowie seiner lebenslangen Auseinandersetzung mit der Lebensphilosophie Bergsons, Whiteheads und Diltheys aus. Der Pragmatismus ist für Hans Joas besonders durch sein Verständnis des menschlichen Handelns als eines kreativen Handelns gekennzeichnet. Ich folge Joas, wenn er meint, dass nur über das Verständnis der Situiertheit der Kreativität im Handeln, wichtige Teile in Meads Theorie, wie z. B. der Begriff des „I", verständlich werden.

Unter Sozialisation fasst Mead die Entwicklung des „self", was im Deutschen als Ich-Identität übersetzt werden kann. Nach Mead nimmt das Individuum im Verlauf seiner Entwicklung Gesellschaft in sich auf. Sein Versuch zu einer „Entwicklungslogik der Identitätsbildung" (Joas) setzt am kooperativen Handlungszusammenhang, dem sozialen Akt, an. Mead sagt, „dass die Entwicklung nur innerhalb einer sozialen Gruppe stattgefunden hat, denn die Ich-Identität existiert nur in Verbindung zu Anderen solchen Identitäten." (Mead 1987a: 311). Dieser „social act" ist durch die Sprachfähigkeit des Menschen gekennzeichnet und so von aller nicht-menschlichen Gruppenbildung unterschieden. Die besondere Sprachfähigkeit des Menschen stellt für Mead, neben der besonderen Ausstattung des Zentralnervensystems und der auf Interaktion ausgerichteten Daseinsweise des Menschen, eine seiner drei anthropologischen (also die Theorie vom menschlichen Dasein betreffenden) Grundannahmen dar. Die Kommunikationsfähigkeit durch Symbolisierung ist aber weder biologisch determiniert noch vom Erlernen eines abstrakten Sprachsystems abhängig. Wie das Kind im Umgang mit den Dingen deren symbolische Bedeutung erlernt, entsteht nach Mead in ganz ähnlicher Form auch ein menschliches Selbst. Erlernt das Kind die Bedeutung eines Ausdrucks durch die Reaktionen und Antworten von Anderen, erlernt es auch, wer es selber ist, durch die Reaktionen und Antworten der Anderen. Sprache wird zum Medium in einem Prozess, in dem aus unbewusst kommunizierenden Akteuren die mit Geist und Identität versehenen bewusst kommunizierenden Individuen werden.

Exkurs – der Interaktionismus George Herbert Meads

Die Annahme der durch Kommunikation konstruierten Identitäten hat in der Soziologiediskussion nach Mead noch viel Bedeutung erlangt und beruft sich sich häufig auf ihn (Berger/Luckmann 1969; Habermas 1981). Den konkreten Mechanismus indes, der die Entwicklung einer Identität bewirkt, nennt Mead „Rollenübernahme" („role-taking"). Sozialisationstheoretisch bedeutet dies noch etwas anderes als das, was in der funktionalistischen Rollentheorie (s. unten) als Prozess der Rollenübernahme bekannt wird. Es beinhaltet, dass ein Kind seine Identität erwirbt, indem es sich zunächst aus der Perspektive wohlvertrauter Anderer (Vater, Mutter u. a.) einzuschätzen lernt, Mead spricht von „signifikanten Anderen", und später die Haltungen („attitudes") vieler verschiedener „fremder" Rollen (in denen es sich selbst anspricht) zu analysieren weiß. Das Selbst kann durch Sprache bei sich selbst die gleiche Reaktion auslösen, die es bei einem Anderen erreicht. Das *Ego* (Selbst) kann so die Rolle von *Alter* (eines Gegenüber) einnehmen und sich selbst zum sozialen Objekt machen, sich selbst einschätzen. Mead postuliert: „Wir müssen andere sein, um wir selbst sein zu können." (Mead 1987a: 327). So muss es die „Ich-Identität der Anderen geben, wenn die eigene Ich-Identität existieren soll." (Mead 1987b: 208) Hierbei handelt es sich um eine Entwicklung, die sich im Leben eines Heranwachsenden wahrscheinlich nach und nach herausbildet und die – wie Mead annimmt – wahrscheinlich auch in der Menschheitsgeschichte stufenweise erfolgt ist. Sie entsteht im Leben des Kindes durch einen Prozess, der „unglückseligerweise als Nachahmung bezeichnet wird." (Mead 1987c: 293) Ausdruck findet diese Entwicklung im Spiel kleiner Kinder.

Der Gedanke, dass sich die Entwicklung des Kindes vor allem im Spiel vollzieht, ist bis zu den frühesten Aufsätzen Meads zurückzuverfolgen. Zentral sind die mit „play" und „game" unterschiedenen Entwicklungsstufen des kindlichen Spiels. Die erste Stufe („play") bezieht sich auf das Spiel von Kindern, in dessen Verlauf sie die Rollen (die ihnen in der sozialen Umgebung angeboten werden) phantasievoll wiedergeben. Das Verhalten des Anderen wird imitiert und durch das eigene Antwortverhalten ergänzt. Auf dieser Stufe wird die Fähigkeit zur Verhaltensantizipation eingeübt, das Kind übt, die Handlungs- und Reaktionsfolgen zu erwarten. Seine definitive Struktur erhält das Selbst jedoch erst auf einer weiteren Stufe, dem organisierten Gruppen- oder Wettkampfspiel („game"). Innerhalb dieser Phase genügt nicht mehr die Antizipation des Verhaltens eines Spielpartners, das Kind muss die Rolle aller an einem Spiel Beteiligten übernehmen und daran sein eigenes Handeln ausrichten. Es muss die für das Spiel geltenden Regeln internalisieren, um sinnvoll daran teilhaben zu können. Das Regelsystem beinhaltet das Wissen über alle Handlungsmuster der Beteiligten, das Kind erlernt damit die Perspektive aller am Spiel Beteiligten, der generalisierten Anderen also („generalized other"). Die Haltung des generalisierten Anderen ist also die einer gesamten Gruppe von Haltungen. Ihre Übernahme durch das Individuum macht die objektive soziale Struktur seines Selbst oder des „Me" aus. Dieses „Me" repräsentiert die Forderungen und Erwartungen der Anderen dem Selbst gegenüber und dies in organisierter Form. Mead identifiziert das „Me" mit dem empirischen Ich („empirical self") und darüber hinaus mit einem komplexen Erinnerungsbild („imagery") des Individuums von seiner eigenen Biographie. Diese Funktion des „Me" bleibt jedoch *passiv* im Entwicklungsprozess. Es gibt für Mead eine zweite Komponente des Selbst, durch die sich ein handelndes Individuum konstituiert. Mead bezeichnet diese als „I" und versteht darunter den aktiv handelnden Teil des Selbst. Das „I" reagiert auf das Selbst, das sich durch die Übernahme der Haltungen Anderer entwickelt und somit die gesellschaftlichen Ausgangsbedingungen, die internalisierten Reaktionsweisen antizipiert. Übernimmt Mead die Begriffe „I", „Me" und „self" noch aus der Lehre von William James, unterscheidet er sich inhaltlich doch erheblich von dessen Interpretation. Wurden bei James dem eher beliebig agierenden „I" noch feste Grenzen durch das „Me" gesetzt, steht es bei Mead dem „Me" in einem dialektischen (das heißt dynamischen und wechselseitigen) Verhältnis gegenüber. Philosophisch gesehen stehen für „I" und „Me" die Kategorien: Freiheit und Determination. Mead spricht von einer positiven Rekonstruktion des „I" und einer negativen Rekonstruktion des „Me". Besitzt das „Me" noch eine (die Gesellschaft repräsentierende) determinierende Funktion, erfüllt das „I" andererseits eine emergierende (Neues erzeugende), indem es durch Kreativität, Spontanität und Kontrolle die objektiven Daten und Bedeutungsstrukturen des „Me" reorganisiert. Mead ist sich darüber im Klaren, dass man es nur mit einem kleinen Teil menschlichen Verhaltens zu tun hat, in dem das „I" überhaupt auftritt. Gemäß der pragmatistischen Prämisse taucht es nur im Falle eines Handlungsproblems auf. Gerät habitualisiertes Verhalten ins Stocken, erfüllt das „I" seine doppelte Funktion: Suchen und Finden von alternativen Handlungsoptionen durch spontane Reaktionen. Mead meinte schon damals, dass es ein Gemeinplatz in der Psychologie sei, dass nur das empirische Ich („Me") in den Blickpunkt der Aufmerksamkeit genommen werden kann (Mead 1987d). Das „I" ist nur in der Erinnerung und nicht in der Unmittelbarkeit des Handelns begreifbar. Somit vollzieht sich ein Transformationsprozess von den Erfahrungen des „I" in den Erfahrungsschatz des „Me". Der Stoff aus dem das „Me" gebildet wird, besteht aus den Erfahrungen, die durch das Handeln des „I" herbeigeführt werden: „Wenn das ‚Ich' spricht, hört das ‚Mich' [das „Me"] zu. Wenn das ‚Ich' zuschlägt, fühlt das ‚Mich' [das „Me"] diesen Schlag."

Das „I" ist – wenn es weiter theoriegeschichtlich eingeordnet wird – das transzendentale Ich Kants. Es ist biologisch verwurzelt und verweist so auf eine evolutionsbiologisch verankerte Komponente des Handels, die Triebimpulsivität. Es liegt am „I", die Interessen des Individuums durch seine Reaktionen gegenüber dem konventionellen und gewohnheitsmäßigen „Me" zu wahren. Dies bezeichnet eine Dimension des „I", die mit der Erhaltung des Besonderen („I") gegenüber dem Erwartbaren („Me") verknüpft ist. Eine besondere Bedeutung kommt dem „I" in solchen Bereichen zu, in denen Kreativität und Phantasie gefordert sind: Wissenschaft und Kunst. Mead nennt etwa die Fähigkeit des Genies, einzigartig und originell auf die gegebene gesellschaftliche Situation reagieren zu können, eine ausgeprägte Repräsentanz des „I".

Von den Formen der Übernahme der Rollen des signifikanten wie auch eines generalisierten Anderen unterscheidet Mead jedoch eine dritte Form der Rollenübernahme. Die Übernahme der Rolle eines immer wieder generalisierten Anderen führt zu der Übernahme der Haltung aller potentiellen Anderen, d.h. aller TeilnehmerInnen, die theoretisch in einen Diskurs eintreten können. Mead denkt dabei an eine Form des universellen Diskurses („universal discourse") und erhofft sich damit die höchste zu erreichende Form einer Ich-Identität. Dies ist in der Theorie von Mead zweifellos ein besonderer Punkt, der nicht nur auf das analytische Potenzial seiner Überlegungen zielt. Der antizipierte universal discourse und seine Funktion im Sozialisationsprozess gibt zugleich das emanzipative Potenzial seiner Überlegungen an. Unter den Bedingungen eines universal discourse sollen moralische Entscheidungen zustande kommen, die in modernen Gesellschaften das bloß konventionelle Moralbewusstsein überfordern würden (weil nicht alle individuellen Entscheidungen einer allgemeinen Moral untergeordnet werden können). Der Begriff der Rollenübernahme wird so über den Bereich der Sozialisation Heranwachsender hinaus besonders in den Bereichen der Ethik und der Politik für Mead von besonderer praktischer Bedeutung. Er zeigt eine Form der Entscheidungsbildung an, der von dem abweicht, was eine existierende Normenvorstellung und Rollenbindung vorgibt. Doch dazu im Folgenden noch mehr.

Wenn man zunächst versucht, die wichtigsten Überlegungen Meads, die um die Begriffe „play" und „game", „I", „Me" und „self" kreisen, einzuordnen, fallen theoretische Parallelen auf, die Meads Bedeutung in der Theoriebildung der Sozialisationsforschung noch klarer erkennen lassen. Bei den Begriffen „I" und „Me" sind es die Ähnlichkeiten zu anderen theoretischen Gebilden. Der Philosoph Ernst Tugendhat meint eine Entsprechung dieser Begriffe in Heideggers „Man" und „eigentlicher Existenz" zu entdecken. Bedeutsamer vielleicht ist die Ähnlichkeit zwischen „I" bzw. „Me" und den Freudschen Begriffen „es" bzw. „Über-Ich". Mindestens die Funktion des „Zensors" scheint sowohl Meads „Me" als auch Freuds „Über-Ich" gemeinsam zu charakterisieren. Unwahrscheinlich ist diese Parallele nicht, da Mead Freud kannte und im Jahre 1914 sogar an einer Freud Rezension arbeitete. Problematisch sind die wenig eindeutigen Formulierungen zur Funktion des „I". Mead ist zudem äußerst vage, wenn er genauer angeben muss, in welchem Lebensalter des Kindes die Entwicklungsstufen des „play" und „game" stattfinden. Damit ist an Meads Gesamtkonstrukt zu kritisieren, dass er nur einen Einblick in den Identitätsformationsprozess geben kann und das auch nur, soweit sich dieser auf der Ebene der „Normalität" bewegt. Der gesamte Bereich des Nicht-Normalen wird ausgespart. Schließlich muss Mead von heute aus gefragt werden, warum die Richtungsgebung durch das gesellschaftliche „Me" immer eine rational sinnvolle sei? Wird damit nicht eine Rückbindung an den „vernünftigen" Verlauf der gesellschaftlichen Evolution zum Ausdruck gebracht, von der wir heute sagen, dass sie auch unvernünftige Zwänge hervorbringen kann, die sich in den gesellschaftlichen Erwartungshaltungen speichern lassen, die wir internalisieren?

In der Rezeptions- und Wirkungsgeschichte Meads wird dies etwas anderes bewertet. Entsprechend seiner Publikationstätigkeit (er veröffentlichte kein einziges Buch), wurde Mead als Zeitgenosse zwar kaum über den Kreis seiner HörerInnen und KollegInnen hinaus aufgenommen. Erst nach seinem Tod fand sein Werk durch die posthume Veröffentlichung einer Vorlesungsmitschrift seines Kurses über Sozialpsychologie breite Öffentlichkeit. Zu diesem Zeitpunkt jedoch schon in der Theorietradition des symbolischen Interaktionismus. Von Mead selbst nie verwendet, fand dieser Terminus Eingang in die wissenschaftliche Diskussion durch Arbeiten seines Schülers und Nachfolgers in Chicago, Herbert Blumer. Dieser baute auf Mead auf, vernachlässigte aber durch die Reduktion gesellschaftlicher Beziehungen auf solche der Interaktion, die makrotheoretischen Bezüge Meads (zu dieser Kritik Joas 1980). Aus sozialisationstheoretischer Sicht wurde die Rezeption Meads für die VertreterInnen der funktionalistischen Theorie bedeutsam. Zur „unbestreitbar wichtigsten Quelle" (Joas 1980) wurde Mead für die Rollentheorie. Diese Bedeutung fand ihren deutlichsten Niederschlag in Turners Begriff des „role-making" und Goffmans Theorem der Rollendistanz (Abels/König 2010). In der Theorie der Stufen des moralischen Bewusstseins Lawrence Kohlbergs (1996) wurde Mead von ähnlicher prägender Bedeutung. In Deutschland machte Arnold Gehlen als Vertreter der philosophischen Anthropologie einen Anfang in der Mead-Rezeption, vernachlässigte aber zu stark den Aspekt der Intersubjektivität. Erst bei Jürgen Habermas (s. unten) kann wieder die Rede davon sein, dass Mead prägende Bedeutung für die Theoriebildung erlangt. Der Sozialphilosoph Jürgen Habermas wählt aus den von Mead vorgegebenen Kategorien Elemente für seine „Theorie des kommunikativen Handelns" aus, macht Mead darin aber den Vorwurf, sich über die Einseitigkeit seines kommunikationstheoretischen Ansatzes nicht genügend im klaren zu sein. Zu einer ausgiebigen Mead-Rezeption in Deutschland verhalf schließlich erst Hans Joas. Mit der Herausgabe von Meads gesammelten Schriften ermöglichte dieser erstmals die Arbeit am authentischen Mead. Joas selbst verwendet Mead im Kontext seiner Ausarbeitung einer pragmatistischen Handlungstheorie („Die Kreativität des Handelns").

Zu einem kurzen Fazit dieses Exkurses: George Herbert Mead wird häufig als Kronzeuge des interpretativen Paradigmas aufgebaut. Lothar Krappmann (1985) meint einer solchen Position bereits sehr früh entgegenhalten zu können, dass Mead der von Wilson angegriffenen Position eines normativen Paradigmas letztlich näher steht als der gleichfalls von Wilson entworfenen interpretativen Alternative. Ob diese Position dem Begründer der Person-Umwelt-Interaktion tatsächlich nahe kommt, ist kaum zu entscheiden. Es muss auch nicht entschieden werden. Krappmanns Stellungnahme muss jedoch zum Aufhänger für das längst fällige Zusammendenken beider Paradigmen zugunsten der Sozialisationsforschung gemacht werden. Klaus Hurrelmanns Postulat an die Sozialisationsforschung, Soziologie und Psychologie zwecks der Konstitution eines Sozialisationsmodells zu vereinen, darf als ein Schritt in diese Richtung aufgefasst werden. Im Sinne Meads kann ein solches Postulat jedoch nur die Wiedervereinigung beider Wissenschaftszweige beinhalten. Gerade zu selbstverständlich hat Mead ein solches Vorgehen bereits einige Generationen zuvor vorgedacht. In der Unterscheidung zwischen „I" und „Me" liegt ein wichtiger Ansatzpunkt für die auch noch die aktuelle Sozialisationsforschung prägende Suche nach dem „subjektiven Faktor", nach Individualität und Originalität. Das Meadsche „I" lieferte, wenn auch in häufig nur sehr spekulativer Form, bedeutende Hinweise für die Verankerung (die Bedingungen der Möglichkeit) von schöpferischer Kreativität, Spontanität, Individualität und Originalität im menschlichen Organismus.

2.2 Interaktion als Sozialisationsmodus

Das im Paradigma der Person-Umwelt-Interaktion verwendete Interaktionsverständnis geht zwar nur zum Teil auf Meads Beschreibung des sprachlichen Austauschs als symbolisch vermittelter Interaktion zurück (Joas 1980). Die neuen Theorien der Sozialisation pointieren dafür aber ein Verständnis von Interaktion, das Meads Annahmen zur menschlichen Identitätsentwicklung zum Anlass nimmt.[5] Interaktion bezeichnet in dieser Hinsicht das prozesshaft verwobene und sich gegenseitig bedingende Verhältnis von psychisch-physischen Bedingungen (repräsentiert im „I") und der sozialen Einbindung (repräsentiert im „me") des/der Einzelnen, das zur Entwicklung einer eigenständigen „Ich-Identität" („self") führt: „Persönlichkeitsentwicklung entsteht in seiner Konzeption als Produkt zweier Größen, der eher sozialen Komponente des ‚Me' und der eher psychischen Komponente des ‚I'." (Hurrelmann 1986: 49)

---

[5] Anders der Sozialphilosoph Jürgen Habermas (s. unten, sowie ausführlich 1971, 1973, 1976 und 1981: Abschnitt V), der schon in den 1960er Jahren an das von Mead entwickelte Verständnis von Interaktion als durch die Kommunikationsfähigkeit der Menschen bedingtes, sinnvoll aufeinander bezogenes Handeln anschließt und daraus sozialisationstheoretische Überlegungen ableitet.

Abbildung 4   Die Entwicklungskräfte der Identitätsbildung nach G. H. Mead.

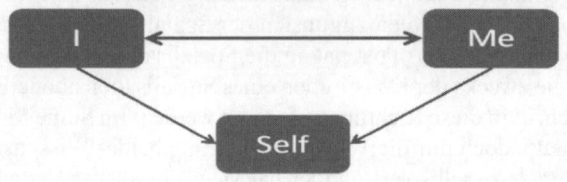

Auf dieser „Entwicklungslogik der Identitätsbildung" (Joas 1980), die bei Mead niemals den Status einer ausgearbeiteten Sozialisationstheorie erlangt hat, basiert das interaktive Verständnis der Vermittlung von personalen und Umwelteinflüssen.[6] Beide miteinander interagierende Einflüsse bedingen erst „in einem permanenten Prozeß der Wechselwirkung" (Hurrelmann 1986: 74) das Sozialisationsergebnis, die menschliche Persönlichkeits- bzw. Identitätsentwicklung. Das Ergebnis der Überlegungen zur Person-Umwelt-Interaktion bezeichne ich im Folgenden als heuristischen Orientierungsrahmen für die Sozialisationsforschung (s. Abb. 4). Das hauptsächliche Interesse dieser Heuristik richtet sich darauf, individuelle und gesellschaftliche Entwicklung in einen interdependenten Zusammenhang zu stellen.

Für die Bezeichnung personaler Einflüsse auf der einen und Umwelteinflüsse auf der anderen Seite wählt Klaus Hurrelmann, der in den 1980er Jahren die wichtigste Rolle im Prozess der Neubegründung einer Theoriebasis der Sozialisationsforschung einnimmt, die Synonyme „äußere" und „innere Realität". Die „äußere Realität" symbolisiert die Sozial- und Wertestruktur einer Gesellschaft sowie soziale und materielle Lebensbedingungen. Die „innere Realität" misst organismusinterne psychische Strukturen, physiologische Grundmerkmale und Prozesse. Hurrelmann markiert damit die Differenz zu der zuvor vorherrschenden Modellvorstellung der zirkulären Reproduktion (s. oben Abb. 3), in der die Persönlichkeit lediglich in der Gestalt eines milieu- oder schichtkonformen „Sozialcharakters" (Riesman) vorkommt, und nur einseitig dem Einfluss der Sozialisationsinstanzen ausgesetzt ist, aber nicht in ein interaktives, also wechselseitiges Austauschverhältnis mit seiner Umwelt tritt. Aus der Perspektive der Person-Umwelt-Interaktion wird die Kritik am Zirkelmodell noch einmal deutlicher.

---

[6] Klaus Hurrelmann wendet sich in diesem Zusammenhang gegen die frühere Rezeption Meads im Strukturfunktionalismus des Mead-Schülers Talcott Parsons. Parson habe die Bedeutung der „I"-Entwicklung (Individuation) in seiner handlungs- und sozialisationstheoretischen Konzeption der Funktion des „Me" (Vergesellschaftung) lediglich subsumiert. Damit werden – wie mit Hurrelmanns Funktionalismus-Kritik nur bestärkt werden kann – individuelle Autonomiepotenziale negiert (also verneint) und das Verständnis für Phänomene des gesellschaftlichen Wandels versperrt.

Interaktion als Sozialisationsmodus

Abbildung 5   Modell der Person-Umwelt-Interaktion. In Abwandlung der schematischen Darstellung Modell der produktiven Realitätsverarbeitung nach Hurrelmann 1986: 72.

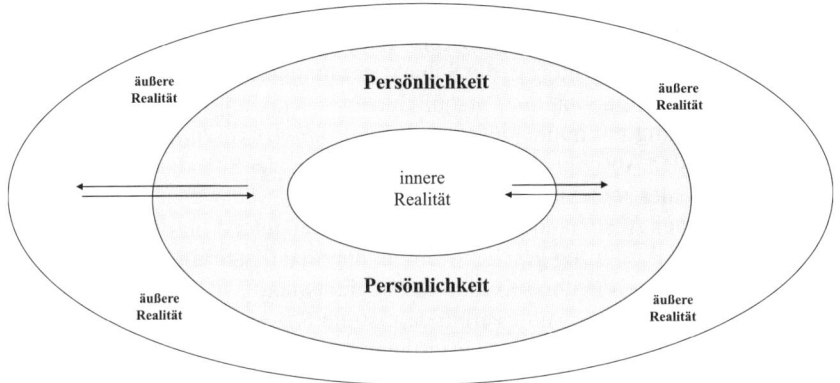

Die Programmatik der nach-schichtspezifischen Sozialisationsforschung

Die Erkenntnisse aus empirischen Lebensverlaufsstudien der 1970er Jahre legten bereits nahe, dass selbst Kinder mit sozial und ökonomisch deprivierter Herkunft sozialstrukturell aufsteigen können. Glen Elders (1974) Studie „Children of the great depression" verschaffte dieser Forschungslinie viel Aufmerksamkeit. Elder untersucht hierin, wie die Wirkungen der Weltwirtschaftskrise im Jahre 1929 von Kindern unterschiedlicher sozialer Herkunft verarbeitet wurden und stößt dabei auf die Bedeutung des Interaktionsverhältnisses zwischen Ereignissen und verfügbaren Ressourcen. Mit diesem neuen, auf offene Interaktionsverhältnisse zielenden Analyserahmen (bei Elder sind es überraschenderweise die armen Kinder, die in dieser Krisensituation „profitieren") entsteht mehr und mehr ein dynamisches Verständnis menschlicher Entwicklungsprozesse, das auch in die Theoriebildung der Sozialisationsforschung eingeht. Danach behalten zwar die Einflüsse der sozialen und materiellen Umwelt eine hohe Sozialisationsrelevanz. Zusätzlich jedoch wird die Fähigkeit der Sozialisanden berücksichtigt, Umwelteinflüsse und damit verbundene Anforderungen subjektiv wahrzunehmen und sehr individuell zu bewältigen. Der heuristische Orientierungsrahmen in der Sozialisationsforschung schreibt damit die Möglichkeit regelrecht fest, dass individuelle Entwicklungsverläufe von den jeweiligen Umweltvorgaben abweichen können. Die Erhaltung eines sozialen Status quo (die Nichtveränderbarkeit also) stellt nicht mehr die notwendige Folge von Sozialisationsprozessen dar.

Klaus Hurrelmann bezeichnet diesen Erklärungsansatz als das „reflexiv-interaktive-Modell" (Hurrelmann/Mürrmann/Wissinger 1986: 95). Was dabei die interaktive Komponente des Modells beschreibt, ist bisher erörtert worden. Als *reflexiv* hingegen bezeichnet Hurrelmann die spezifisch menschliche Fähigkeit, auf die persönliche Entwicklung „eigentätig" Einfluss zu nehmen. Diese Fähigkeit ist bisher als Bedingung für die Person-Umwelt-Interaktion nur konstatiert worden; sie schließt an die Forderung an, die Subjektwerdung gegenüber der bloßen Ableitung als besondere Qualität der Persönlichkeitsentwicklung zu fokussieren. Das an diese Forderung anknüpfende *Modell* des *produktiv realitätsverarbeitenden Subjekts* bildet den Abschluss für die Neuorientierung der Sozialisationsforschung nach dem Ende der schichtspezifischen Periode.

Hurrelmanns Auseinandersetzung kann stellvertretend für die in den 1970er Jahren erhobene Forderung gesehen werden, die Sozialisationsthematik aus dem engen forschungspraktischen Korsett der schichtspezifischen Sozialisationsforschung herauszuführen. Damit verbunden ist die Revision des Interesses in der Sozialisationsforschung, das bis heute als langlebige, unterkomplexe Fokussierung auf die Integrationsfunktion im Sozialisationsprozess wahrgenommen wird. Dieses Verständnis von Sozialisation als Integration beinhaltet, dass die Entwicklung Heranwachsender lediglich dem „Einüben" gesellschaftlich normierter Rollen dient, die ihrerseits nur zur dauerhaften Reproduktion eines gesamtgesellschaftlichen Systems der Beziehungen und individuellen Verhaltensweisen beitragen. Das diesem entgegengesetzte Forschungsinteresse richtet sich darauf, wie sich im Zuge der „Subjektwerdung" Potentiale und Kompetenzen ausbilden, aufgrund derer der/die Einzelne sich vor der Vereinnahmung durch gesellschaftliche (Rollen-) Erwartungen und damit der mechanischen Anpassung in eine vorgegebene Struktur „schützt" (zusammenfassend hierzu Leu/Krappmann 1999b: 7). Die ab dem Ende der 1970er Jahre geführte kritische Auseinandersetzung mit den Ergebnissen der schichtspezifischen Sozialisationsforschung verleihen dieser Orientierung Nachdruck: Integrationsprozesse stellen lediglich eine Funktion im Sozialisationsprozess dar, auf ihre Analyse darf sich Sozialisationsforschung – will sie der o. g. Kritik entgehen – jedoch nicht beschränken. Dieter Geulen bezeichnet diese Überwindung der Engführung auf die Integrationserfordernisse als „Reszientifizierung der Sozialisationsthematik" (Geulen 1980: 46 f.). Sozialisation bezeichnet somit im engeren Sinne die Ausbildung einer Struktur von Persönlichkeitsmerkmalen und Eigenschaften, die es dem Individuum ermöglichen, vor dem Hintergrund der „eigenen" Erfahrungen Handlungsanforderungen „autonom" zu interpretieren, aus- und umzudeuten. Dies stellt die Bedingung dafür dar, sich individuell „handlungsfähig" Reproduktionserfordernissen zu widersetzen und nicht mechanisch auszuliefern.

Interaktion als Sozialisationsmodus

Vergesellschaftung und Individuation

Integrationsanforderungen an den/die Einzelne(n) sowie die Entwicklung zu einem autonomen Subjekt bezeichnen nach Hurrelmann das doppelte Erkenntnisinteresse in der Sozialisationsforschung (Fend/Hurrelmann 1986: 1 f.). Die Vermittlung beider Forschungsperspektiven stellt das wichtigste Fundament einer Programmatik der nach-schichtspezifischen Sozialisationsforschung dar, die im Folgenden in Stichworten vorgestellt wird. Integration und Autonomieentwicklung stehen dabei stellvertretend für unterschiedliche analytische Blickwinkel, die in der Sozialisationsforschung einerseits den Objektbereich *Gesellschaft* – bzw. deren Integrationserfordernisse – und andererseits den Objektbereich *Individuum* – bzw. dessen autonome Entfaltungsmöglichkeiten – fokussieren. Beide unterschiedlichen Blickwinkel bezeichnet analog das Begriffspaar „Vergesellschaftung" (1) und „Individuation" (2):

(1) Nach Hurrelmann bezeichnen Arbeiten, die sich auf die Vergesellschaftungsfunktion konzentrieren, das originär soziologische Interesse am Prozess der Sozialisation. Die Aufmerksamkeit dieser theoriegeschichtlich älteren Ansätze richtet sich auf die Übertragung gesellschaftlich-normierter Erwartungen, die „von außen" an die Entwicklung und Handlungsformen der Heranwachsenden gestellt werden. Ausgangspunkt dieser Position stellen die Arbeiten des Soziologen Emile Durkheim (1977) zur Integration des einzelnen Individuums in die Gesellschaft dar. Durkheim thematisierte die gesellschaftlichen Mechanismen, durch die die Übernahme der vorherrschenden Normen, Werte und Verhaltenserwartungen gesichert werden. Dabei richtet sich Durkheims Auffassung ganz notwendig gegen die Überbetonung der Einzigartigkeit und Handlungsfreiheit jedes einzelnen Individuums, die unter dem Einfluss des Idealismus und Subjektivismus bis in das 19. Jahrhundert hinein die Auffassung von Individualität bestimmt hat. Erst durch Durkheim ist folglich das Verständnis für die gesellschaftliche Bedingtheit individueller Verhaltensweisen geweckt worden. Aber schon die Programmatik Durkheims verfällt – folgt man Hurrelmann – in das Gegenteil, die Negation (die Verneinung) des konkreten Individuums: Die sozialisationstheoretische Tradition im Anschluss an Durkheim hat zur „Eliminierung der Kategorie des Subjekts als einer eigenen Bestimmungsgröße gesellschaftlicher Prozesse überhaupt" (Geulen/ Hurrelmann 1980: 61) geführt, den „subjektiven Faktor" im analytischen Vorgehen ausgeklammert und lediglich als „Randvariable" (Hurrelmann 1986: 64) behandelt. Dieses Verständnis stellt die theoretische Klammer dar, die Hurrelmann um die Entwicklung des Sozialisationsparadigmas bis in die Zeit nach dem zweiten Weltkrieg setzt. Der Einfluss dieser Programmatik auf die Analyse der Sozialisation als Funktion von Integrationserfordernissen erfasst seiner Ansicht nach noch die Ansätze zur schichtspezifischen Sozialisationsforschung.

(2) Die Individuationsfunktion im Sozialisationsprozess betonen hingegen jüngere Arbeiten, die auf die Entwicklung einer autonom handlungsfähigen Persönlichkeit unter Absehung gesellschaftlicher Integrationserfordernisse abheben. Individualentwicklung bezeichnet aus dieser Perspektive mehr als nur das Erfüllen einer Summe der je konkret an die/den Heranwachsende(n) gestellten (Rollen-) Erwartungen; sie ist mit der Vorstellung eines *in Interaktionen mit der Außenwelt* sich „erkennenden und sich selbst reflektierenden Wesens" (Hurrelmann 1983a: 295) verknüpft. Diese „Tradition" ist nicht nur historisch von den Arbeiten zur Vergesellschaftungsfunktion getrennt, sondern auch disziplinär: Individuation bezeichnet das Erkenntnisinteresse der originär psychologisch orientierten Forschung. (Vgl. Hurrelmann 1986: 9; Hurrelmann/Ulich 1991b: 9f.; Geulen/ Hurrelmann 1980: 51 f.) Anstöße zu dieser Orientierung stammen aus der sozialpsychologischen Entwicklungsforschung und im Besonderen aus der Life-Span Developmental Psychology (etwa Baltes/Eckensberger 1979; Baltes/Reese/Lipsitt 1980; Oerter/Montada 1979, 1982).[7]

Der beide Perspektiven synthetisierende Standpunkt, für den Hurrelmanns Arbeiten stehen, gründet darauf, dass sich Vergesellschaftungs- und Individuationseinflüsse in einem Verhältnis der wechselseitigen und nicht in einem der einseitigen Abhängigkeit (etwa der Individual- von der Gesellschaftsentwicklung) voneinander befinden. Dieses Verhältnis bezeichnet er analog als „Dialektik von Vergesellschaftung und Individuation" (Hurrelmann/Mürrmann/Wissinger 1986: 96; vgl. auch Hurrelmann 1983a: 91) in der Persönlichkeitsentwicklung. Notwendig hat sich daher Sozialisationsforschung als ein interdisziplinäres Arbeitsgebiet soziologischer und psychologischer Perspektiven zu verstehen (Hurrelmann 1986: 9) Der programmatische Rahmen für diese theoretische Neuorientierung stellt die Vermittlung der zentralen Analyseebenen Individuum und Gesellschaft oder synonym: Person und Umwelt in den Mittelpunkt (ebd. 70). Besonders zentral dabei ist, dass sich die Sozialisationsforschung in der Folge immer häufiger in der Traditionslinie psychologischer Forschung verorten lassen muss. Hurrelmann selbst bezeichnet sich in diesem Zusammenhang als „,psychology-oriented sociologist'" (Hurrelmann 1989b: 110), als ein Soziologe also, der psychologisch orientiert ist.[8]

---

[7] Aber nicht aus der konstruktivistischen Entwicklungstheorie in der Tradition Jean Piagets. Dieser hat zwar den „Entwurf eines *aktiven* Bildes vom Individuum, gegen die missverständliche und verkürzte Konzeption der Behavioristen" (Hurrelmann 1983a: 94) verdienstvoll geprägt. Hurrelmann kritisiert jedoch, dass Piaget die „innerindividuelle Sphäre" der menschlichen Entwicklung überschätzt. Die einzelne Person interagiert in Piagets Vorstellung nicht mit der Umwelt: Menschliche Entwicklung findet „letztlich isoliert von der sozialen Lebenswelt statt." (Ebd.)
[8] Aufgabe der Pädagogik ist es unterdessen, aufgrund der Kenntnis der Sozialisationsmechanismen, das menschliche Individuum sowie seine soziale und dingliche Umwelt so zu stimulieren und zu beeinflussen, „daß eine nach persönlichen und zugleich nach gesellschaftlichen Kriterien wünschenswerte Persönlichkeitsentwicklung zustande kommt." (Hurrelmann 1986: 9)

Interaktion als Sozialisationsmodus

Wie es weiter geht ...

Wie weit nun eine Konzeption reicht, die so stark an der Neuorientierung der Sozialisationsforschung der 1980er Jahre beteiligt war, soll im Folgenden dargestellt werden. Dabei soll die Frage im Mittelpunkt stehen, ob die Sozialisationsforschung, die die Prägung durch Klaus Hurrelmanns Modell des produktiv realitätsverarbeitenden Subjekts erhalten hat, den Aspekt der sozialen Ungleichheiten tatsächlich aufnehmen kann. Trotz aller Fortschritte, die sich dabei durch die neue Modellannahme erkennen lassen, werden Probleme der Theoriebildung diskutiert. Das Hauptproblem dabei ist zum einen, dass die Strukturen der Ungleichheitsreproduktion nun vernachlässigt werden (während in der schichtspezifischen Sozialisationsforschung alles durch Ungleichheiten geprägt war). Und zum anderen, dass das neue Subjekt- und Akteursmodell (also die Vorstellung vom menschlichen Handeln) immer weniger geeignet zu sein scheint, Beschränkungen der Handlungsfähigkeit zu analysieren. Das Fazit zum neuen Verständnis von Sozialisation fällt darum abschließend skeptisch aus und macht den Bedarf an einer erneuten Theorieerweiterung deutlich.

3 Das Modell des produktiv realitätsverarbeitenden Subjekts (1980er–1990er Jahre)

Das „Bemühen um eine tragfähige Subjektkonstruktion" (Hurrelmann/Mürrmann/ Wissinger 1986: 94) ist das Signum der nach-schichtspezifischen Sozialisationsforschung. Für diese Prägung stehen die Arbeiten Klaus Hurrelmanns im Besonderen und dies ist auch als das Verdienst anzusehen. Die Annahme, die häufig genug in der Kritik an der Tradition schichtspezifischer Ansätze auftritt, dass der/die Heranwachsende nicht nur als Opfer passiv-hinnehmend, sondern aktiv gestaltend an der Entwicklung einer eigenständigen Persönlichkeit beteiligt ist, bildet den Kern des von Hurrelmann entworfenen Sozialisations- bzw. Subjektkonzepts der *produktiven Realitätsverarbeitung*. Hurrelmann selbst bezeichnet die seinem Konzept zu Grunde liegende Auffassung von Subjektivität auch als das „epistemologisches Subjektmodell", also als das Modell des erkennenden Subjekts (Hurrelmann 1983a: 91; Hurrelmann/Mürrmann/Wissinger 1986: 95; Fend/Hurrelmann: 1986: 3).

Das Konzept der „produktiven Realitätsverarbeitung" hebt auf die eigenständige Bedeutung der Persönlichkeit im Sozialisationsverlauf ab. Es bildet in Hurrelmanns Entwurf das analytische Zentrum der Sozialisationsforschung (Hurrelmann 1986: 75; Hurrelmann/Mürrmann/Wissinger 1986: 95; Hurrelmann/Neubauer 1986: 158). Persönlichkeit in einem umfassenden Sinne ist damit definiert als:

> „die individuelle, in Interaktion und Kommunikation mit Dingen wie mit Menschen erworbene Organisation von Merkmalen, Eigenschaften, Einstellungen, Handlungskompetenzen und Selbstwahrnehmungen eines Menschen auf der Basis der natürlichen Anlagen und als Ergebnis der Bewältigung von Entwicklungs- und Lebensaufgaben zu jedem Zeitpunkt der Lebensgeschichte." (Hurrelmann/Mürrmann/ Wissinger 1986: 98)

Sozialisation bezeichnet darauf basierend in einem seit den 1980er Jahren gebräuchlichen definitorischen Verständnis den *Prozess der Entstehung und Entwicklung der menschlichen Persönlichkeit in wechselseitiger Abhängigkeit von und in Auseinandersetzung mit den historisch vermittelten sozialen und dinglich-materiellen Lebensbedingungen* (Geulen 1973: 87; Hurrelmann 1986: 14, 70; 1983a: 91, 96 und Geulen/Hurrelmann 1980: 51; Hurrelmann/Ulich: 1991b: 8; Heitmeyer/Hurrelmann 1988: 47). Der Entwicklungsstand der Persönlichkeit zu einem jeweiligen Zeitpunkt im Lebensverlauf bezeichnet hiernach den ausschlaggebenden Faktor für die Art und Weise, in der Heranwachsende die sie umgebende äußere Realität mit persönlichen Bedürfnissen, Wünschen und Haltungen vermitteln. Bereits ausgebildete Persönlichkeitseigenschaften, die für die früheste Entwicklungsphase angenommen werden, stellen also immer die Bedingung für den weiteren Verlauf der Sozialisation dar. Die damit konstatierte Bedeutung der Auseinandersetzung des/ der Einzelnen mit Umweltanforderungen bezeichnet Hurrelmann als „produktiv".

Der aktive Umweltgestalter

Mit dem Modell des produktiv realitätsverarbeitenden Subjekts sind zwei Grundbedingungen an die Eigentätigkeit des/der Einzelnen im Sozialisationsprozess geknüpft, die im Folgenden auf zwei Ebenen unterschieden werden können: Als *Realitätsverarbeitung* (1) im engeren Sinne kann in Anlehnung an Hurrelmann Fähigkeit des Sozialisanden verstanden, sich Umwelt reflexiv anzueignen. Die Ebene der Rück- oder Einwirkung auf die den Heranwachsenden umgebende Realität ist über die Kompetenz zu aktivem, selbsttätigem Handeln vermittelt, das zur besseren Verständlichkeit hier als *Realitätsbearbeitung* (2) bezeichnet wird:
(1) Realitätsverarbeitung beschreibt die Fähigkeit, sich selbst-reflexiv Realität anzueignen. Damit ist die kognitive Tätigkeit des Individuums gemeint, äußere Realität vor dem Hintergrund der bereits erworbenen Erfahrungen wahrzunehmen und zu bewerten bzw. im wörtlichen Sinne innerpsychisch zu verarbeiten. Dies bezeichnet einen Erkenntnisakt, der vor einer jeden Handlung einsetzt. Umweltereignisse gehen in die Ordnungssysteme und Interpretationsmuster des/der Einzelnen ein, werden dort bewertet und zur Grundlage anschließender Handlungsorientierungen. Hierzu Hurrelmann selbst:

> „Mit voranschreitender Persönlichkeitsentwicklung im Kindes- und Jugendalter wird die Aneignungs- und Verarbeitungsfähigkeit eines Menschen normalerweise immer weiter gesteigert, so daß es zu einem wachsenden individuellen Verständnis der äußeren Realität, einer komplexen gedanklichen Rekonstruktion situativer Gegebenheiten und einer effektiveren Verarbeitung von Wahrnehmungen und Interpretationen kommt." (Hurrelmann 1986: 78)

Durch diese evaluative Fähigkeit zur Realitätsverarbeitung wird nach Hurrelmann die gezielte Orientierung und Strukturierung des eigenen Handelns erreicht. Das heißt, das Handeln wird bewusst an der Wahrnehmung und Bewertung vorausgegangener Umweltereignisse und Erfahrungen ausgerichtet. Im Ergebnis bedingt dies die Fähigkeit zur „Reflexion des eigenen Entwicklungsprozesses und der eigenen Persönlichkeitsbildung" (Hurrelmann/Mürrmann/Wissinger 1986: 100), die hiernach bereits früh in der Entwicklung einsetzt und spätestens mit dem Eintritt in das Erwachsenenalter voll ausgebildet ist. Diese auch als Prinzip der „Selbstregula-

Das Modell des produktiv realitätsverarbeitenden Subjekts   63

tion" bezeichnete Fähigkeit ist von dem Vermögen der Heranwachsenden abhängig, Erfahrungen mit der Organisation künftiger Handlungsziele rückzukoppeln:

„Mit dem Begriff der ‚Verarbeitung' ist also auch immer die ‚Arbeit' an sich selbst als Person gemeint, wobei die Eindrücke und Erfahrungen mit den zurückliegenden Kenntnis- und Wissensbeständen, Erlebnissen und Beobachtungen in Einklang gebracht werden." (Hurrelmann 1991: 197)

Hurrelmann beurteilt aus dieser Perspektive den Prozess der Persönlichkeitsgenese als ein Geschehen, auf das der Heranwachsende „in allen Abschnitten des Lebenslaufs Einfluß hat." (Hurrelmann 1986: 77) Hierfür ist wiederum wesentlich, dass die Sozialisationsforschung der 1980er Jahre ganz wesentliche Impulse aus der angloamerikanischen Diskussion in der Psychologie importiert hat. Das Gleiche gilt für die Theoriebildung bei Hurrelmann. In Anlehnung an die angelsächsische *Life-Span Developmental Psychology* bezeichnet er „Individuals as Producers of Their Development", Individuen als Produzenten ihrer eigenen Entwicklung (Lerner/Busch-Rossnagel 1981, zit. nach Hurrelmann 1986: 77; vgl. auch Hurrelmann/Neubauer 1986: 164).

(2) Die zentrale Eigenschaft der „Eigentätigkeit" setzt voraus, dass Heranwachsende auf ein Repertoire an Reaktions- und Handlungsformen zurückgreifen können, das es ihnen vor dem Hintergrund stetig differenzierter Anforderungen erlaubt, immer wieder unterschiedliche Strategien zur Realitätsbearbeitung einzusetzen. Mit Bearbeitung der Realität ist also die Fähigkeit gemeint, auf Umweltanforderungen bewusst handelnd zu reagieren und dadurch die persönliche Entwicklung selbstständig zu steuern. Wilhelm Heitmeyer und Klaus Hurrelmann bezeichnen den Einzelnen in diesem Sinne als „Handlungszentrum" (Heitmeyer/Hurrelmann 1988: 64). Gesteuert wird dieses Zentrum durch für die praktische Handlungskoordinierung zur Verfügung stehende Kompetenzen. Handlungskompetenzen erläutert Hurrelmann in einem allgemeinen Verständnis als den:

„Stand der individuellen Verfügbarkeit und der angemessenen Anwendung von Fertigkeiten und Fähigkeiten zu Auseinandersetzungen mit der äußeren und inneren Realität." (Hurrelmann 1991: 197, vgl. auch Hurrelmann 1986: 160 ff.)

Diese Handlungskompetenzen stellen die Ausgangskonstellation für soziales und instrumentelles Handeln dar. Sie dienen der Bewältigung situativer, mittel- oder langfristiger Handlungsanforderungen, die durch Fremderwartungen einerseits sowie durch Bedürfnisse, Wünsche und Zielorientierungen des Heranwachsenden andererseits charakterisiert sind (die äußere und innere Realität also). Zum besseren Verständnis der basalen Funktion, die die Handlungskompetenzen in Hurrelmann Modell einnehmen, dient die Abbildung 6. Die einzelnen Komponenten der Persönlichkeit (Handlungskompetenzen, Selbstbild und Identität) bezeichnen hierin gleichursprüngliche Handlungsbedingungen, nicht die Abfolge einander ablösender Stufen der Entwicklung. Eine eigene „Identität" ist somit nicht das mögliche Ziel, sondern per se Bestandteil der Persönlichkeitsentwicklung und als Handlungsbedingung immer vorhanden. Anders die Funktion der individuellen Handlungskompetenzen, sie bilden so etwas wie die Basis von Handlungsentwürfen, auf ihnen bauen die differenzierteren Muster eines Selbstbildes und einer Handlungsidentität auf.

Abbildung 6   Zusammenhang zwischen den Konzepten Handlungskompetenz, Selbstbild, Identität und Handeln. Quelle: Hurrelmann 1986: 171.

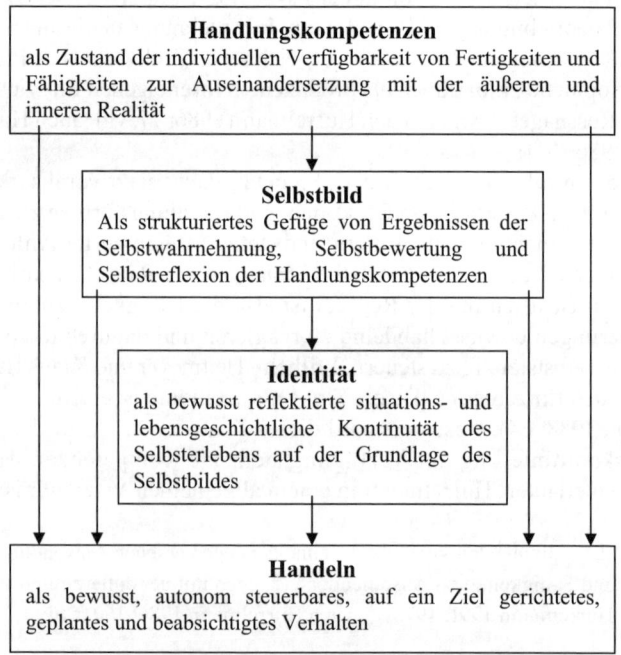

In Hurrelmanns eigener Erläuterung zu der Funktion von Handlungskompetenzen ist hingegen zu differenzieren: Zwischen Handlungskompetenzen in der allgemeinen Bedeutung einer anthropologisch notwendigen Handlungsbedingung auf der einen Seite. Hiernach geht es per se niemals ohne Handlungskompetenzen. Und der Struktur individuell differenzierter Handlungskompetenzen auf der anderen Seite, die für das Erreichen fremd- wie selbstbestimmter Ziele im Sozialisationsverlauf verantwortlich sind. In der konsequenten Fortführung der Annahme der Person-Umwelt-Dialektik bedeutet dies, dass die gleiche Sozialisationsumwelt immer zu unterschiedlichen Sozialisationsergebnissen führen wird, weil der Einfluss von Sozialisationsbedingungen immer abhängig von der persönlichen Kompetenzstruktur ist, die zu unterschiedlichen Mustern der Realitätsverarbeitung führt.

Der Aufbau von Handlungskompetenzen

Folgen wir dem Ansatz Hurrelmanns, dann kommt den individuellen Handlungskompetenzen die basale Funktion im Sozialisationsprozess zu. Hierüber wird der Sozialisationsverlauf, also die Richtung der persönlichen Entwicklung gesteuert. Wird diese Argumentationslinie ernst genommen, muss aber im zweiten Schritt gefragt werden, wie Handlungskompetenzen zur Ausbildung gelangen, wie und wo also der Kompetenzaufbau erfolgt. Für die Sozialisationsforschung ist diese Ebene zentral und die Arbeiten Hurrelmanns lassen sich genau hierauf ein. Er selbst bestimmt als Grundlage von Handlungskompetenzen die differenzierte Struktur von sensorischen, motorischen, interaktiven (Bsp. Empathie), intellektuellen (kognitive) und affektiven (Bsp. Bindungsfähigkeit) „Fähigkeiten und Fertigkeiten". Diese werden nach Ergebnissen entwicklungstheoretischer und ethnomethodologischer Untersuchungen (vgl. u. a. Piaget 1972, 1973, Kohlberg 1974; Goffman 1973) – durch innerorganismische Reifungsprozesse einerseits wie durch die Anforderungen der sozialen und gegenständlichen Umwelt andererseits – bereits in den ersten Lebensjahren erworben (s. Abb. 7)

Abbildung 7 Der Zusammenhang zwischen Fähigkeiten/Fertigkeiten und Handlungskompetenzen. Geringfügig gekürzte Darstellung nach Hurrelmann 1986: 162.

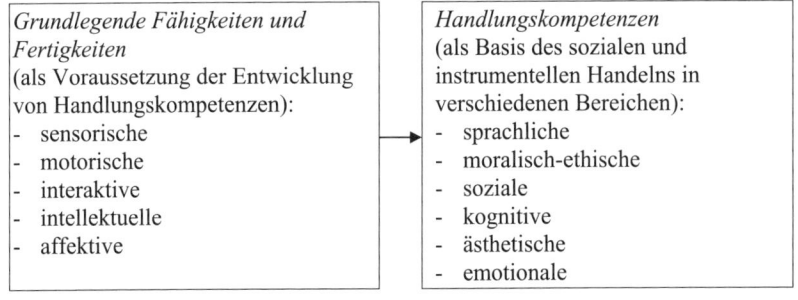

Hurrelmann unterscheidet ein Ausgangssystem der Fähigkeiten und Fertigkeiten (als Kompetenzgrundlage) von den zur Verfügung stehenden Handlungskompetenzen. Obwohl seit den 1970er Jahren bereits ausführlicher zum Aufbau von Handlungskompetenzen geforscht wurde (Edelstein/Habermas 1984; Edelstein/Keller 1982; Geulen 1982; Keller 1976), schließt Hurrelmann an diese Arbeiten nicht an. Sein Modell der Übertragung von Fähigkeiten und Fertigkeiten auf Kompetenzen besitzt darum eher einen veranschaulichenden Charakter für die Differenzierung unterschiedlicher Dimensionen von Handlungsfähigkeit auf der sprachlichen, moralisch-ethischen, sozialen, kognitiven, ästhetischen und emotionalen Ebene. Diese stellen die Bedingung für die Auseinandersetzung mit den Gegebenheiten der dinglich-materiellen und sozialen Umwelt dar. Hurrelmann bezeichnet sie zusammenfassend als die innere Struktur der Persönlichkeit. Vermittels der Organisation dieser basalen Grundstruktur nimmt der/die Einzelne als zentrale „Steuerungsinstanz" (Hurrelmann 1986: 163) auf die eigene Entwicklung Einfluss.

Ein erstes Fazit zum Ansatz Hurrelmanns

Aufgrund der von Hurrelmann angenommenen Auseinandersetzung (Interaktion) der Person mit seiner Umwelt ist jeder Sozialisand schon rein logisch „aktiv" an seiner Entwicklung beteiligt. Das Modell des produktiv realitätsverarbeitenden Subjekts ist also mit dem Modell des Heranwachsenden als „aktivem Umweltgestalter" mehr oder weniger identisch (Heitmeyer et al. 1992: 31). Diese Annahme, nach der die Handlungskompetenzen als zentral für den Sozialisationsprozess anzusehen sind, beinhaltet für die Perspektive des Zusammendenkens von Ungleichheitsfaktoren und Sozialisationsprozessen weit reichende Konsequenzen: Anforderungen in der Sozialisationsumwelt – wie etwa jene in der Gleichaltrigengruppe, der Schule oder bei Erwerbseintritt – werden hiernach unter Rückgriff auf individuelle Kompetenzen bewältigt. Erweisen sich diesbezüglich einzelne Bereiche in der Kompetenzstruktur des Heranwachsenden als „unzureichend", werden die soziale und später die materielle Existenzgrundlage der/des Einzelnen gefährdet. Die konkrete Struktur der Handlungskompetenzen ist also in höchstem Maße relevant für die Zuweisung sozial ungleicher Lebenschancen. Diese Funktion der Handlungskompetenzen hat Hurrelmann selbst bezeichnet. Kompetenzen, die in unterschiedlicher Weise dazu dienen, Anforderungen in der Sozialisationsumwelt der Heranwachsenden zu erfüllen, bezeichnet er als ungleiche „Bewältigungsstile". Sie werden von analog als „soziales Immunsystem" (Hurrelmann 1991: 197) oder auch als individuelle „Schutzfaktoren" (ebd. 201; vgl. auch Ulich 1987: 167) gegenüber dem in sozialer, psychischer und physischer Hinsicht verletzbaren Individuum charakterisiert. Mit ihnen sind im Besonderen die Ausbildung einer „problem-solving capacity" (Engel/Hurrelmann 1989: 116), Formen „anti-

Das Modell des produktiv realitätsverarbeitenden Subjekts 67

zipatorischer Problembearbeitung" (Hurrelmann 1991: 197) gegenüber defensiver Problemverdrängung sowie umfassende Flexibilisierungs- und Gestaltungsdispositionen (vgl. ebd.) in der Lebensplanung verbunden.

Handlungskompetenzen, die „erfolgreiches" Bewältigungshandeln ermöglichen, münden nach Hurrelmann in ein reflektiertes Selbstbild ein. Dieses repräsentiert das Bewusstsein einer gefestigten Identität (Heitmeyer/Hurrelmann 1988: 48; Hurrelmann 1986: 166–178; Mansel 1995: 97). Auf die Diskussion analoger Bezeichnungen wie etwa der Ausprägung eines „Kohärenzsinns" (im Anschluss an Antonovsky 1979, charakterisiert als individuelles Handlungsvermögen in Abhängigkeit von Selbstvertrauen, Vorhersagbarkeit und Vertrauen in die Gestaltbarkeit des eigenen Handelns) muss hier verzichtet werden (ausführlicher hierzu Abels/König 2010: Kap. 13). Insgesamt stellen die Rezeption des Belastungs-Bewältigungs-Paradigmas sowie stress- und anomietheoretischer Annahmen über die Problembearbeitung Heranwachsender einen deutlichen Hinweis für die bezeichnete Hinwendung zur psychologischen Analyse von Handlungskompetenzen dar, die jedoch eine eigene Betrachtung erfordern würde. Wichtiger ist hier die allgemeine Tendenz der Theoriebildung in der Sozialisationsforschung der 1980er Jahre, Sozialisationsprozesse aus der Perspektive der Heranwachsenden zu fokussieren. „Persönlichkeit" bzw. „Persönlichkeitsentwicklung" bilden das analytische Zentrum der Sozialisationsforschung nach Hurrelmann. Diese im Besonderen mit dem Modell des produktiv realitätsverarbeitenden Subjekts verbundene Grundauffassung kann im Folgenden auch als individuums- oder subjektorientiert bezeichnet werden (Geulen 1999, 2005; Leu/Krappmann 1999).

Eine problemorientierte Auseinandersetzung mit dem Ansatz Hurrelmann soll jedoch auch angeschlossen werden. Als kritisch kann eingeschätzt werden, dass Kategorien wie Identität oder reflektiertes Selbstbild (wie im Übrigen auch die zuvor genannten Bezeichnungen „Handlungszentrum" und „aktiver Umweltgestalter") individuelle Kompetenzen, Problemlösungsstrategien und Formen der Selbstregulation als souverän gesteuerte Entscheidungen der Heranwachsenden beschreiben. Dies kann Gefahr laufen, Autonomiepotentiale in der Persönlichkeitsentwicklung zu überschätzen. Denn tatsächlich wissen wir wenig darüber, wodurch Entwicklungsprozesse, wenn sie als nicht gelungen aufgefasst werden, gesteuert werden. Die Perspektive Hurrelmanns, nach der biografisches „Scheitern" (etwa in Bildungsprozessen) nicht nur ein Umwelteffekt ist, sondern etwas mit den individuellen Kompetenz- und Handlungsmustern zu tun hat und in dieser Form auch analysiert werden muss, ist heute zweifellos anerkannt. Ob aber unzureichende Kompetenz- und Handlungsmuster nur als das Ergebnis produktiver Realitätsverarbeitung zu bezeichnen sind und ob damit die Effekte ungleich privilegierender bzw. benachteiligender Ausgangsbedingungen noch gefasst werden können, bleibt offen.

Warum eine solche Gefahr der Unterkomplexität in der Theoriebildung ernst zu nehmen und wie damit umzugehen ist, wird im Folgenden thematisiert. Dabei liegt der Schwerpunkt Betrachtung vor allem auf der Frage, ob soziale Ungleichheiten und damit strukturelle Hemmnisse berücksichtigt wurden, die die Ausbildung autonomer Handlungsfähigkeit verhindern oder begünstigen können. Auf dieser Grundlage wird später noch der Erkenntniswert der Theoriebildung in der Sozialisationsforschung der 1980er und 90er Jahre (die individuums- oder subjektorientierte Methodologie) bemessen. Und dies insbesondere für die Beziehung zu dem Erkenntnisgegenstand der Ungleichheit und der Reproduktion von Ungleichheiten.

3.1 Ungleichheit und Sozialisation

Die Beziehung zwischen Ungleichheits- und Sozialisationsforschung wird in der Diskussion der 1980er und 90er Jahre interessanterweise nur noch selten explizit gemacht. Die Darstellung muss daher auch hier auf eine Reihe thematisch unterschiedlicher Untersuchungen zurückgreifen. Dabei richtet sich das Hauptinteresse auf zwei unterschiedliche Zugänge zum Thema der sozialen Ungleichheit: Zum einen (hier im Abschnitt 3.1) die Annahmen zur Struktur ungleicher Lebens- und Sozialisationsbedingungen in modernen Gesellschaften. Dabei zeigt sich aus Sicht der Sozialisationsforschung eine sehr enge Verbindung zu Befunden der Ungleichheitsforschung und Sozialstrukturanalyse, in denen seit dem Beginn der 1980er Jahre das Ende eines stabilen Klassen- und Schichtengefüges diagnostiziert wird. Zum anderen (3.2) wird an Analysen zur Reproduktion sozialer Ungleichheiten durch das Bildungssystem festgehalten. Dass insbesondere die Schule einen starken Selektionseinfluss ausübt und für die Allokation ungleicher Statuspositionen im Erwachsenenalter verantwortlich ist, wird also durch die Forschung weithin bestätigt. Die zusammenführende Darstellung wird darum darauf aufmerksam machen, dass sich die Ergebnisse beider Diskussionsstränge mehr oder weniger widersprüchlich zueinander verhalten. Interessant wird insbesondere aufzudecken, wie und warum gerade die Annahmen zur Entstrukturierung moderner Klassengesellschaften in Verbindung mit dem Modell des produktiv realitätsverarbeitenden Subjekts das Interesse an der Analyse der Reproduktion sozialer Ungleichheitsrelationen zurückgedrängt und zu einem Paradigmenwechsel in der ungleichheitsorientierten Sozialisationsforschung geführt haben.

Der theoretische Ansatz sozialer Lebenslagen

Folgt man einer bis heute breit geteilten Einschätzung, ist die Sozialisationsforschung bei der Analyse der Produktionsdynamiken sozialer Ungleichheit notwendig auf das Instrumentarium und die Ergebnisse soziologischer Ungleichheitsforschung angewiesen (Hurrelmann 1985). Dieser Rekurs ist jedoch zweischneidig. Befunde der Ungleichheitssoziologie seit den späten 1970er und frühen 80er Jahren sind nämlich durch die Diagnose der sozialstrukturellen Differenzierung moderner Gesellschaften geprägt. Das heißt, die Struktur der sozialen Ungleichheit ist danach nicht mehr nur strikt hierarchisch und dreistufig (ein Oben, eine Mitte und ein Unten) aufzufassen, sondern allem voran als „mehrdimensional" zu begreifen, also mit Abstufungen, die zwar Ungleichheiten zwischen Menschen anzeigen, aber nicht als Ungleichheiten zu verstehen sind, die Lebenschancen notwendig einschränken. Im Sinne der bezeichneten Definition sozialer Ungleichheiten Reinhard Kreckels handelt es sich also um die steigende Bedeutung von Ungleichheiten, die nicht als strukturierte soziale Ungleichheiten zu bezeichnen sind. Klaus Hurrelmann etwa konstatiert mit Bezug auf den soziologischen Klassiker Max Weber, dass die rein ökonomische Dimension gesellschaftlicher Distributionsungleichheiten (Verteilungsungleichheiten) wohl einen wesentlichen, längst aber nicht den einzigen Zugang zum Verständnis der Strukturierung der Lebensverhältnisse in der Gegenwartsgesellschaft darstellt. Dies bezeichnet eine eindeutige Frontstellung zu den älteren materialistisch-marxistisch geprägten Ansätzen in der Ungleichheitsforschung, an die zahlreiche AutorInnen der schichtspezifischen Sozialisationsforschung angeschlossen haben.

Dieser Wechsel in der Soziologietradition „von Marx zu Weber" (Hurrelmann) hat weitreichende Konsequenzen (zum allgemeinen Verständnis der Denktraditionen in der Ungleichheitsforschung Vester et al. 2001: Kap. 3). Insbesondere ist damit die seit Marx vertretene „Klassifizierung der Gesellschaft als ‚Klassengesellschaft' für eine bildungs- und sozialisationstheoretisch aussagekräftige Analyse der Gesellschaft wertlos". (Hurrelmann 1985: 49) Das Strukturierungsprinzip „Klasse" erweist sich – folgt man zahlreichen Annahmen der 1980er Jahre – als zu grobschlächtig, um die Vielschichtigkeit der Sozialisationseinflüsse und -wirkungen abbilden zu können. Die Stellung im Produktionsprozess, ein altes Diktum der marxistischen Theorie, determiniert unter wohlfahrtsstaatlichen Bedingungen nicht mehr die sozialen Lebensverhältnisse, die Erfahrungs- und Handlungsmöglichkeiten der Heranwachsenden gehen weit über die Erfahrung sozialer Ungleichheiten hinaus.

„Aus diesen Überlegungen folgt, dass eine direkte Korrelation zwischen Variablen auf der Ebene der ‚Persönlichkeitsentwicklung des Kindes' und auf der Ebene der ‚Sozialstruktur' verworfen werden muss." (Geulen/Hurrelmann 1980: 62)

Sozialstrukturanalyse und Sozialisationsforschung befinden sich hingegen „auf Webers Spuren" (Hurrelmann 1985: 49), wenn sie das Klassenkonzept überwinden und stattdessen von der mehrfach gebrochenen und sich überlagernden Struktur der Lebens- und Sozialisationsbedingungen ausgehen:

„Um den gesamten Strukturzusammenhang der gesellschaftlichen Sozialisationsbedingungen aufhellen zu können, muss auch die horizontale, kontextuelle Einbettung der einzelnen Momente innerhalb jeder Betrachtungsebene, technisch gesprochen die Kovarianzen und die Interaktionseffekte zwischen ihnen, berücksichtigt werden. Es wird immer deutlicher, dass die klassische korrelationsstatistische Frage nach dem Zusammenhang zwischen zwei Variablen unangemessen, ja irreführend ist, weil ein solcher Zusammenhang immer auch noch von anderen Variablen wesentlich abhängig ist." (Geulen/Hurrelmann 1980: 56)

Die hier bezeichnete „kontextuelle Einbettung" weist auf die sozialökologisch orientierte Sozialisationsforschung hin, die in der Sozialisationsforschung viel Bedeutung erhält (Grundmann/Lüscher 2000). Klaus Hurrelmann selbst bezeichnet den eigenen Forschungsrahmen in diesem Zusammenhang als „kontextualistische Sozialisationstheorie" (Hurrelmann 1986: 69). In der Ungleichheitsforschung scheint diese Umorientierung dadurch zu erfolgen, dass mit der empirischen Analyse der „tatsächlichen Lebensbedingungen" (Hurrelmann 1985: 50) von der einseitigen Determination der Lebensverhältnisse durch die theoretisch konstruierte Schicht- oder Klassenzugehörigkeit Abstand genommen wird. Die eingehendere Auseinandersetzung mit diesem Entwicklungsschritt der Ungleichheitsforschung wird hier noch erfolgen. Bis dahin ist Hurrelmann nur darin zuzustimmen, dass der Mainstream der Ungleichheitsforschung seit den 1980er Jahren den Trend zur so bezeichneten Entvertikalisierung (Strukturen verlierenden an Bedeutung, die Ungleichheiten nur „von oben nach unten" kennen) und Entstrukturierung (die starken Strukturierungen der Lebensführung durch Einkommen, berufliche Verortung etc. nehmen ab) sozialer Lebensverhältnisse nahelegen. Für das mit diesem Trend verbundene Lagenkonzept in der Ungleichheitsforschung lassen sich im Besonderen die Arbeiten des Soziologen Stefan Hradil (1983a, 1983b, 1987: Kap. 4) heran ziehen. Das Konzept der sozialen Lebenslage soll – kurz gefasst – neben der klassischen Dimension hierarchischer Stratifikation (Schichtung) eine Vielzahl zusätzlicher Indikatoren für die Lebensführung hinzuziehen, die die Vielfältigkeit der Sozialisationsbedingungen auch in horizontaler Dimension anzeigen. So etwa:

„die Infrastrukturversorgung des Wohngebietes, die Wohnungsausstattung und -größe, soziale Herkunft und kulturelle Tradition der Herkunftsfamilie, intergenerative Verhaftetheit in bestimmten Lagen sozialer Ungleichheit, Erfahrungen sozialgeschichtlicher Ereignisse u. a. mehr." (Hurrelmann 1985: 49)

Ungleichheit und Sozialisation 71

Ziel der Übertragung des Lebenslagenmodells auf die Sozialisationsforschung stellt die Erweiterung des Variablenkranzes der Sozialisationsbedingungen dar, um die von der gesellschaftlichen Wirklichkeit vorgegebene Differenzierung der Lebensbereiche und damit verbundene Wirkungen auf Persönlichkeitsentwicklung erklären zu können. Die Differenzierung einer viel größeren Anzahl von Sozialisationseinflüssen auf den Heranwachsenden dient aber auch dazu, die Vorstellung zu relativieren, die Sozialisationsumwelt spiegele im Grundsatz nur die Struktur ungleicher Lebensbedingungen in der Erwachsenenwelt wider (s. oben die Kritik am Zirkelmodell der schichtspezifischen Sozialisationsforschung).

Günther Steinkamp (1986: 133 f.) referiert eine Reihe englisch- und deutschsprachiger AutorInnen, die aus entwicklungspsychologischer, aber auch soziologischer Perspektive das Konzept der Lebenslage bereits seit den 1950er Jahren als theoretischen Bezugsrahmen einfordern. Es existiert vielleicht keine kontinuierliche Entwicklung des Lebenslagenansatzes in der Sozialisationsforschung, wie Steinkamp vermutet. Seine eigene Darstellung ist aber ein guter Indikator dafür, ab welchem Zeitpunkt, nämlich aber der Mitte 1980er Jahre, die Abkehr von klassen- und schichtorientierten Ansätzen in der Ungleichheitsforschung als unausweichlich angesehen wurde. Und wir werden im Weiteren sehen, dass diese Abkehr neben vielen Einsichten, die damit gewonnen wurden, auch zu einer abermaligen Verengung der Perspektive geführt haben.

Den Gegensatz zur früheren Orientierung schichtspezifischer Ansätze bringt Hurrelmanns Forderung zum Ausdruck, die Sozialisationsthematik in Richtung einer sozialstrukturell-lebenslagenspezifischen Sozialisationsforschung weiterzuentwickeln (Hurrelmann 1986: 121 ff.; Hurrelmann/Mürrmann/Wissinger 1986: 102 f.) In diesem Zusammenhang ist das Lebenslagenmodell in der Sozialisationsforschung weiter präzisiert worden. Grundlage dieser Präzisierung stellt der Versuch dar, die konkrete Lebensführung des/der Einzelnen auf unterschiedlichen Ebenen des unmittelbaren Erlebens und Handelns auf der einen, mit der Wirkung vermittelter Sozialisationsinstanzen und -einflüsse auf der anderen Seite zu verbinden. Auf den engen Zusammenhang zwischen dem Konzept der sozialen Lebenslage und dem Modell der Sozialisationsebenen verweist Günther Steinkamp:

„Es [das Konzept der Lebenslage, Anm. d. A.] versteht sich als Kriterien-, Such- und Ordnungsraster für die weitere Theoriebildung, indem es theoriegeleitete Variablenbündel in die hierarchische Struktur eines Mehrebenenmodells zu bringen versucht und systematisch auf das zu erklärende Phänomen, die subjektive Interpretation, Bearbeitung und Bewältigung von Entwicklungsaufgaben im Jugendalter bezieht." (Steinkamp 1986: 134)

Das Modell zur Strukturierung der Sozialisationsbedingungen (kurz: Mehrebenenmodell, s. Abb.8), das von Hurrelmann bereits in den 1970er Jahren konzeptionell entworfen wurde (Hurrelmann 1975, 1978), geht in der sozialisationstheoretischen Diskussion auf Vorarbeiten von Rolff (1967) sowie Bronfenbrenner (1976b: 203 ff.) zurück und entwickelt analoge Entwürfe Hans Bertrams (1978, 1979, 1981) weiter (Geulen/Hurrelmann 1980: 64).

Abbildung 8 Das Mehrebenenmodell in der Sozialisationsforschung. Quelle: Geulen/Hurrelmann 1980: 65; Hurrelmann 1986: 105.

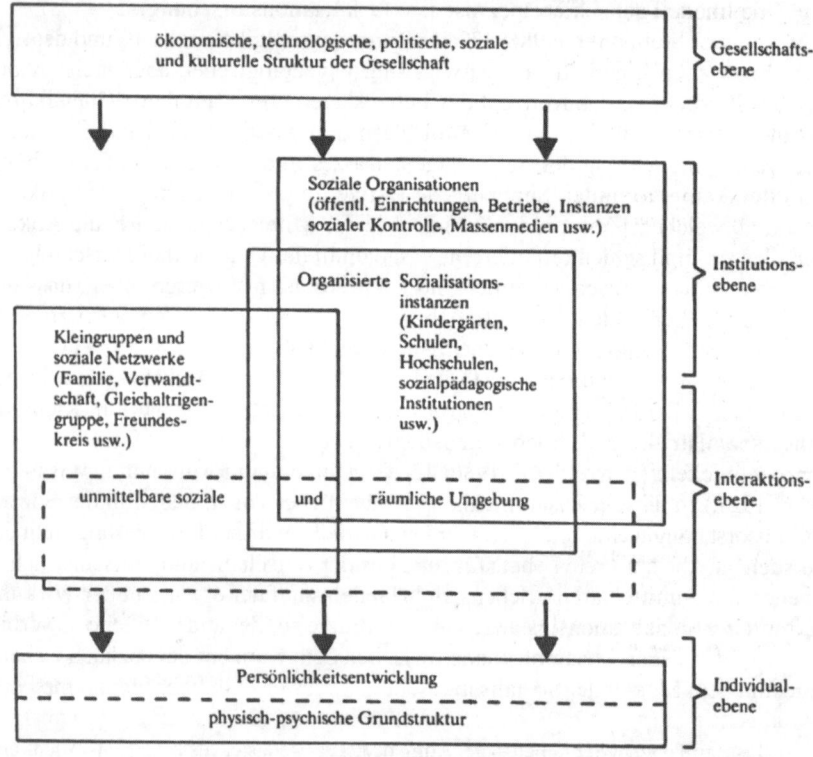

Dieses Mehrebenenmodell ist dabei immer noch nur als eine Art Hilfskonstrukt zu verstehen, das die Differenzierung der Sozialisationseinflüsse idealtypisch abbildet, ohne dass diese in der Realität in dieser Form tatsächlich zur Ausprägung gelangen (Hurrelmann 1983a: 99). Das grundlegende Interesse richtet sich also darauf, Sozialisationsbedingungen komplex abzubilden. Es ist ein Hilfskonstrukt,

Ungleichheit und Sozialisation 73

das lediglich versucht, gesellschaftlich-strukturelle, institutionen- und gruppenspezifische sowie Einflüsse der unmittelbaren Interaktionsverhältnisse abzubilden:

„Es [das Mehrebenenmodell, Anm. d. A.] wird eingeführt, weil die Begrenztheit der verschiedenen theoretischen Positionen anerkannt wird: Die interaktionsbezogenen Positionen sind unfähig, Aussagen zu übergreifenden sozialen Gesamtstrukturen abzuleiten; die gesellschaftsbezogenen Positionen sind unfähig, Feinprozesse der Persönlichkeitsentwicklung zu analysieren und einen belegbaren Erfahrungsbezug herzustellen. Ich muß bemüht sein, beide Perspektiven zu berücksichtigen. Da sich das Individuum nicht unmittelbar der gesellschaftlichen Totalität einordnet, da insbesondere der Sozialisationsprozeß über ‚Zwischeninstanzen' verläuft, muß ich auch diese Tatsache mit ins Bild nehmen." (Hurrelmann 1983a: 99)

Ausführungen zu Inhalt und Bedeutung der einzelnen Ebenen sind in der Diskussion der 1980er Jahre knapp gehalten. Eine ausführlichere Darstellung der Analyseebenen findet sich bei Steinkamp (1986), der ein analoges Modell entwirft und auf den eine detailliertere Beschreibung unbedingt zurückgreifen muss. Die Ausarbeitung des Mehrebenenmodells ist von Klaus Hurrelmann in seinen Arbeiten in den 1970er und 1980er Jahren als Aufgabe für die künftige Sozialisationsforschung bezeichnet worden. In den jüngeren indes taucht dieser Verweis auf die Mehrebenenorientierung nicht mehr auf (Hurrelmanns/Ulich 1991b). Eine Skizze der unterschiedlichen Ebenen beinhaltet vier differenzierte Blickwinkel, die wie folgt charakterisiert werden können:

(1) Auf der untersten Analyseebene dieses „konzeptionellen Ordnungsrasters" (Hurrelmann 1983a: 99) – der Individualebene oder besser: der intraindividuellen Ebene – wird das Sozialisationsergebnis, die Entwicklung der Persönlichkeit zum gesellschaftlich handlungsfähigen, produktiv realitätsverarbeitenden Subjekt in Abhängigkeit von den physisch-psychischen „Grundgegebenheiten" (Geulen/Hurrelmann 1980: 64) des Heranwachsenden gefasst. Diese Grundgegebenheiten werden etwa als „Bau und Funktionsweise des Organismus, genetisches Potential, Trieb- und Affekthaushalt, Wachstums- und Verfallsprozesse der physischen und psychischen Kapazitäten" (ebd.) bezeichnet, die zum Teil „eigenen immanenten Gesetzmäßigkeiten" (ebd.) folgen. Zugleich aber ist diesen Gesetzmäßigkeiten noch keine Sozialisationsdynamik, im Sinne einer autonomen Entwicklungslogik, eigen. Nach Hurrelmann werden diese immanenten Gesetzmäßigkeiten – was die Abbildung der Analyseebenen noch nicht einwandfrei einzusehen gestattet – gesellschaftlich mitkonstituiert bzw. sozial überformt. Tatsächlich ist anzumerken, dass die Ausbildung subjektiver Aneignungs-, Verarbeitungs- und Handlungskompetenzen auf der Individualebene nicht ausreichend erörtert wird. Obwohl diese Prozesse für die Sozialisationsforschung als immens wichtig eingeschätzt werden, um differenziert zu bestimmen, durch welche Entwicklungseinflüsse die

Ausbildung spezifischer Kompetenzen gehemmt oder gefördert werden, wird diese Prämisse in der Darstellung nicht ausreichend ernst genommen.

(2) Die Interaktionsebene umfasst jenen Erfahrungsbereich der Heranwachsenden, in dem die Auseinandersetzung mit der sozialen und dinglich-materiellen Umwelt unmittelbar und im Medium kommunikativer Interaktion stattfindet. Auf dieser Ebene wird – wie Steinkamp (1986: 134, 136 f., 152 f.) in enger Anlehnung an die Methodologie Hurrelmanns hervorhebt – der Sozialisand in seiner Entwicklung mit spezifischen Aufgaben konfrontiert, die er vor dem Hintergrund seiner bereits erworbenen Kompetenzen zu bewältigen hat. Strukturiert wird der Interaktionsraum einschließlich der darin enthaltenen Entwicklungsaufgaben (s. unten) durch Institutionen, in die das Interaktionsgeschehen eingebettet ist. Jene höhere Aggregatebene des Strukturzusammenhangs der Sozialisationseinflüsse wird von Hurrelmann als Institutionsebene bezeichnet.

(3) Auf der Institutionsebene wird zwischen der informellen und formellen Integration des Einzelnen unterschieden: Als informelles Bezugssystem werden jugendliche Bezugsgruppen (peers) und familiale Verbindungen zusammengefasst, die den Heranwachsenden in ein Netzwerk einbinden, das – wie Bronfenbrenner erarbeitet hat – durch face-to-face-Beziehungen sozialer Mikrosysteme stabil gehalten wird. Als formal organisiert werden solche Sozialisationsinstanzen oder -felder bezeichnet, die sich einerseits „eigens zum Zwecke der Sozialisation und Erziehung des gesellschaftlichen Nachwuchses herausgebildet haben." (Geulen/ Hurrelmann 1980: 65; identisch Hurrelmann 1986: 106) Formal integriert werden Heranwachsende andererseits in ein Organisationsgefüge, das nicht eigens zum Zweck erzieherischer Maßnahmen geschaffen wurde, das aber – wie das Beispiel der Massenmedien exemplarisch zeigt – in hohem Maße sozialisationsrelevant die Erfahrungswelten strukturieren.

(4) Auf der höchsten Aggregatebene des Mehrebenenmodells setzt die Analyse jener zumeist invisibilisierten, also nicht unmittelbar sichtbaren materiellen, sozialen, politischen und kulturellen Grundstruktur einer Gesellschaftsformation an, in die Sozialisationsprozesse eingebettet sind. Diese eigenständige makrotheoretische Betrachtung der Gesellschaftsebene soll einem mit der Spezialisierung in der Sozialisationsforschung verbundenen Mangel vorbeugen: Nach Hurrelmann erlangen die Prozesse auf der Interaktions- und Institutionsebene als „Sonderwelten" (Geulen/Hurrelmann 1980: 66) mit „Spielraum für soziale Eigengesetzlichkeiten" (ebd.: 65) zwar relative Autonomie. Es würde hingegen eine soziologisch nichtaufgeklärte Perspektive widerspiegeln, konkrete Interaktions- und Handlungsabläufe analytisch vom gesamtgesellschaftlichen Entwicklungsstand einer Epoche abzukoppeln, ihnen also den Status der Eigengesetzlichkeit zuzuschreiben. Es erscheint beispielsweise evident, dass die Erfahrungsräume Heranwachsender etwa von der technischen Entwicklung der Massenkommunikationsmittel sowie gestiegener Mobilitätsmöglichkeiten (die jährliche Auslandsreise gehört bereits

zum „zivilisatorischen Standard" einer Mehrheit der Bevölkerung) abhängen, ebenso wie Ausbildungsanforderungen, Leistungs- oder moralisch-ethische Orientierungen Jugendlicher von der wirtschaftlichen, politischen und kulturellen Verfasstheit einer Gesellschaft zumindest mittelbar beeinflusst werden.

Das Mehrebenenmodell bündelt die Programmatik Hurrelmanns. Hiernach müssen Sozialisationsbedingungen und -prozesse in Abhängigkeit von ihrer mehrschichtigen Einbettung in das gesamtgesellschaftliche Gefüge allgemeiner Lebensbedingungen abgebildet werden. Besondere Bedeutung erlangt in diesem Zusammenhang die Annahme, dass sich Lebens- und Sozialisationsbedingungen nicht in eine einheitlich kohärente Formation lediglich vertikal strukturierter, etwa in der Form per se „begünstigender" bzw. „benachteiligender", Sozialisationseinflüsse übersetzen lassen. Hurrelmanns Hinwendung zum Konzept der sozialen Lebenslage macht diesbezüglich deutlich, dass sozial ungleiche Sozialisationsbedingungen durch eine Vielzahl von variablen Einflüssen auf die unmittelbare Lebenswelt der Heranwachsenden gekennzeichnet sind, die sich nicht (mehr) mit der Zugehörigkeit zu sozialen Großgruppen wie Klassen und Schichten umstandslos identifizieren lassen. Die methodisch konstruierte Klassen- oder Schichtzugehörigkeit trägt nach Hurrelmann nur einen zu geringen Anteil zur Aufklärung der Varianz in den Sozialisationsverläufen Heranwachsender bei.

Die Vorstellung, Sozialisationsbedingungen „müssten" mit der hierarchischen Struktur ungleicher Lebensbedingungen im Erwachsenenalter korrelieren, bezeichnet Hurrelmann als das funktionalistische Erbe in der Sozialisationsforschung, das einer „eigenständigen" Entwicklungsperspektive kaum Raum lässt. Hurrelmanns Position tendiert damit deutlich zu der seit den 1980er Jahren dominierenden Auffassung, dass sich Lebensverhältnisse in modernen Gesellschaften von der ungleichen Einkommensverteilung und Berufszugehörigkeit abkoppeln. Unterschiede in der konkreten Lebensführung gelten damit gemeinhin als „entvertikalisiert" (abgekoppelt von einem Oben und Unten), der Zusammenhang zwischen materiellen und sozialen Lebensbedingungen sowie individueller Auf- bzw. Abstiegsmobilität gilt als „entstrukturiert". Diese Auffassung spiegelt den einen Strang bei der Problematisierung sozialer Ungleichheitsstrukturen gut wider. Einen anderen Strang stellt die Analyse der Prozesse dar, die zur Produktion und Reproduktion sozialer Ungleichheit im Sozialisationsprozess führen. Interessanterweise stehen beide Stränge in einem Verhältnis zueinander, das als vollkommen gegensätzlich einzuschätzen ist. Wir werden sehen, dass der Mittelpunkt der Analyse der Reproduktion des Systems sozialer Ungleichheit nach Hurrelmann noch immer – wiewohl er sich in den 1980er Jahren deutlich gegen die Annahmen der schichtspezifischen Sozialisationsforschung ausspricht – das Bildungs- und Ausbildungssystem darstellt, dessen Funktion nachfolgend rekonstruiert werden soll.

3.2 Selektion und Allokation durch das Bildungssystem

Dem Bildungssystem im weiteren und der Schule im engeren Sinne kommt, folgt man den Arbeiten Hurrelmanns ebenso wie dem Mainstream der Bildungsforschung spätestens seit den 1970er Jahren, die Aufgabe zu, den Heranwachsenden ungleiche Statuspositionen im Erwachsenenalter zuzuweisen.[9] Diese bedeutsame Funktion des Bildungssystems ist in den industriell geprägten Gesellschaften der Nachkriegszeit durch zwei historische Entwicklungen geprägt: Einerseits hat die Bildungsexpansion die *formale Bedeutung* der Bildungseinrichtungen für alle gesellschaftlichen Segmente insgesamt erhöht. Zum Anderen haben „,Absorptionsprobleme' des Arbeitsmarktes" (Hurrelmann/Wolf 1986: 10) seit den siebziger Jahren das Erreichen eines hohen schulischen Bildungstitels zur Grundbedingung des Eintritts in das Erwerbsleben gemacht. Die Einführung einer zehnjährigen Pflichtschulzeit, die Öffnung des Hochschulwesens sowie die Intensivierung der allgemeinen und berufsbezogenen Weiterbildung haben – wie Hurrelmann am bundesrepublikanischen Beispiel exemplifiziert – dazu geführt, dass der Berufseintritt biografisch „nach hinten" verlegt wurde. Jugendzeit wird in heutigen Gesellschaften westlicher Prägung in rein quantitativer Hinsicht durch Schulzeit bestimmt[10] (ebd.: 1–5; vgl. auch Hurrelmann 1989c). In qualitativer Hinsicht lässt sich zudem ein biografischer Bedeutungsgewinn der Schulzeit konstatieren. Insbesondere die Schulleistung erlangt den „Charakter einer langfristig nachwirkenden Weichenstellung" (Hurrelmann 1985: 62) im Lebensverlauf:

> „Schulerfolg und Schulversagen entscheiden in hohem Maß über die persönlichen Entfaltungschancen und über die späteren Karriereschritte, die Jugendlichen offenstehen." (Hurrelmann/Wolf 1986: 1; vgl. auch Hurrelmann 1989c: 57 ff.)

---

[9] So besonders in den einschlägigen und sehr lesenswerten Arbeiten im Forschungskontext *Schulerfolg und Schulversagen im Jugendalter*. Grundlage dieses Projekts stellt die längsschnittlich angelegte Untersuchung von 40 SchülerInnen an Hauptschulen und Gymnasien dar, die ab der achten Schulklasse bis zur nachschulischen Transition wiederholt befragt wurden (vgl. besonders lesenswert noch heute: Arbeitsgruppe Schulforschung 1980; Rodax/Spitz 1982; Hurrelmann/Wolf 1986; Hurrelmann/Rosewitz/Wolf 1984, 1985; Hurrelmann 1983b, 1985; Wolf 1985).

[10] Der Vergleich über den Zeitraum von zwanzig Jahren verdeutlicht: Nur 66 % der 17-jährigen im Jahr 1960 befanden sich gegenüber 89 % der gleichen Altersgruppe noch im Jahr 1980 im Bildungssystem. Der Anteil der achtzehnjärigen SchülerInnen stieg im gleichen Zeitraum sogar von 32 % auf 70 % an (Hurrelmann/Wolf 1986: 7) Obwohl der absolute Anteil der SchülerInnen in den darauf folgenden Jahren durch die geringere Geburtenrate zurückgegangen ist, belegt die auch seit den 1990er Jahren steigende Frequentierung der gymnasialen Oberstufe auf allgemeinbildenden und der Anstieg der SchülerInnenzahlen auf beruflichen und Kollegschulen (Statistisches Bundesamt 1994: 48 ff.; vgl. auch Arbeitsgruppe Bildungsbericht 1994) die Fortsetzung eines Trends zum verlängerten Verbleib im Bildungssystem.

Selektion und Allokation durch das Bildungssystem 77

Dadurch ist das Prinzip der durch die soziale Herkunft vermittelten Status- und Lebenschancenzuweisung, wie es nach Hurrelmann die Übertragung von wirtschaftlicher Macht und Verfügungsgewalt von einer Generation zur nachfolgenden in der vorindustriellen Epoche kennzeichnet, zumindest formal durchbrochen. Anstelle der Familie als Statthalterin gesellschaftlich ungleicher Chancenverteilung kommt in modernen Gesellschaften dem Bildungssystem die „monopolartige Funktion" (Hurrelmann/Wolf 1986: 6) zu, Heranwachsende fachlich zu qualifizieren und ihrem Fähigkeitsniveau gemäß in die Sozialstruktur zu integrieren. Statuserwerb und die Positionierung in der Sozialstruktur bedeuten also die Selektions- und Allokationsfunktion, die das Bildungssystem erfüllt und die Hurrelmann in vollkommener Übereinstimmung mit den Ergebnissen der VertreterInnen der Sozialisationsforschung kennzeichnet.

Das Zentrum der Untersuchungen Hurrelmanns sind die im Bildungssystem gestellten Leistungs- und Kompetenzanforderungen. Diese fungieren als Bestandteil eines Kanons von Entwicklungsaufgaben, denen sich Heranwachsende für die Ausbildung einer handlungsfähigen Persönlichkeit bis in das Erwachsenenalter hinein stellen müssen. Das allgemeine Konzept der Entwicklungsaufgaben, auf das die Forschung Hurrelmanns hier rekurriert, geht aus der entwicklungspsychologischen Diskussion hervor und bezieht sich originär nicht nur auf schulspezifische Anforderungen (grundlegend für die sozialisationstheoretische Rezeption Havighurst 1972; Oerter 1982; und Olbrich 1984). Entwicklungsaufgaben bezeichnen im Allgemeinen gesellschaftlich und kulturell definierte Verhaltenserwartungen und Handlungsanforderungen, die zum Erwerb einer stabilen personalen und angepassten sozialen Identität im Sozialisationsprozess führen (Steinkamp 1986: 136). Sie beinhalten nach Hurrelmann vor allem nach Eintritt in die Adoleszenzphase die Ausbildung einer „eigenen Geschlechtsrolle", die Entwicklung eines „eigenen Wert- und Normensystems und eines ethischen und politischen Bewusstseins" sowie die Entfaltung eines persönlichen Lebensstilmusters, das die Nutzung des Konsum- und Freizeitangebots einschließt (Hurrelmann/Wolf 1986: 13; vgl. auch Hurrelmann/Rosewitz/Wolf 1985: Kap. 3). Für das Verständnis der Zuweisung ungleicher Statuspositionen im gesamten Lebensverlauf stellt hiernach das Verhältnis zwischen schulspezifischen Anforderungen und der individuellen Kompetenzstruktur der SchülerInnen den wesentlichen Zugang dar. Schulischer Erfolg ist die „notwendige Voraussetzung für den Eintritt in wirtschaftliche und berufliche Positionen, die die Stellung in der Hierarchie sozialer Ungleichheit maßgeblich beeinflussen." (Hurrelmann 1985: 64):

> „In diesem Verständnis ist die Entwicklung einer intellektuellen und sozialen Kompetenz, um selbstverantwortlich den schulischen und anschließend den beruflichen Anforderungen mit dem Ziel einer späteren Sicherung der eigenen ökonomischen

Basis durch Erwerbsarbeit nachzukommen, eine der zentralen Entwicklungsaufgaben." (Hurrelmann/Wolf 1986: 12)

Mit dem Verhältnis zwischen Anforderungs- und Kompetenzniveau wird in vielen nachfolgenden Arbeiten die Basis für das Verständnis für auffälliges und abweichendes Verhalten gelegt (Heitmeyer et al. 1992 und 1995). In Nachfolgeuntersuchungen Hurrelmanns wird deutlich, inwieweit die Folgen der Nichtübereinstimmung von Anforderungen und Kompetenzen auf das Risiko des Substanzmittelmissbrauchs (Hurrelmann 1995a; Hurrelmann 1989c: 116 ff.; Engel/Hurrelmann 1989), Gewalttätigkeit (Hurrelmann 1995b) und den Gesundheitszustand (Hurrelmann 1994) Einfluss nehmen. Eine eigenständige Betrachtung würde hingegen der sozialpsychologische Erklärungsansatz für in dieser Hinsicht „gelingende" und „misslingende" Sozialisationsverläufe (Hurrelmann 1986) erfordern. Es kann hier nur auf den Zusammenhang von stresstheoretischen Konzepten (in der deutschen Rezeption und Weiterführung der älteren angelsächsischen Tradition vgl. Badura/Pfaff 1989 sowie H.-G. Vester 1991; integrativ für die sozialisationstheoretische Diskussion: Engel/Hurrelmann 1989: Kap. 3 und 7; Mansel 1995: Kap. 3; Mansel/Hurrelmann 1991) und dem Belastungs-Bewältigungs-Paradigma auf Grundlage der Coping-Forschung (zusammenfassend Bründel/Hurrelmann 1994; Engel/Hurrelmann 1989: Kap. 8; Hurrelmann 1986: Kap. 4) hingewiesen werden. Die enge Verbundenheit zwischen diesen originär psychologischen Ansätzen und dem Modell des produktiv realitätsverarbeitenden Subjekts (Mansel 1995: 101) wird im Folgenden noch thematisiert.

Schulerfolg und Schulversagen

Die Untersuchungen zu schulischem Leistungsvermögen weisen nach Hurrelmann deutlich darauf hin, dass eine Analyse der durch das Bildungssystem vermittelten Reproduktion sozialer Ungleichheit bereits mit der Rekonstruktion vorschulischer Sozialisationsbedingungen beginnen muss. Die sehr weitsichtige Analyse von „Schulerfolg und Schulversagen" (Hurrelmann/Wolf 1986) ergibt, dass Kompetenz- und Fähigkeitsunterschiede keinesfalls nur auf isolierten personalen (etwa genetischen) Bedingungsfaktoren, sondern maßgeblich auf der Wirkung ungleicher Sozialisationseinflüsse basieren. Den Ausgangspunkt der sozialisationstheoretischen Begründung gesellschaftlicher Ungleichheitsstrukturen stellen vor- und außerschulische Sozialisationsfelder dar (also Einflüsse, die bereits vor der Schule beginnen und die Schule von außen begleiten). In diesen vor- und außerschulischen Feldern bilden Heranwachsende ein individuelles Fähigkeits- und Kompetenzprofil aus, das in einem homologen (also übereinstimmenden) oder disparaten (gegensätzlichen) Verhältnis den schulischen Leistungserwartungen gegenüber steht.

Selektion und Allokation durch das Bildungssystem

Schulversagen bezeichnet aus dieser Perspektive das Resultat einer unzureichenden Passung zwischen den individuellen Lernvoraussetzungen und den schulischen Lernanforderungen. Damit ist nicht im Geringsten ausgeschlossen, dass auch Schulversager über ein reichhaltiges Repertoire an Handlungskompetenzen und -wissen verfügen (Bittlingmayer et al. 2006). Dieses erweist sich jedoch als nicht-kompatibel mit den institutionalisierten Leistungs- und Verhaltenserwartungen im Bildungssystem. Das individuelle Kompetenzprofil der Sozialisanden korreliert mit der jeweiligen sozialstrukturellen Lebenslage der Heranwachsenden, die Hurrelmann zufolge einen subkulturellen Sozialisationsraum darstellt:

„Die spezifischen Lebensbedingungen [...] erfordern und stimulieren diejenigen Verhaltensweisen, die auf die jeweilige Subkultur hin orientieren." (Hurrelmann 1985: 56)

Dieser subkulturelle Sozialisationsraum ist primär durch das familiale Bezugssystem gekennzeichnet. In familialen Interaktionsprozessen werden die Erfahrungen der Eltern über notwendiges Handlungswissen und Kompetenzen im Erwachsenenalter an die Heranwachsenden weitergegeben. Dieses Wissen wiederum ist durch die Auseinandersetzung mit der sozialen und dinglich-materiellen Umwelt im Erwerbsleben geprägt. Damit adaptieren Kinder und Jugendliche vermittelt über das Kommunikations- und Interaktionssystem in der unmittelbaren Nahumwelt diejenigen Fähigkeiten und Kompetenzen, die das „Überleben" in der elterlichen Subkultur sichern. Kinder „adaptieren", sie passen sich also an eine bestimmte Struktur ihrer Lern- und Erfahrungsräume an. Das familiale Bezugsystem erlangt dabei eine herausgehobene Bedeutung für die Ausbildung der Basiskompetenzen Heranwachsender, dies gilt insbesondere für die kindliche Entwicklungsphase. Hurrelmann sieht die familialen Sozialisationseinflüsse folglich als relativ autonom an. Hingegen überlagern diese nicht „die nach wie vor strukturtypischen, von der sozialen Position in der Hierarchie sozialer Ungleichheit ausgehenden Effekte" (Hurrelmann 1985: 64). Der familiale Sozialisationsraum erfüllt damit eine Mediatorfunktion (Vermittlungsfunktion) derjenigen sozialstrukturellen Einflüsse, die durch die soziale Lebenslage der Herkunftsfamilie gekennzeichnet sind. Der Forschungsansatz Ulrich Oevermanns zur Bedeutung sozialisatorischer Interaktion in der Familie, der in den 1970er Jahren viel Aufmerksamkeit erfahren hat, findet dabei zwar keine Berücksichtigung. Hurrelmanns Vermutungen zu dem Einfluss der Interiorisierung (Verinnerlichung) latenter Sinn- und Deutungsstrukturen im familialen Interaktionsgeschehen auf die kindliche Kompetenzentwicklung hätte aber gerade durch Oevermanns Untersuchungen viel Bestätigung erfahren (Oevermann 1976, 1979; Oevermann et al. 1976b; sehr guten Rekonstruktionen der Sozialisationstheorie Oevermanns bei Liebau 1987 und Sutter 1997).

Das Auseinanderfallen herkunftsspezifischer Fähigkeiten und schulspezifischer Anforderungen wird auch bei Hurrelmann als Problem der Nicht-Passung beschrieben, welche den Mechanismus sozialer Selektions- und Statusallokationsprozesse in Gang setzt. Passung bzw. Nicht-Passung stellt den Kern des Erklärungsmusters zur Reproduktion sozialer Ungleichheiten da. Der zuvor beschriebene mechanistische Kurzschluss, es würde doch schon genügen, aus einer statushohen Familie zu entstammen, um den hohen elterlichen Sozialstatus ohne eigenes Dazutun automatisch zu übernehmen, ist damit gewiss überwunden. Schulerfolg sowie daran anschließende Berufs- und Karrierechancen bezeichnen das Ergebnis der Handlungs- und Leistungsfähigkeit des/der Einzelnen (das oben so bezeichnete meritokratische, also leistungsabhängige Prinzip). Auf Basis der zur Verfügung stehenden Kompetenzen und Fähigkeiten gelingt es somit, die Übereinstimmung zu institutionalisierten Leistungsanforderungen herzustellen. Dass Herkunft allein nicht mehr die Gewähr für die Übernahme des elterlichen Sozialstatus übernimmt, ist also zweifellos ein Fortschritt. Trotzdem verschleiert die formal-rechtliche Gleichstellung im Bildungssystem, dass Herkunftseinflüsse die individuellen Bildungschancen nach wie vor ungleich prägen. Bei Heranwachsenden aus Mittel- und Oberschichten ist nach Hurrelmann die Wahrscheinlichkeit am Höchsten, dass ihre kognitiven, sprachlichen und motivationalen Kompetenzen in Übereinstimmung mit den schulischen Erwartungen gelangen, während diese Wahrscheinlichkeit in den Unterschichten – umgekehrt proportional – sinkt (Hurrelmann 1985: 1963).

Und die Wirkung dieser Passung/Nicht-Passung wird – hierauf weist auch Hurrelmann hin – doppelt verstärkt. Einerseits weil auch Unterrichtsverhalten und -gestaltung der LehrerInnen, die mehrheitlich den Mittel- und Oberschichten entstammen, SchülerInnen der gleichen Herkunft bevorzugt (Hurrelmann/Wolf 1986: 23 f.). Andererseits aufgrund der erfahrungsbiografischen Verarbeitung der Defizitzuschreibungen durch die „Schulversager" selbst, die in der Regel durch Leistungsdefizite nicht etwa zusätzlich motiviert werden, sondern durch Vermeidungsverhalten, Unlust und Abwehr die Distanz zu den Schulanforderungen noch vergrößern (besonders gut lesbar hierzu die Fallstudien der Schulversager – Willi, Nadine und Rita – in Hurrelmann/Wolf 1986. Erst der Ansatz Pierre Bourdieus (s. unten) wird aber die Wirkungen dieser Selbstzuschreibungen in ein theoretisches Modell integrieren können.

Ein zweites Fazit zum Ansatz Hurrelmanns

Die sozialisationstheoretische Diskussion der 1980er Jahre kennt also den Zusammenhang zwischen Herkunftseinflüssen und Bildungschancen noch sehr genau. Hieran ändert sich auch nichts, wenn sie den wachsenden Einfluss gleichaltriger Bezugsgruppen (peers) im Sozialisationsprozess gegenüber der Familie mehr und mehr aufwertet (Hurrelmann 1989a). Die Beharrungskraft der sozialen Herkunft wird damit nicht relativiert. Tatsächlich weisen auch die jugendlichen Bezugs-

Selektion und Allokation durch das Bildungssystem

gruppen mit der sozialstrukturellen Lage der Herkunftsfamilie ein hohes Maß an Übereinstimmung auf, wie gerade die Untersuchungen zur räumlichen Segregation sozial und ökonomisch benachteiligter Bevölkerungssegmente dokumentieren (Keller 1999). Was indes auffällt ist, das sich die Diskussion der 1980er Jahre keinesfalls als einheitlich verstehen lässt. Man erkennt unterschiedliche Verläufe der Debatte und eine ungleiche Rezeption, das heißt, eine uneinheitliche Aufnahme und Weiterführung von Forschungserkenntnissen. Und dies lässt sich wie im Folgenden leicht zeigen.

Die zuletzt diskutierten Erkenntnisse zur Wirkung ungleicher Sozialisationseinflüsse auf die Status- und Lebenschancenzuweisung Heranwachsender, die vermittelt über das Schulsystem Einfluss nehmen, stehen in der direkten Tradition schichtspezifischer Ansätze. Überwiegend wird auch nur an das angeschlossen, was das schichtspezifische Paradigma bereits vorgegeben hat. Hierin liegt zweifellos die Stärke der Diskussion der 1980er Jahr und vor allem auch der sehr breiten Palette an Forschungsthemen, für die gerade die Arbeiten Klaus Hurrelmanns stehen. Dennoch ist diese vorläufige Einschätzung auch einzuschränken. In gewisser Hinsicht befinden sich die empirischen Erkenntnisse zur Reproduktion von Ungleichheiten auf der einen Seite und die Modellannahmen zur produktiven Realitätsverarbeitung sowie zur Auflösung von Klassen- und Schichtstrukturen in einem Spannungsverhältnis zueinander. Sie widersprechen sich sogar. Viele Ansätze der 1980er Jahre, und dafür steht auch Hurrelmanns Denkansatz, vermuten zwar, dass die Zugehörigkeit zu methodisch konstruierten Großgruppen wie Klassen und Schichten in modernen Gesellschaften ihre Wirksamkeit verloren hat. Empirische Untersuchungen bestätigen aber andererseits, dass die sozialstrukturelle Herkunft ihre signifikante Bedeutung für die Vergabe von Lebenschancen beibehält. Wenn also einerseits an die Tradition der schichtspezifischen Sozialisationsforschung angeschlossen und diese noch um die detailliertere Fokussierung auf die Selektions- und Allokationsfunktion des Bildungssystems ergänzt wird, passt andererseits nicht mehr die Kritik am schichtspezifischen Paradigma, nach der diese mit veralteten Großgruppenkategorien operiere. Die sehr weitgehende Verabschiedung schichtspezifischer Vorannahmen argumentiert noch damit, dass diese soziale Herkunftsstrukturen als zu wenig dynamisch einschätzt. Demgegenüber soll eine stärkere Subjektorientierung zu mehr Genauigkeit in der Diskussion darüber führen, warum Lebensverläufe dynamisieren. Tatsächlich aber bestätigt die empirische Forschung selbst die geringe Dynamik, wenn die Reproduktion von Ungleichheiten beschrieben werden soll. Ein erstes Fazit zum Diskussionsstand soll darum festhalten:

(1) Zu den Stärken der nach-schichtenspezifischen Sozialisationsforschung gehört zweifellos die breite Theorieorientierung und einer Fokussierung auf die Ebene des konkreten Subjekts. Die starke Strukturzentrierung der schichtspezifischen Forschung, die gerade durch das Hintergrundparadigma des Struktur-

funktionalismus „befeuert" wurde, schien damit überwunden werden zu können. Das Modell des produktiv realitätsverarbeitenden Subjekts sowie das Modell der Person-Umwelt-Interaktion stehen stellvertretend für ein Sozialisationsverständnis, das auf die Analyse potenziell offener, dynamischer Sozialisationsverläufe (im Sinne der Individuation) und nicht lediglich auf die statische, zirkuläre Reproduktion der Herkunftsbedingungen abhebt (im Sinne von Versgesellschaftungseffekten). Im Hinblick auf die kompetenztheoretische Grundlegung dieser Methodologie ist festzuhalten, dass erst die Kompetenzstruktur des/der Einzelnen Aufschluss über die Wirkung differenzierter Sozialisationseinflüsse gibt.

(2) Zu den Leerstellen in der Forschung der 1980er Jahre gehört zweifellos, dass die Perspektive der Person-Umwelt-Interaktion ebenso wie der Modus der produktiven Realitätsverarbeitung noch nicht beschreiben können, warum sich Subjekte in Interaktionen mit ihrer Umwelt so unterschiedlich verhalten und wie durch ungleiche Sozialisationsbedingungen soziale Ungleichheiten reproduziert werden. Verbunden mit den Annahmen zur Entvertikalisierung der Sozialstruktur, also der Abnahme von Ungleichheiten, ist hiermit die generelle Frage verbunden, ob nach dieser Theorie strukturierte soziale Ungleichheiten überhaupt noch existieren?

(3) Im Folgenden soll versucht werden zu verstehen, warum sich ein solcher Gegensatz von empirischer Forschung und theoretischer Modellannahmen in der Forschung der 1980er Jahre etablieren konnte. Dabei werden mit den Untersuchungen Hurrelmanns auch weiterhin die Arbeiten des wichtigsten Sozialisationsforschers der 1980er und 90er Jahre im Mittelpunkt stehen. An diesen wird besonders deutlich, dass die Auseinandersetzung mit den referierten Untersuchungen zur Reproduktionsfunktion des Schulsystems, die Hurrelmann in die Tradition der schichtspezifischen Sozialisationsforschung stellen, bis heute nicht erfolgt ist. Hurrelmanns Arbeiten wurden demgegenüber sehr selektiv rezipiert (aufgenommen). Vielmehr haben beinahe ausschließlich die mit dem Modell des produktiv realitätsverarbeitenden Subjekts verbundenen normativen Annahmen über die Handlungsfähigkeit Heranwachsender sowie seine an die Enthierarchisierung der Lebensverhältnisse geknüpfte Methodologie differenzierter sozialer Lebenslagen eine wirklich Breitenrezeption erfahren und Einfluss auf die Sozialisationsforschung genommen. Der Überblick über die Forschung geht jedoch weiter. Er zielt darauf, dass diese selektive, also sehr einseitige Rezeption nicht nur im Rahmen der innerwissenschaftlichen Entwicklung der Sozialisationsforschung erklärt werden kann. Die einseitige Rezeption der Theorieannahmen Hurrelmanns wird nur verständlich im Kontext eines Paradigmenwechsels, der parallel in der deutschsprachigen Ungleichheitsforschung und Sozialstrukturanalyse in den 1980er Jahre einsetzte und der der einseitigen Rezeption Hurrelmanns Vorschub leisten konnte.

3.3 Individualisierung als „neuer" Sozialisationsmodus

Bisher wurde versucht zu zeigen, dass sozialisationstheoretische Erklärungsmuster, wenn sie auf die Analyse sozialer Ungleichheiten zielen, auf die Erkenntnisse der Sozialstrukturanalyse und der soziologischen Ungleichheitsforschung angewiesen sind. Das gilt nicht nur für das Paradigma der schichtspezifischen Sozialisationsforschung. Von ihrem theoretischen, empirischen und begrifflichen Zuschnitt her war sie eng mit den sozialstrukturellen Annahmen über die vertikal geschichtete Ungleichheitsstruktur der Gegenwartsgesellschaft verknüpft. Für diese theoretische Vorentscheidung wurde sie aus der Perspektive der hier als nach-schichtspezifisch bezeichneten Ansätze deutlich kritisiert. Hingegen wurden die nachfolgenden Erklärungsansätze in der Sozialisationsforschung zu ihrer Verschränkung mit den Grundannahmen der Ungleichheitsforschung gar nicht befragt. Es erscheint gerade so, als hätte sich die jüngere Sozialisationsforschung erst aus dem ideologischen Korsett klassen- und schichtentheoretischer Modelle befreien müssen, um unvoreingenommen urteilen zu können. Diese Auffassung, die noch heute bis in die Lehrbücher der Sozial- und Erziehungswissenschaften vordringt, scheint nicht ganz richtig zu sein. Unreflektiert bleiben bis heute die theoretischen Vorentscheidungen, die mit der Abkehr von den Klassen- und Schichttheorien getroffen wurden.

Die Entwicklung der Sozialisationsforschung in den vergangenen drei Jahrzehnten ist ihrerseits mit Vorannahmen der Ungleichheitsforschung eng verbunden. Das spezifische Merkmal dieser Verbindung ist, dass sich auch der deutschsprachige Ungleichheitsdiskurs von der Methodologie klassen- und schichtspezifischer Ansätze distanziert hat. Bis heute geläufige Schlagworte wie die Entstrukturierung der Klassengesellschaft oder die Entvertikalisierung hierarchischer Lebensverhältnisse bezeichnen die Umrisse eines soziologischen Erklärungsmusters, das auf den Grundannahmen des Individualisierungstheorems in der Ungleichheitsforschung basiert und auch in der Sozialisationsforschung Bedeutung erlangt hat. Damit wird besonders wichtig, die Annahme weiter zu überprüfen, ob die Widersprüchlichkeit in der Theorieentwicklung der Sozialisationsforschung seit den 1980er Jahren möglicherweise dadurch bedingt ist, dass mit dem Mainstream in der Ungleichheitsforschung eine richtungsweisende Vorannahme über die *Struktur der Strukturlosigkeit* in modernen Gesellschaften verbunden war.

Die Struktur der Strukturlosigkeit

In der deutschsprachigen Ungleichheitssoziologie hat mit dem individualisierungstheoretischen Ansatz des deutschen Soziologen Ulrich Beck die Revision grundlegender Annahmen zur Strukturierung moderner Gesellschaften entlang der Hierarchie ungleicher Ressourcen- und Güterverteilungen eingesetzt. Das heißt kurz formuliert, es wurde neu über die Strukturen sozialer Ungleichheiten nachgedacht. Die von Beck konstatierte Freisetzung sozialer Akteure aus traditionellen Normen- und Wert-, Schicht- und Klassenzusammenhängen (hier wie im Folgenden einschlägig für die Diskussion Beck 1983; 1986) bezeichnet ein theoretisches Deutungsmuster, das seit den 1980er Jahren einen enormen Einfluss auf die deutschsprachige Ungleichheitsforschung hatte. In diesem Zuge wurde die Bedeutung der Strukturierung der Lebensverhältnisse durch sozioökonomische Bedingungsfaktoren in Frage gestellt. Becks theoretischer Einfluss auf den Ungleichheitsdiskurs lässt sich zusammenfassend in zwei mit dem Individualisierungsparadigma verbundene Annahmen über (1) das Struktur- und (2) das Handlungsprinzip in modernen Gesellschaften unterscheiden:

(1) Einerseits vertritt Beck die Auffassung, dass die seit dem zweiten Weltkrieg einsetzende wohlfahrtsstaatliche Modernisierung westlicher Gesellschaften (so die erhöhte Dynamik der sozialstaatlich abgesicherten Arbeitsmarktentwicklung, die Vervielfachung von Bildungsangebot und -nachfrage sowie das Ansteigen der geographischen und sozialen Mobilität) individuelle Enfaltungs-, Auf- und Abstiegschancen absolut und relativ zur sozialen Herkunft erhöht hat. Dies bezeichnet die Ebene der *strukturtheoretischen Annahme* Becks. Damit wird nicht etwa behauptet, dass klassen- und schichtspezifische Unterschiede allgemein aufgehoben wurden. Die Beschreibung der Gegenwartsgesellschaft entlang der soziodemographischen Merkmale Beruf und Einkommen bleibt geltend. Aufgrund der Anhebung des allgemeinen Lebensstandards, trotz gleichbleibender Abstände innerhalb der Sozialstruktur („Fahrstuhleffekt"), verlieren jedoch die klassischen sozioökonomischen Determinanten des individuellen Lebensverlaufs, biografischer Entwürfe und Konsummuster an strukturierender Wirkung.

Die Vorabfestlegung der individuellen Biographie auf durchschnittlich prognostizierbare, kollektive Lebenslaufmuster erscheint gegenüber der Stabilität früherer Gesellschaftsformationen aufgehoben. Die deduktive (lediglich aus sozialen Strukturgesetzlichkeiten abgeleitete) Vorstellung, das abstrakte Klassenschicksal determiniere noch individuell zu erwartende Lebenschancen, stellt aus Becks Perspektive nur noch ein akademisches Vorurteil dar, das an der Pluralisierung moderner Erwerbs- sowie Lebensformen und damit an der zunehmenden Diversifizierung von Lebensstilen und Lebenslagen vorbei sieht. Die *Struktur der Strukturlosigkeit* ist aus sozialstruktureller Perspektive das Signum moderner Individualbiographien.

(2) Parallel dazu entwickelt Beck die Auffassung, dass moderne Biographien zunehmend durch individualisierte Handlungsentwürfe und Handlungsentscheidungen strukturiert sind. Dies bezeichnet die mit dem Individualisierungsansatz im engeren Sinne verbundene *handlungstheoretische Annahme*. Nach Beck bewirken die Folgen des Individualisierungsschubs in der nachindustriegesellen Gesellschaften, dass die Basisselbstverständlichkeiten der alltäglichen Lebensführung und

langfristigen Lebensplanung ausgedünnt wurden und gemeinhin ausgedient haben. Regionale, nationale, berufliche sowie familiale und nachbarschaftliche Bindungen haben in ihrer Orientierungsfunktion gegenüber der Institutionalisierung und Standardisierung individualisierter Soziallagen an lebenslaufstabilisierender Bedeutung verloren. Das auf diese Weise freigesetzte Individuum wird:

„arbeitsmarktabhängig und damit bildungsabhängig, konsumabhängig, abhängig von sozialrechtlichen Regelungen und Versorgungen, von Verkehrsplanungen, Konsumangeboten, Möglichkeiten und Moden in der medizinischen, psychologischen und pädagogischen Beratung und Betreuung. Dies alles verweist auf die besondere Kontrollstruktur ‚institutionenabhängiger Individuallagen'" (Beck 1986: 119)

Damit ist der für gesellschaftliche Individualisierungsprozesse konstitutive Doppelcharakter der *Entbettung* des Individuums aus traditionellen Verhältnissen auf der einen Seite und seiner neuartigen *Einbettung* in die modernisierte Struktur der Anforderungen an eine individualisierte Lebensführung auf der anderen Seite umrissen.[11] Der/die Einzelne tritt gesellschaftlichen – institutionalisierten – Erfordernissen unmittelbar, das heißt, nicht mehr durch soziale Milieus abgefedert, gegenüber: Die Verantwortung für individuellen Erfolg und individuelles Scheitern – das Lavieren um biografische Risikolagen herum und das Ausnützen/Auslassen individueller Aufstiegsmöglichkeiten – wird jedem(r) selbst übertragen. Individualisierte Lebensverläufe werden nicht mehr durch Unterstützungsnetzwerke wie jene der Familie oder des sozialen Umfeldes (etwa eines Milieus, einer Schicht oder Klasse) stabilisiert. Beck pointiert dies, indem er postuliert: An die Stelle der garantierten „Normalbiographie" tritt die individualisierte „Wahlbiographie" ohne lebenslange Gewähr (Beck/Beck-Gernsheim 1990: 13; Berger 1996).
Es ist für die Wirkung der Individualisierungsthese zunächst ohne Bedeutung, ob und inwieweit hiermit eine tatsächliche Entwicklung moderner Gesellschaften gefasst wird. Das Spezifikum liegt in der Annahme, den Anstieg persönlicher Entscheidungsoptionen damit gleichzusetzen, dass auch eine Erhöhung individueller Lebenschancen stattgefunden habe und damit die Einflüsse der sozialen Herkunft

---

[11] Und dieser Doppelcharakter widersetzt sich zugleich einer theoretisch einseitigen Interpretation der Individualisierungsannahme als evolutionärem Anstieg der individuellen Handlungsoptionen infolge jener Entbettungsmechanismen. Beck gibt – wenn auch nur vereinzelt – einige Beispiele jener *Schattenseiten der Individualisierung* (Heitmeyer et al. 1995): So der Zwang, „bei Strafe materieller Benachteiligung eine *eigene Existenz* über Arbeitsmarkt, Ausbildung, Mobilität aufzubauen und diese notfalls *gegen* Familien-, Partnerschafts- und Nachbarschaftsbindungen durchzuhalten." (Beck/Beck-Gernsheim 1990: 14; vgl. auch Beck/Lash/Giddens) Deshalb sei hier bereits auf die Ungenauigkeit einer auf die Optionenvielfalt hin vereinfachenden Rezeption des Individualisierungsparadigmas hingewiesen, die in Beck eben nicht den geeigneten Fürsprecher findet, was bereits in den 1990er Jahren sehr hellsichtig gesehen wurde (vgl. auch Konietzka 1995: 60–67).

abgenommen hätten. Die individuellen Entscheidungen beeinflussen also die Lebensläufe, nicht die vorgeprägten Muster einer bestimmten sozialen Herkunft:

„Es entstehen der Tendenz nach individualisierte Existenzformen und Existenzlagen, die die Menschen dazu zwingen, sich selbst – um des eigenen materiellen Überlebens willen – zum *Zentrum ihrer eigenen Lebensplanungen und Lebensführung* zu machen." (Beck 1986: 116f., Hvh. d. A.)

Struktur- und handlungstheoretische Grundannahmen im Individualisierungsparadigma bezeichnen eine eindeutige Stellungnahme gegenüber der Kernthematik der soziologischen Ungleichheitsforschung, der systematischen gesellschaftlichen „Produktion und Reproduktion von ungleichen Lebenschancen" (Kreckel 1998: 31). Trotz oder sogar wegen der lediglich auf knappe zeitdiagnostische Label zusammengefassten individualisierungstheoretischen Postulate, wurde der Ansatz Becks in der deutschsprachigen Ungleichheitsforschung schnell populär. Und das hat vor allem etwas mit der Attraktivität der Gedankenführung zu tun, die vielen LeserInnen interessant vorkam. Inwieweit sie aber auch plausibel ist, muss etwas konzentrierter bewertet werden.

Beck behauptet das Fortexistieren des Kapitalismus auch in der Moderne, ohne dass dieser jedoch Klassen und Schichten im realen Sinne weiter produziert („Kapitalismus ohne Klassen"). Verhältnisse sozialer Ungleichheit werden aus dieser Perspektive individualisiert, für ihre Beschreibung ist der Primat (Vorrang) einer traditionellen Großgruppengesellschaft nur noch hinderlich. Das Bild der Klassengesellschaft wird demnach nur noch mangels einer besseren Alternative am Leben erhalten (Beck 1986: 121). Pluralisierte und differenzierte Lebensbedingungen/-lagen erweisen sich für die konkrete Lebensführung wichtiger als die nach wie vor fortbestehenden Abstände zwischen abstrakten Großgruppen. Ungleichheitswirkungen werden zudem durch wohlfahrtsstaatliche Interventionen „sozial entschärft" (ebd.) und abgemildert. Klassische Barrieren der sozialen Mobilität indes, wie etwa ungleiche Bildungschancen, werden sukzessive abgebaut. Das Risiko der Prekarität marktwirtschaftlicher Existenzbedingungen (so auf dem Arbeitsmarkt) trifft zunehmend alle Berufsgruppen und wird in der Konsequenz gesellschaftlich egalisiert.

Differenzierung – Individualisierung – Autonomisierung

Mit dem Individualisierungsansatz wird behauptet, dass sich modernisierte Lebensformen in einem Verhältnis der neuen *„Unmittelbarkeit von Individuum und Gesellschaft"* (Beck 1986: 118) befinden. Dies ist eine der klassischen Formulierung Becks. Gesellschaftliche Risiken wie das der sozialen Benachteiligung wirken

Individualisierung als „neuer" Sozialisationsmodus

danach *unmittelbar* als biografische Risiken auf die Lebensverhältnisse des/der Einzelnen, ohne dass sie durch Netzwerke und soziale Unterstützungsverhältnisse gebrochen, befördert oder kompensiert werden. Die Ungleichheitsforschung hat seit Beginn diesen Impuls aufgenommen und die eigene Skepsis darüber genährt, dass in zeitgenössischen Gesellschaften die Hierarchie klassen- und schichtspezifischer Vergesellschaftung noch eine Bedeutung besitzt. Insbesondere der Diskurs über differenzierte Lebensstile und Lebenslagen in den späten 1980er, vor allem aber in den 1990er Jahren (Berger 1994; Gross 1994; Hörning/Michailow 1990; Hradil 1992; Lüdtke 1989, 1990; Michailow 1994; Müller-Schneider 1998a, 1998b; Schulze 1992; Überblick bei Konietzka 1994, 1995) soll der paradoxen Struktur der Strukturlosigkeit individualisierter Lebensverläufe Ausdruck verleihen. Die Ungleichheitsforschung erlebte in dieser Zeit den Boom einer empirisch angereicherten Lebensstilforschung. Ansätze, die in dieser Tradition entweder sogleich die Auflösung vertikaler Ungleichheitslagen oder zumindest doch die Bedeutungsabnahme der subjektiven Relevanz von Ungleichheiten behaupteten, lassen sich zusammenfassend unter dem *Entstrukturierungsparadigma* subsumieren (Konietzka 1995; Müller 1995; Eickelpasch 1998) Modernisierte Biographien folgen – so das offensichtliche Credo jener Entstrukturierungsansätze – keinem schablonenhaften Verlauf mehr, sondern stellen das Ergebnis freigewählter Erwerbs- und Konsumstile, einer Patch-Work-Identität dar (Hitzler 1994; Hitzler/Honer 1994; Gross 1985). Klassen- und schichtungstheoretische Erklärungsmodelle sind im Zuge des rasanten Aufstiegs des Individualisierungsansatzes (bzw. der durch diesen vermittelten Entstrukturierungs-, Differenzierungs- und Entvertikalisierungsannahmen) in der Ungleichheitsforschung immer weiter marginalisiert worden und gelten als anachronistische (also vollkommen veraltete) Gegenwartsbeschreibungen.

Der Anlass, hier die Entwicklung der Ungleichheitsforschung seit den 1970er Jahren zu betrachten, bezieht sich auf die Sozialisationsforschung. Die Ungereimtheiten in den sozialisationstheoretischen Ansätzen, für die der Ansatz Klaus Hurrelmanns stellvertretend gesehen werden kann, sowie die sehr einseitige Weiterführung seit Beginn der 1980er Jahre hatte Fragen aufgegeben. Nun zeigt sich, dass die Verbindung zu einem parallel erfolgenden ungleichheitstheoretischen Paradigmenwechsel offensichtlich ist. Die u. a. auch von Hurrelmann behauptete Zerfaserung individueller Lebensverhältnisse in differenzierte soziale Lebenslagen trifft den Zeitgeist individualisierungstheoretisch inspirierter Strukturannahmen in der Ungleichheitsforschung. Der zweite Strang dagegen, die in der schichtspezifischen Tradition stehende Forschung zu Schulerfolg und Schulversagen, tritt dagegen in den Hintergrund. Die Untersuchungen zur schichttypischen Reproduktionsfunktion der Schule werden von der Übermacht individualisierungstheoretischer Annahmen in der soziologischen Ungleichheitsforschung an den Rand gedrängt. Folgt man dieser Aufarbeitung des Forschungsdiskurses, schließen sich einige Lücken im Verständnis der Sozialisationsforschung. Unberücksichtigt bleibt aber noch, inwieweit eine individualisierungstheoretisch angeleitete Ungleichheitsforschung in der Lage sein konnte, so viel Macht im wissenschaftlichen Diskurs auszubilden? Der Soziologe Rolf Eickelpasch pointierte diesbezüglich völlig zu Recht, dass der Individualisierungsansatz „eine paradigmatische Revolution in der Gesellschaftsauffassung des Mainstream der deutschen Soziologie" (Eickelpasch 1998: 13) widerspiegelt, gleichzeitig jedoch mit diesem Paradigmenwechsel weder ein konsistentes Erklärungsmuster noch empirisch gültige Befunde identifiziert werden könnten. Seit Mitte der 1990er Jahre findet erstmals die kritische Auseinandersetzung mit jenen dem Individualisierungstheorem verbundenen Ansätzen und Autoren Gehör.

Der Erklärungsgehalt einer durch Beck inspirierten Ungleichheitssoziologie wird seitdem radikal in Zweifel gezogen. Rainer Geißler, ein Soziologe mit einer entgegen gesetzten Position, kritisierte etwa, dass Entstrukturierungsansätze nur ein Glied in der Reihe wellenförmig auftauchender Ansätze in der Soziologie darstellen, die periodisch wiederkehrend das Ende Klassengesellschaft ankündigen (Geißler 1998). Reinhard Kreckel (1998: 31) ordnete in den 1990er Jahren ganz analog das Entstrukturierungsparadigma den so genannten postmodernen Denkfiguren zu, die entlang der Leitbegriffe „Differenzierung" und „Individualisierung" versuchen, das Phänomen strukturierter sozialer Ungleichheit an den Rand der Sichtbarkeit zu drängen. Und dennoch erlangten die Ergebnisse einer alternativen sozialstrukturellen Ungleichheitsforschung auch im Zeitalter des Individualisierungsparadigmas nach und nach an Bedeutung. Hiernach blieb die sogenannte Strukturierung (also die sozialstrukturelle Vorgeprägtheit) von Lebenslagen und Lebensstilen sehr wohl erhalten und muss demnach einer oberen, mittleren und einer unteren Klassenposition mit ungleichen Lebenschancen zugeordnet werden (Vester 1998: 37–39).

Auf die detailliertere Wiedergabe der kritischen Auseinandersetzung mit dem Einfluss des Individualisierungsparadigmas in der sozialstrukturellen Ungleichheitsforschung der 1990er Jahre wird hier verzichtet. Hervorzuheben ist allein die frühe Entgegnung auf die Umorientierung in der Ungleichheitsforschung, aus der Not, nämlich Indikatoren von Klassenlagen zu erweitern, eine Tugend zu machen, indem die Auflösung von Strukturen in individualisierte Existenzformen propagiert wird (Eder 1989b: 347). Ansätze, die die „Blauäugigkeit" individualisierungstheoretischer Konzepte für die Phänomene strukturierter sozialer Ungleichheit kritisieren, rekurrieren häufig auf die ungleichheitstheoretischen Befunde Pierre Bourdieus (Dangschat 1998; Ritsert 1998). Dazu aber noch später in einer ausführlichen Darstellung. Hier wird zunächst noch danach gefragt, warum die Sozialisationsforschung so stark von der Individualisierungsthese beeinflusst werden konnte.

Individualisierung in der Sozialisationsforschung – einige Ähnlichkeiten

Jedem kritischen Einwand zum Trotz, wird durch den Rückgriff auf individualisierungstheoretische Annahmen der Paradigmenwechsel in der Sozialisationsforschung gefestigt. Das Individualisierungstheorem hat somit zu der oben genannten Reszientifizierung der Sozialisationsforschung beitragen können. Und damit also vor allem auch zur Überwindung des schichtspezifischen Paradigmas. Die Arbeiten Hurrelmanns – sowie der mit ihm und seinem Ansatz verbundenen AutorInnen in der Sozialisations-, Kindheits- und Jugendforschung – dokumentieren diesen Einfluss in vielfältiger Weise: Prozesse der Entstrukturierung, Enttraditionalisierung und Pluralisierung der Sozialisationsbedingungen Heranwachsender werden im Allgemeinen unter der Bezeichnung „Strukturwandel der Jugendphase" (Heitmeyer/Hurrelmann 1988: 64) zusammengefasst.[12] Für eine ungleichheitsorientierte Sozialisationsforschung ergibt sich daraus die Konsequenz, dass mit der These entvertikalisierter Lebenslagen der Einfluss ungleicher Sozialisationsbedingungen auf die Lebenschancen Heranwachsender relativiert wird. In gewisser Weise wird dieser Einfluss von Ungleichheiten auf die Sozialisation sogar als vollkommen veraltet angesehen. Und die Kreise, die ein solcher Paradigmenwechsel in der wissenschaftlichen Diskussion zieht, waren in den 1990er Jahren sehr weit. Das beweist die Aufnahme auch in der politiknahen und politischen Debatte. Der 10. Kinder- und Jugendbericht der Bundesregierung aus dem Jahr 1998 etwa bezeichnete als relevante Lebenssituationen der Kinder und Jugendlichen nur noch das Aufwachsen in geschlechts- und familienspezifischen sowie regional und ethnisch differenzierten Lebenslagen, während die Struktur sozio-ökonomischer Ungleichheiten gar keine nicht Berücksichtigung mehr fand (BMFSFJ 1998: 11).

Ein Punkt in dieser Rekonstruktion der wissenschaftlichen Paradigmenwechsel ist besonders auffällig: Gerade das handlungstheoretische Postulat im Individualisierungstheorem (s. oben) und die grundsätzlichen Annahmen zur Handlungsfähigkeit Heranwachsender im Modell des produktiv realitätsverarbeitenden Subjekts schienen sich wechselseitig zu beeinflussen. Sie bestärken und bestätigen sich somit sogar. Hurrelmann hat sein Subjekt- bzw. Handlungsmodell scharf vom sogenann-

---

[12] Vgl. u.a.: Baacke/Heitmeyer 1985; BMJFFG 1990; Ferchhoff 1985; Ferchhoff/Neubauer 1997; Fuchs 1983; Heitmeyer/Jacobi 1991; Heitmeyer/Möller 1989; Heitmeyer/Olk 1990; Heitmeyer/Möller/Sünker 1989; Heitmeyer et al. 1992, 1995; Hurrelmann/Mansel 1993; Hurrelmann/Ulich 1991b: 12; Hurrelmann/Rosewitz/Wolf 1985; Jostock 1999; Mansel 1995; Mansel/Hurrelmann 1991, 1992; Mansel/Palentin 1998; Olk 1985; Tillmann 1989: 255; Zentrum für Kindheits- und Jugendforschung 1993. Wobei darauf hinzuweisen ist, dass in den genannten Arbeiten häufig auch noch jener populäre Rezeptionsfehler begangen wurde, nach dem Individualisierung zugleich De-Standardisierungstendenzen bezeichnet. Diese Interpretation verfällt in die einseitige Beschreibung einer historisch neuen Entwicklungs- und Handlungsfreiheit (gleichgültig, ob im Heranwachsenden- oder Erwachsenenalter), der einer seriösen Beck-Rezeption entgegensteht.

ten „Trichtermodell" (Hurrelmann/Ulich 1980: 9), der einseitigen Ableitung der Persönlichkeitsentwicklung aus gesellschaftlichen Prägungsvorgängen, abgegrenzt. Der interaktionistisch angeleitete Gegenentwurf geht vom sogenannten „Transaktionsmodell", der wechselseitigen Beeinflussung (der Interaktion also) zwischen einem Sozialisanden und der gesellschaftlich vermittelten Nahumwelt aus. An die Annahme der Produktivität des Handelns ist die Vorstellung gebunden, dass der Heranwachsende „sich einerseits suchend und sondierend, andererseits konstruktiv eingreifend und gestaltend mit der Umwelt beschäftigt, Umweltgegebenheiten aufnimmt" (Hurrelmann 1986: 64) und verändert. Der/die Einzelne ist vermittelt über den Modus der produktiven Realitätsverarbeitung zur „Selbstregulation des Handelns" (ebd.: 78) befähigt und steuert die Entwicklung seiner Persönlichkeit selbst. Beck behauptet analog, und das ist die Ähnlichkeit um die es geht, dass „der einzelne [...] sich selbst als Handlungszentrum, als Planungsbüro in Bezug auf seinen eigenen Lebenslauf" (Beck 1986: 217) begreifen muss. Er fordert ein *„aktives Handlungsmodell des Alltags"* (ebd.), in dem ersichtlich wird, dass „der einzelne selbst zum ‚Gestalter seines eigenen Lebens' wird" (ebd.: 58): „Der oder die einzelne wird zur lebensweltlichen Reproduktionseinheit des Sozialen." (Ebd.: 119) Es ist auffällig, inwieweit Beck wie Hurrelmann von einer Vorstellung über den einzelnen Akteur als aktiven Umweltgestalter ausgingen, der selbst-reflexiv die eigene biografische Entwicklung steuernd zu kontrollieren vermag. Diese Methodologie ist in der Sozialisationsforschung der 1980er und 90er Jahre als individuums- oder subjektorientiert bezeichnet worden. Sie erlangte durch den Einfluss des Individualisierungsparadigmas deutlich Bestätigung.

Dabei ist zunächst irrelevant, ob nun der individualisierungstheoretische Einfluss das Modell der produktiven Realitätsverarbeitung oder umgekehrt die sozialisationstheoretische Methodologie den Paradigmenwechsel in der Ungleichheitssoziologie bedingen konnte.[13] Bedeutsam ist, wenn man sie mit dem heutigen Wissensstand bewertet, dass beide Ansätze der Gefahr unterliegen, dem Handelnden ein hohes Maß an individuellen Kompetenzen zur autonomen Steuerung der Lebensführung zu unterstellen und damit die Bedeutung ungleicher Sozialisationsbedingungen in den Hintergrund stellen. Die Ersetzung von Klassen- und Schichtmodellen durch die Annahme differenzierter, horizontal angeordneter sozialer Lebenslagen sowie der damit vermutete Bedeutungsverlust der sozialen und materiellen Ungleichheiten für die individuelle(n) Lebensführung, -planung

---

[13] Klar erkennbar ist, dass Struktur- und Handlungsannahmen im Individualisierungsansatz auf die Sozialisationsforschung bedeutsamen Einfluss genommen haben. Wilhelm Heitmeyer ging zum Beispiel davon aus, dass die Fähigkeit zur produktiven Realitätsverarbeitung als „Sozialisationsmodus erst im Zuge der neuen Individualisierungsprozesse entsteht" (Heitmeyer et al. 1995: 31) und rekurriert häufiger auf den von ihm bezeichneten „zentralen Sozialisationsmodus der Individualisierung" (Heitmeyer et al. 1992: 15).

und -chancen stellt diesbezüglich die Grundbedingung dar. Noch deutlicher ist dies in den Zeitdiagnosen *Erlebnisgesellschaft* (Schulze 1992) und *Multioptionsgesellschaft* (Gross 1994) zu erkennen. Hier wurden die sozialen Akteure mit der Chiffre Individualisierung aus sozialen Integrationsverhältnissen vollkommen heraus gelöst (Bittlingmayer 2000: Kap. 6 ff.). Schulze und Müller-Schneider (1998a, 1998b) etwa konstatieren sogar eine „innengerichtete Modernisierung" der Subjekte, die – im Gegensatz zu einem „außenorientierten Handeln" – Handlungsoptionen, Wahlmöglichkeiten und Konsumentscheidungen ausschließlich von der scheinbar autonomen Haltung und Situationsbewertung des/der Einzelnen abhängig machen:

> „Bei einer außenorientierten Lebensauffassung gilt beispielsweise das Ziel, Kinder zu haben, dann als erreicht, wenn die Kinder existieren, bei einer innenorientierten Lebensauffassung erst dann, wenn sie die Eltern glücklich machen oder ihnen wenigstens nicht zu sehr auf die Nerven gehen." (Schulze 1992: 37)

Das Zitat spricht für sich selbst und zeigt, wie weit subjekt- oder individuumszentrierte Auffassungen reichen. Die Frage, warum sie so viel Bedeutung in der Sozialisationsforschung erlangen konnten, beantwortet sich nicht von selbst. Eine erste Antwort beinhaltet darum nur, dass individualisierungstheoretische Grundannahmen derart starken Einfluss nehmen konnten, weil der theoretische Diskurs in der Sozialisationsforschung selbst dafür geöffnet war. Die Abkehr von funktionalistischen und deterministischen Konzepten war die Grundlage für den Paradigmenwechsel; sie bedeutete ein Leerstelle, das Fehlen einer Theorie also, und diese Leerstelle musste gefüllt werden. Wie weit dann diese Übereinstimmung zwischen Ungleichheits- und Sozialisationsforschung führte, versuche ich im Anschluss darzustellen. Den Kern bildet dabei die Annahme, dass die Überschätzung der Handlungsautonomie, die im Theoriearsenal der 1980er und 90er Jahre auftaucht, zugleich durch die spezifische Tradition des sozialisationstheoretischen Diskurses in Deutschland gestützt wird.

3.4 Der Widerstand gegen das Integrationspostulat in der Sozialisationsforschung

Die Sozialisations- und die Ungleichheitsforschung bestätigten sich nicht nur gegenseitig darin, die Struktur ungleicher Lebens- und Sozialisationsbedingungen immer weniger zur Kenntnis zu nehmen. Sie entwickelten auch eine Theoriegrundlage, die diese Wahrnehmung immer mehr erschwerte. Es bliebe dennoch vereinfachend, wollte man die Theorieanlage in der Sozialisationsforschung nur mit der Entwicklung der Ungleichheitssoziologie in Beziehung setzen, insbesondere in der individualisierungstheoretischen Prägung. Aufschlussreich ist der Blick darauf, dass der sozialisationstheoretische Diskurs der Nachkriegszeit seinerseits die sichere Grundlage dafür gelegt hat, die Reproduktionsfunktion im Sozialisationsprozess an den Rand der Sichtbarkeit zu drängen. In diesem Zusammenhang muss bewusst gehalten werden, dass die Sozialisationsforschung untrennbar mit einem Erklärungsmuster verbunden ist, das die Entstehung der menschlichen Persönlichkeit als ein unverwechselbar subjektives und autonom handlungsfähiges Individuum zur Grundlage hat. Ich verfolge darum im Folgenden die Spur, dass eben dieses Sozialisationsverständnis von sich aus die Tendenz ausbildet, Fragestellungen zu überlagen, die auf die Reproduktion von sozialen Ungleichheiten im Sozialisationsprozess zielen.

Anstoß der Revision der schichtspezifischen Sozialisationsforschung war wie dargelegt, dass diese nur auf die Integration Heranwachsender in ein festgefügtes gesellschaftliches Ganzes, also lediglich auf Vergesellschaftungsprozesse abhebt. Um jedoch die Kritik und die anschließende Weiterentwicklung in der Sozialisationsforschung einordnen zu können, müssen detaillierter als zuvor zwei Ebenen der Auseinandersetzung mit dem schichtspezifischen Paradigma auseinander gehalten werden:

(1) Einerseits der Vorwurf, dass die schichtspezifische Sozialisationsforschung ein „Theoriedefizit" (Oevermann) insofern besitzt, als die Bedeutung und Funktion der Heranwachsenden selbst – ihre motivationale und Bedürfnishaltung, ihr konformes oder deviantes Verhalten – nur unzureichend abgebildet wird (die so bezeichnete Ausklammerung des „subjektiven Faktors"). Grundbedingung dieser Kritik, wie sie etwa von Ulrich Oevermann vertreten wurde, bleibt jedoch das Festhalten daran, dass Heranwachsende Herkunftsbedingungen in erster Linie reproduzieren. Auf dieser Ebene der Auseinandersetzung wird lediglich der konkrete Mechanismus der Lebenschancenreproduktion zum Gegenstand der Kritik erhoben, nicht aber das explanandum (das zu Erklärende) selbst, die Reproduktion von Ungleichheiten im Sozialisationsprozess.

(2) Andererseits zielte die Kritik an der schichtspezifischen Forschung in einem viel umfassenderen Sinne darauf ab, ein Subjektmodell zu entwerfen, das es fernab der Integrations- und Reproduktionsfunktion erlaubt, die Entwicklung des/der Einzelnen zu einer autonom handlungsfähigen Persönlichkeit theoretisch zu begründen. Dieses Erkenntnisinteresse geht weit über das Programm der schichtspezifischen Sozialisationsforschung hinaus und stellt viel grundlegender die Bedingung gesellschaftlicher und individueller Reproduktionsmechanismen zur Disposition. Es ist – wie Hermann Veith (1996) veranschaulichte – Ausdruck eines emanzipatorischen Freiheitsverständnisses, das die Sozialisationsforschung in Deutschland von dem Ende des zweiten Weltkriegs an begleitet (Veith 1996: 30 ff.; Geulen 1973: 98). Ausgang dieses emanzipatorischen Freiheitsverständnisses sind die speziell deutschen Erfahrungen mit der diktatorischen Unterdrückung und Gleichschaltung einer gesamten Gesellschaft im Nationalsozialismus:

„Nach einer Phase fast lückenloser Gleichschaltung mit den ‚Normen und Werten' eines diktatorischen Regimes und deren Konsequenzen konnte die entscheidende Sozialisations-Frage nicht mehr jene nach den Bedingungen eines möglichst reibungslosen sozialen Ein- und Anpassens sein; diese mußte – wenn nicht abgelöst – so doch wenigstens ergänzt werden durch die Frage nach der Entwicklung eines Widerstandpotentials gegenüber Überredung und sozialem Druck." (Walter 1973: 23)

Als Forschungsanliegen aber, und hier möchte ich den Hebel ansetzen um zu verstehen, wird dieses allgemeine Interesse an der Sichtbarmachung von Freiheitspotenzialen in der Subjektentwicklung nicht scharf genug von dem speziellen Interesse an den Mechanismen der Lebenschancenvererbung im Sozialisationsprozess abgetrennt. Man schüttet also das Kind mit dem Bade aus, der gute Gedanke der Kritik wird zu weit getrieben. Das ganz außerwissenschaftliche „emanzipatorische Freiheitsverständnis" überragte seither die innerdisziplinäre, am Gegenstand der sozialen Ungleichheit orientierte Forschungsmotivation. Die in diesem Zusammenhang häufig bezeichnete „Überlastung mit anpassungsmechanistischen Vorstellungen" (Wurzbacher 1963: 5) wurde zur bevorzugten Kritik an jenen Ansätzen in der Sozialisationsforschung, die ausschließlich auf die Integrationsfunktion im Sozialisationsprozess abstellen. Die Sozialwissenschaftler Dahrendorf (1958), Wurzbacher (1963) und Habermas (1971, 1973, 1976, 1981) waren Vorbereiter, die durch Kritik am Integrations- und Konformitätsmodell des Strukturfunktionalismus ein alternatives Subjektverständnis für die Sozialisationsforschung forderten. Im Zentrum dieser Auseinandersetzung stand das Anpassungskonzept der funktionalistischen Rollentheorie. Hauptmotiv der Kritik war die Betonung der Eigenständigkeit des Individuums gegenüber gesellschaftlich normierten Rollenerwartungen. Widersprüchliche und konfligierende lebensweltliche Erfahrungen werden – so der kritische Tenor – nicht etwa nur auf Grundlage bereits erworbener Rollenschemata verarbeitet noch bilden sie eine hinreichende Bedingung für die Entwicklung der Kompetenzstruktur Heranwachsender.

Der Sozialphilosoph Jürgen Habermas gilt diesbezüglich als der bedeutsamste Vertreter einer kritischen Rollentheorie. Habermas hat auf Grundlage der Kritik innerhalb rollentheoretischer Ansätze – so der Begriff des *role-making* und der *Rollendistanz* – ein eigenes Modell der Persönlichkeits- und Identitätsentwicklung entworfen. Dieses Modell (Habermas 1973) beinhaltet, dass die „Rollenidentität" der Heranwachsenden nur eine Stufe auf der Entwicklung zu einer potenziell autonom handlungsfähigen Persönlichkeit darstellt. Gegenüber der biografisch vorangegangenen „natürlichen Identität" des Kleinkindes bezeichnet sie jenes durch Vergesellschaftung erzeugte Vermögen, sich in ein soziales System integrieren zu können. Dagegen schließt die „Rollenidentität" das Kontinuum menschlicher Persönlichkeitsentwicklung nicht ab. Habermas behauptet, dass Heranwachsende im Idealfall in der Lage sind, die höchste Stufe der Identitätsentwicklung zu erreichen, die Ausbildung einer „Ich-Identität". „Ich-Identität" bezeichnet ein sprach- und handlungsfähiges Subjekt, das sich von den Anforderungen in der Gestalt sozialer Rollenerwartungen emanzipiert und eigene Geltungsansprüche auch gegen die Rigidität auferlegter Systemzwänge aufrechterhält.

Abbildung 9   Das Modell von Jürgen Habermas zu Entwicklungs- und Sozialisationsprozessen in den 1970er Jahren. Eigene Darstellung.

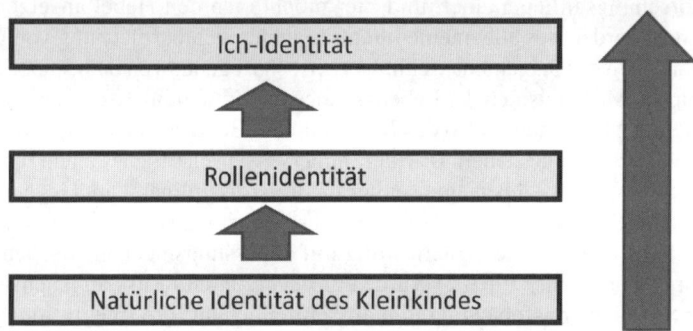

Durch Habermas stand der Sozialisationsforschung damit ein Identitätskonzept zur Verfügung, das die Engführung auf die Integrationsfunktion im Sozialisationsprozess zu überwinden erlaubte. Die an Habermas anschließende Rezeption übersah jedoch kategorisch, dass mit der Kategorie der „Ich-Identität" eine mögliche, nicht aber notwendige Folge der Sozialisation Heranwachsender verbunden ist. Habermas (1976) hat die Erlangung einer „Ich-Identität" als durchweg prekäre, von Reifekrisen und kumulativen Lernprozessen begleitete Entwicklung der Persönlichkeit dargestellt. Sie ist die Bedingung autonomer Handlungsfähigkeit des Individuums, ohne dass diese Bedingung zugleich von allen Heranwachsenden erfüllt wird bzw. werden kann. Allgemein unberücksichtigt bleibt, dass Habermas „Ich-Identität" als das ideale Ergebnis der Persönlichkeitsentwicklung darstellt und damit lediglich einen normativen Fluchtpunkt in einer ebenso sehr durch repressive Sozialisationseinflüsse gekennzeichneten Gesellschaftsformation markiert.

Die überschießende Kritik am Konzept der Integration

Um an dieser Stelle das bisher Zusammengetragene zu pointieren: Im Anschluss an Habermas ist es der Sozialisationsforschung nicht gelungen, den Erkenntnisgewinn der funktionalistischen Rollentheorie bewusst zu halten. Während Habermas mit der Kategorie der „Rollenidentität" durchaus noch an der Einsicht festgehalten hat, dass Sozialisation immer auch Integration in ein System der festgefügten Verhaltensweisen und -erwartungen darstellt und er mit der Bedingung der Möglichkeit „autonomer" Ich-Entwicklung lediglich eine Möglichkeit skizziert und damit vor allem die starken deterministischen Grundannahmen der Rollentheorie zurückweist, tendierten die nachfolgende Ansätze dazu, Integrationszwänge unter Berufung auf Individuierungspotenziale im Ganzen zu unterschätzen. Die Sozialisationsforschung vergab sich damit die Möglichkeit, die Ergebnisse der Rollentheorie in der Analyse der Erhaltung eines *Status quo* in sozialstruktureller Hinsicht fruchtbar anzuwenden. Demgegenüber wird in der Sozialisationsforschung spätestens nach Habermas vom Identitätsbegriff inflationär Gebrauch gemacht. Bezeichneten Identität, Autonomie und Handlungsfähigkeit zunächst nur Statthalter möglicher Emanzipations- und Freiheitsspielräume, derer die frühe Sozialisationsforschung gegenüber der Hegemonie anpassungsmechanistischer Modelle bedurfte, sind diese Begriffe längst in den wissenschaftlichen Sprachgebrauch zur Beschreibung der Persönlichkeitseigenschaften als universellem Entwicklungsergebnis eingegangen.[14] Jedoch, ohne ihren kritischen und emanzipativen Gehalt. Dieser würde voraussetzen, das spannungsreiche Verhältnis zwischen der *Realität* eines gesellschaftlich vermittelten Zwangs zur Anpassung an modale Verhaltensweisen und der *Potenzialität* individueller Entfaltung zur autonom handlungsfähigen Persönlichkeit aufrecht zu erhalten.

Karl Neumann (1997) versammelt eine Reihe erziehungswissenschaftlicher und schulpädagogischer Autoren der 1970er und 80er Jahre, die sich mit dem Begriff der „Ich-Identität" schon im Besitz der Möglichkeit wähnten:

> „das pädagogische Ideal des mündigen Subjekts modernitätsangemessen als das mit sich identische Subjekt auch in komplexen Gesellschaften in seiner grundsätzlichen Irritiertheit zwar, aber doch grundsätzlich, ‚vernünftig' rekonstruierbar gemacht zu haben." (Neumann 1997: 423)

Wird aber „Identität" in dieser Vorstellung bloß mit jener Form der Persönlichkeitsentwicklung identifiziert, „die sich durch Vollständigkeit von Handlungsfähigkeiten bzw. Kompetenzen sowie dauerhafte Einheitlichkeit und Kontinuität auszeichnet" (ebd.: 421), verliert sie ihren Charakter als das außergewöhnliche, nicht-universale Entwicklungsstadium im Sozialisationsprozess. Hurrelmanns Modell des produktiv realitätsverarbeitenden Subjekts steht möglichweise bereits beispielhaft für die Tradition der Ansätze, die das von Neumann bezeichnete Maß an „Vollständigkeit von Handlungsfähigkeiten bzw. Kompetenzen" bereits als

---

[14] Gutes Beispiel für diese theoretische Entwicklung stellen die Beiträge in Bertram 1986a dar, die allesamt modernen arbeitsteiligen Gesellschaften die Qualität unterstellen, einen Nährboden für die Entwicklung autonomer Handlungskompetenzen auszubilden (Bertram 1986b: 16 ff.).

ein hinreichendes Kriterium für das erfolgreiche Erreichen einer „Ich-Identität" ausgeben (s. Abb. 9). Zu dieser Sichtweise würde zunächst passen, dass bei Hurrelmann die Ausbildung von Handlungskompetenzen mit dem Normalverlauf der Persönlichkeitsentwicklung verbunden wurde, also als Bedingung der Fähigkeit zur *produktiven Realitätsverarbeitung* identifiziert wird. Damit unterstellen aber schon die Annahmen zur Handlungsfähigkeit Heranwachsender ein Maß an autonomer Entscheidungs-, Wahl- und Handlungsfreiheit, das noch bei Habermas das Ideal der Identitätsentwicklung bezeichnet. Wenn man diese Argumentation ernst nimmt, finden sich ergänzende Hinweise aus der Literatur. So hatte Dieter Geulen bereits sehr hellsichtig im Jahr 1973 auf eine „populäre Interpretation von Identität" als dem aufkommenden Missverständnis „besonders in der pädagogischen Öffentlichkeit" hingewiesen:

> „Ein Mensch, der im Sinne einer kritischen Sozialisationstheorie handlungsfähig sein soll, das heißt, der *auf der Grundlage von Rationalität und in kommunikativer Gemeinsamkeit mit anderen an einer Veränderung der Realität in Richtung auf Emanzipation von naturhaften und gesellschaftlichen Zwängen arbeiten kann*, muß viel *mehr* können, als sich bloß subjektiv von Normen ‚distanzieren' und dies Anderen als sein ‚Identität zu präsentieren'." (Geulen 1973: 98)

Handlungskompetenzen, ein positives „Selbstbild" und eine stabile „Ich Identität" dienen in der Vorstellung der neuere Sozialisationsforschung seit den 1980er Jahren offensichtlich ausschließlich dazu, den Ausgleich mit den Handlungsanforderungen (etwa in Gestalt der institutionalisierten Entwicklungsaufgaben im Bildungssystem, s. o. das „Passungskonzept") herzustellen, also situationsangemessen (Hurrelmann/ Mürrmann/Wissinger 1986: 101) zu handeln. Noch bei Habermas wird diese *Balance* lediglich als Effekt eines durch Erfahrung vermittelten Realitätsbewusstseins bezeichnet, das dazu dient, sich reibungslos in ein System zu integrieren; dieses Kompetenzniveau entspricht bei Habermas der Ausbildung einer konformen „Rollenidentität": „Ich-Identität" würde bei ihm auf einer ganz anderen Ebene, so bspw. in der Infragestellung der Schule, mindestens aber der im Schulbetrieb durch Zensuren vermittelten Leistungsbeurteilung zum Ausdruck gelangen. Hier ist – wenn nicht alles täuscht – ein Missverständnis in der Rezeption der Überlegungen von Habermas in Gang gesetzt worden. Das, was als autonomes Handeln gegen die Vorstellung eines bloßen Rollenzwangs gesetzt wird, ist vielleicht noch gar nicht so autonom. Vielleicht ist das, was als produktive Realitätsverarbeitung sehr schnell als Ausweis für die Eigentätigkeit und Freiheit des Individuums herangeführt wird, immer noch in den Bahnen der Anpassung gefangen. Kann es sein, dass dieses Handeln, nur weil es als autonomes Handeln und als Eigenaktivität des Individuums angesehen wird, diese Qualität noch gar nicht besitzt?

Ein drittes Fazit zum Ansatz Hurrelmanns

So viel kann am Beispiel der Theorie Hurrelmanns bisher festgehalten werden: Das Modell des produktiv realitätsverarbeitenden Subjekts vermengt offenbar noch ein von der Fähigkeit zur kritischen Reflexion abhängiges Vermögen (das Potenzial einer wirklich autonomen Ich-Identität) mit der basalen Kompetenz, den Anforderungen der Systemintegration nachzukommen. Dies jedoch stellt einen beschnittenen Identitätsbegriff dar, der lediglich die Anpassung an vorgelagerte gesellschaftliche Bedingungen (anstatt die Entwicklung zu einem autonom-handlungsfähigen, eben nicht durchgängig angepassten Individuum) zur Grundlage macht. Analog unterscheidet Hurrelmann Prozesse „misslingender" und „gelingender" Sozialisation allein dadurch, inwieweit das Kompetenzniveau Heranwachsender den Ausgleich mit institutionalisierten Handlungsaufgaben (s. o. das Konzept der Entwicklungsaufgaben) ermöglicht. Diese Vorstellung „gelungener" Persönlichkeitsentwicklung bzw. Identitätsbildung wird von einem Zweifel getroffen, den kritische AutorInnen in den Sozialwissenschaften – und mit ihnen gewiss auch Jürgen Habermas – denjenigen gegenüber aussprechen, die meinen, „Ich-Identität" bzw. Handlungsautonomie würde unter gegenwärtigen gesellschaftlichen Verhältnissen vollständig erreichbar sein (vgl. etwa Adorno 1966: 258 f., 275). Nicht ausreichend differenziert Hurrelmann demnach zwischen der *Potenzialität* autonomer Persönlichkeitsentwicklung (nach dem Beispiel von Jürgen Habermas) und einer sehr normativen Auffassung, nach der Heranwachsende dann bereits autonom handeln, wenn sie als „produktiv realitätsverarbeitend" angesehen werden. Die Verwirklichung eines mit der Identitäts- und Persönlichkeitsentwicklung verbundenen kritischen Anspruchs wird also nicht schon dadurch erreicht, dass normative Auffassungen (also Auffassungen, die eine bestimmte Norm beinhalten) über die Handlungsfähigkeit Heranwachsender die analytische Betrachtung beeinflussen. Im Gegenteil, wie gezeigt, neigen diese subjektbezogenen Konzeptionen dazu, die strukturellen Bedingungen der Sozialisationsverläufe (benachteiligende wie privilegierende Einflüsse) theoretisch zu vernachlässigen. Das scheinbar widersprüchliche Phänomen, dass bereits Heranwachsende auf ihr Handeln bewusst Einfluss zu nehmen vermögen, ihre Handlungskompetenzen jedoch den modalen (also meistens gebräuchlichen) Verhaltensweisen der sozialen Herkunft vorangepasst sind – diese analytische Unterscheidung von bewusst und unbewusst, Autonomie und Beschränktheit –, findet in der sozialisations-, handlungs- und subjekttheoretischen Perspektive der Konzeptionen, die seit den 1980er Jahren aufkommen, zu wenig Beachtung.

Es lässt sich folgern, dass sich das Modell des produktiv realitätsverarbeitenden Subjekts mit Recht gegen die Tendenz gerade in der schichtspezifischen Sozialisationsforschung wendet, den/die konkrete(n) Einzelne(n) aus dem Forschungsprozess einfach wegzudenken. Im Anschluss an diese Kritik schießt dieses

Konzept jedoch weit über die geforderte Einbeziehung des „subjektiven Faktors" hinaus. Es gründet wie viele andere Konzeptionen auch auf dem geläufigen Irrtum in der nach-schichtspezifischen Sozialisationsforschung, das von Habermas und anderen gegen die Dominanz integrationslastiger und funktionalistischer Ansätze in Gebrauch genommene emanzipatorische *Potenzial* autonomer Handlungsfähigkeit in einen entwicklungstypischen, universalen Mechanismus der Persönlichkeitsgenese zu überführen. Diese missverstandene Interpretation einer im Kern berechtigten Funktionalismus-Kritik wird wie gezeigt durch das handlungstheoretische Postulat des Individualisierungsparadigmas gestützt, deswegen hat es aber noch nicht beweisen können, dass es die Realität adäquat beschreibt.

Die hier schon einmal angedeutete Revision der Grundannahmen des Individualisierungsparadigmas belegt hingegen die sozialstrukturelle Einbettung der Entwicklung der Persönlichkeit. Hurrelmanns Position hätte von der Einbeziehung dieser Diskussion zweifellos profitiert. Insbesondere jenes Paradoxon, dass seine Untersuchungen zur Selektions- und Allokationsfunktion des Bildungssystems (diese starke Form der Reproduktion von Ungleichheiten) nicht mit den Grundannahmen der produktiven Realitätsverarbeitung vermittelt wurden, gibt Hinweise auf eine widersprüchliche Tendenz in der Sozialisationsforschung: Eine allgemeine Theorie der Sozialisation, die einseitig normativ die Ausbildung möglicher Autonomiepotenziale in der Persönlichkeitsentwicklung fokussiert, darf nicht gegen die empirisch abbildbare Verteilung der Handlungskompetenzen, Status- und Lebenschancen in Abhängigkeit von der sozialstrukturellen Herkunft ausgespielt werden. Ob willentlich oder unwillentlich, Realitätsverarbeitung als produktiv zu bezeichnen, verschleiert mitunter die rein reproduktive Funktion im Sozialisationsprozess. Der ungleichheitsorientierten Sozialisationsforschung stand damit über lange Zeit hinweg kein geeignetes begriffliches Instrumentarium zu Verfügung, um die Aufrechterhaltung ungleicher Reproduktionsbedingungen zu durchdringen. Die notwendige Kritik an dem Beharrungsvermögen sozialer Ungleichheitsstrukturen erlangt ihr Ziel also nicht dann schon, wenn Theorien die Realisierung individueller Potenziale zu emanzipativen und autonomen Handeln als verwirklicht ansehen. Im Gegenteil: Wissenschaftliche Kritik muss die diffizilen Mechanismen bis in ihre feinsten Verästelungen aufzudecken imstande sein, die die Konservierung sozialer Benachteiligung und Privilegierung auch unter den Bedingungen gesellschaftlichen Wandels ermöglichen.

4 Ungleichheitsdesorientierte Sozialisationsforschung – Ein Zwischenfazit

Die Beiträge zum Gegenstand Sozialisation und Ungleichheit, die seit den 1980er Jahren den Forschungsstand der schichtspezifischen Sozialisationsforschung abgelöst haben, sind aus heutiger Sicht selbst diskussionswürdig. Dafür steht – wie gezeigt – eine Vielzahl der Beiträge der neueren Sozialisationsforschung. Und selbst das Modell des produktiv realitätsverarbeitenden Subjekts Klaus Hurrelmanns, das für uns in so vielerlei Hinsicht noch heute eine wichtige erkenntnisleitende Funktion besitzt, ist von einer solchen zweifelnden Perspektive nicht ausgenommen. Dieses steht für eine Forschungsperspektive, die in den vergangenen zwei bis drei Jahrzehnten auf die Sozialisations-, Kindheits- und Jugendforschung erheblich Einfluss genommen hat (Griese 2000). Die Umrisse dieser Perspektive bilden einen Erklärungsrahmen methodischer und methodologischer Überlegungen, die den Sozialisationsprozess aus einer mikro-, meso- und makroanalytischen Perspektive fokussieren sollen. Im Mittelpunkt steht hierbei (s. Abb. 10) das Sozialisationsmodell der produktiven Realitätsverarbeitung. Dieses umfasst die grundlegende Reformulierung theoriegeschichtlich älterer Annahmen über die Stellung und Bedeutung der Heranwachsenden selbst im Verlauf ihrer Sozialisation. Dieser Theoriestandpunkt ist in recht exemplarischer Hinsicht als Ausdruck eines wissenschaftlichen Zeitgeistes anzusehen. In diesem Fall als Ausdruck der Revision strukturfunktionalistischer integrationslastiger Ansätze, die insbesondere an die Tradition Talcott Parsons und der schichtspezifischen Sozialisationsforschung anschließen. Gegenüber der Dominanz anpassungsmechanistischer Vorstellungen setzten sich im deutschsprachigen Diskurs schon mit Jürgen Habermas, den VertreterInnen der „kritischen Rollentheorie" und dann vor allem mit den Reformern des Sozialisationsparadigmas in den 1980er Jahren Konzeptionen durch, in denen der/die Einzelne (der „subjektive Faktor") nicht lediglich als Residualkategorie kausalanalytischer Ableitungen fungiert.

In diesem Zusammenhang ist es zweifellos das Verdienst der neueren Denkansätze, die das Modell des produktiv realitätsverarbeitenden Subjekts repräsentiert, die Sozialisationstheorie unhintergehbar auf die Bedingung der „Eigentätigkeit" der Subjekte im Sozialisationsprozess festzulegen (vgl. auch Kelle/Breidenstein 1996: 50) Das Modell des produktiv realitätsverarbeitenden Subjekts sowie die mehrebenenanalytische und interaktive Forschungsmethodologie stehen stellvertretend für ein Sozialisationsverständnis, das auf die Analyse potenziell offener, dynamischer Sozialisationsverläufe und nicht lediglich auf die statische, zirkuläre

100   Ungleichheitsdesorientierte Sozialisationsforschung – Ein Zwischenfazit

Reproduktion der Herkunftsbedingungen abhebt. Im Hinblick auf die kompetenztheoretische Grundlegung dieser Methodologie ist mit Klaus Hurrelmann klar festzuhalten, dass erst die Kompetenzstruktur des/der Einzelnen Aufschluss über die Wirkung differenzierter Sozialisationseinflüsse gibt.

Abbildung 10   Beziehung zwischen meta-theoretischem Subjektmodell, Mehrebenenanalyse und interaktivem Paradigma.
Darstellung in Anlehnung an Hurrelmann 1989b: 115.

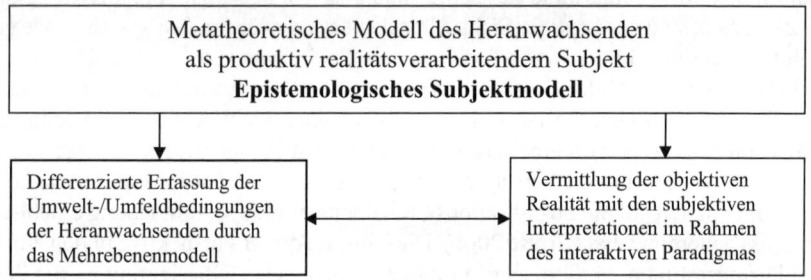

Es gibt jedoch auch eine skeptische Lesart dieser Theorieentwicklung. Wir haben hier den Schwerpunkt auf die Frage gelegt, inwieweit es Ansätze erlauben, die nach der schichtspezifischen Sozialisationsforschung dominant geworden sind, Phänomene sozialer Ungleichheit und die damit verbundene Problematik der Produktion und Reproduktion von Ungleichheitsverhältnissen zu fassen. Diese Fragestellung schließt also oberflächlich an das Erkenntnisinteresse der früheren schichtspezifischen Sozialisationsforschung an. Wir sprechen jedoch nicht mehr von schichtspezifischer Sozialisationsforschung, weil die gut begründete Kritik an dem deterministischen Grundzug ihrer Argumentationslogik noch heute gültig ist. Ulrich Oevermanns zusammenfassendes Urteil über das „Theoriedefizit" (1979: 147) der schichtspezifischen Sozialisationsforschung, dem sich auch Klaus Hurrelmanns Überlegungen anschließen, bündelt die zahlreichen Vorbehalte gegenüber einer Forschungstradition, die seit dem Ende der 1970er Jahre wissenschaftlich außer Mode gekommen ist. Wenn wir also über den Zusammenhang zwischen Ungleichheit und Sozialisation sprechen, benötigen wir eine neue Bezeichnung. In den vergangen Jahren ist es möglich geworden, diesen Zusammenhang als Diskussionsrahmen mit dem Ausdruck ungleichheitsorientierte Sozialisationsforschung zu bezeichnen. An diese Bezeichnung – die keine Vorentscheidung in Richtung Schicht oder anderer Sozialstrukturbegriffe gibt – soll im Folgenden noch angeschlossen werden.

Die neueren Ansätze der Sozialisationsforschung, auch die ungleichheitsorientierten, sind aus dieser Perspektive an dem Anspruch zu messen, ein „Theoriedefizit" zu beheben, dass in der älteren schichtspezifischen Forschung aufgetaucht ist. Auch die neueren Beiträge müssen das „wie" und „auf welche Weise" der Reproduktion sozialer Ungleichheit beantworten können. Weil die Hinführung zur Thematik dabei den populärsten Ansatz in der Sozialisationsforschung seit den 1980er Jahren in den Mittelpunkt gestellt hat, lohnt es sich, hier genauer hinzuschauen. Tatsächlich – und das ist das Hauptergebnis dieser Überprüfung – kann die mit dem Modell des produktiv realitätsverarbeitenden Subjekts verbundene sozialisationstheoretische Perspektive mit den empirischen Erkenntnissen, die uns bis heute vorliegen, nicht so leicht in Übereinstimmung gebracht werden. Die Reproduktion sozialer Ungleichheiten erfolgt weiterhin recht stabil, was aber können die Analysemodelle dazu sagen? Hurrelmanns Position weist so etwas wie einen Theorieüberhang auf. Theorielastig ist dieses Modell deshalb, weil damit ungleiche Sozialisationsverläufe, die dadurch entstehen, dass die Sozialisationsbedingungen sehr unterschiedlich sind, nicht recht erklärt werden können. Die Annahme potenziell offener, dynamischer Sozialisationsverläufe, die eben nicht lediglich auf die reproduktive Funktion im Sozialisationsprozess abhebt, hat hier ein Problem. Sie tut so, als ob der Zusammenhang zwischen sozialer Herkunft und individuellen Lebenschancen gar nicht mehr vorhanden sei. Damit ist versäumt worden, die Grenzen aufzuzeigen, innerhalb derer sich die Annahmen zu einem autonomen, produktiv realitätsverarbeitenden Handeln bewegen.

Spätestens mit der PISA-Diskussion ist offensichtlich geworden, dass wir die Reproduktion von Ungleichheiten beschreiben müssen, also die sehr „normale" Form, bei der Sozialisation das Einpassen in Verhaltensweisen bedeutet, die dann auch zu einer Reproduktion von Lebensläufen führen. Die sozialisationstheoretische Diskussion der 1980er und 90er Jahre war hier etwas anders ausgerichtet. Sie orientierte sich an Innovation und Emergenz, der Entstehung von etwas Neuem und den Möglichkeiten einer freien, autonomen Entwicklung. Ein klar empirisches Sozialisationsmodell muss aber die Beschränkungen anerkennen können, welche die soziale Herkunft der individuellen Entwicklung setzt. Die Reproduktion ungleicher Status- und Lebenschancen muss also an den Anfang gesetzt werden und ein Theoriemodell der ungleichheitsorientierten Sozialisationsforschung muss die Funktion einer Brille erfüllen, durch die man schauen kann und welche die empirischen Zusammenhänge dadurch erklärbar macht.

Eine Bewertung der Ansätze zur Erklärung der Reproduktionsmechanismen sozialer Ungleichheit kann also an folgender Vorstellung orientiert werden (s. Abb. 11). Danach muss der Zusammenhang zwischen der Sozialisationsumwelt bzw. den Sozialisationsbedingungen und dem Sozialisationsergebnis als bekannt vorausgesetzt werden, wie durch den anhaltend signifikanten Einfluss der sozialen Herkunft auf den Statuserwerb im Erwachsenenalter ausreichend belegt. (Vgl. u. a.

die Ergebnisse in Grundmann 1998; Mansel/Palentin 1998; Stecher 1999; Stecher/ Dröge 1996) Folglich kann als „erklärende Variable" nicht ein Subjektbegriff („subjektiver Faktor") eingesetzt werden, der Persönlichkeitsentwicklung als quasi offenen, individuell gestaltbaren Möglichkeitsspielraum der Heranwachsenden ausgibt.

Abbildung 11 Der Zusammenhang zwischen Sozialisationsumwelt, Subjektstruktur und Sozialisationsergebnis aus Sicht der ungleichheitsorientierten Sozialisationsforschung.

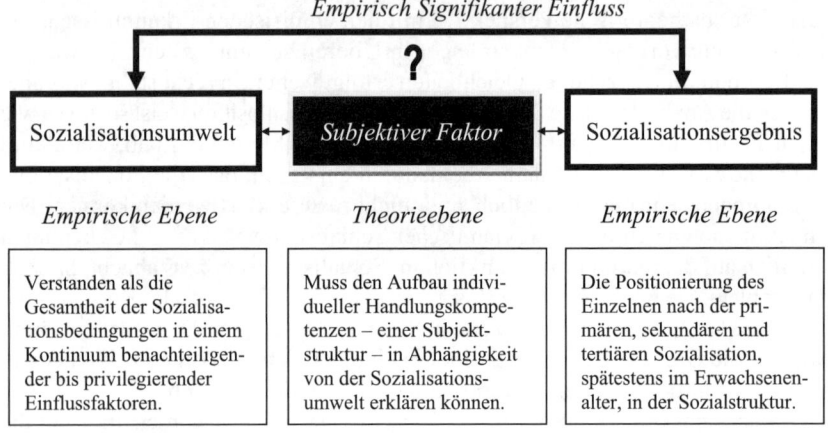

Theoretische Erklärungsansätze müssen nach diesem Modell empirische Erkenntnisse berücksichtigen, sie müssen den empirischen Grenzen der Persönlichkeitsentwicklung also Rechnung tragen. Der analytische Zugriff auf den Begriff der autonom handelnden Persönlichkeit darf objektive Restriktionen einzelner Sozialisationsumwelten nicht unsichtbar machen. Viele Ansätze der nach-schichtspezifischen Sozialisationsforschung begehen diesen Fehler und postulieren vorschnell Handlungsautonomie, ohne die spezifischen Entwicklungschancen zu berücksichtigen. Im Vorgriff auf die Erkenntnisse Pierre Bourdieus ist in diesem Fall von der Unterordnung der empirischen Realität unter einen theoretischen Entwurf zu sprechen. Bourdieu bezeichnet diese Form der wissenschaftlich verzerrten Realitätswahrnehmung als typischen Fehler von rein akademischer Theoriebildung, als „scholastic fallacy" (Bourdieu 1989: 401).

Auffällig ist, dass Annahmen wie solche, welche dem Modell des produktiv realitätsverarbeiten Subjekts zu Grunde liegen, das Erkenntnisinteresse der ungleichheitsorientierten Sozialisationsforschung in einer gewissen Weise abgeschwächt haben. Der Bestandteil in der Theorieentwicklung, der für die Erklärung der Reproduktion von Ungleichheiten benötigt wird, das so genannte *explanans*, also das Mittel zur Erklärung von Ungleichheiten, hier die aktive Rolle des/der Einzelnen im Sozialisationsprozess (in der Abb. 11 die Annahmen zum subjektiven Faktor), ist selbst zu etwas geworden, das in der Wissenschaftssprache als *explanandum* bezeichnet wird, als etwas also, das man eigenständig erklären möchte und das damit das eigentliche Interesse an den *Reproduktionsmechanismen* verdrängt: Die Begründung der potenziellen Autonomie Heranwachsender gegenüber gesellschaftlich normierten Rollen- und Handlungserwartungen hat, um den Reduktionismus der Anpassungsmodelle zu vermeiden, dazu geführt, individuelle Handlungsautonomie im Sozialisationsprozess einseitig über zu betonen. Der Preis hierfür ist die Vernachlässigung des Themas der Reproduktion von Ungleichheiten. Die Gegenüberstellung von Hurrelmanns eigenen Arbeiten kann das gut zeigen. Zum einen die Studien zur Selektions- und Statusallokationsfunktion des Bildungssystems – hier insbesondere die Hervorhebung ungleicher Bildungschancen in Abhängigkeit von der Klassen- bzw. Schichtherkunft. Auf der anderen Seite das Modell des produktiv realitätsverarbeitenden Subjekts, das nicht vielleicht zufällig nur die produktive Realitätsverarbeitung kennt und damit schon terminologisch auf den Bezug zum Reproduktionsaspekt verzichtet.

Die Bedeutung benachteiligender oder privilegierender sozialer Ressourcen im Sozialisationsprozess wird dabei kaum beachtet. Individuelle Kompetenzen erscheinen gleichbedeutend mit der Vorstellung eines autonomen „Handlungszentrums", dessen soziale Voraussetzungen aber kaum reflektiert werden. Die strukturierenden Bedingungen des Lebensverlaufs werden durch die Annahme einer Kompetenz zur Selbststeuerung der persönlichen Lebensführung ersetzt. In der US-amerikanischen psychologischen Diskussion, auf die hierbei gerne rekurriert wird, ist dies die Formel des Einzelnen als Produzenten seiner eigenen Entwicklung („Individuals as Producers of Their Development", Lerner/Busch-Rossnagel 1981). Es scheint, als ob das Theoriependel der nach-schichtspezifischen Sozialisationsforschung in übervorsichtiger Abgrenzung zu strukturdeterministischen Ansätzen in den 1980er Jahren in die entgegengesetzte Richtung ausgeschlagen hat. Annahmen zur Bedeutung der Kompetenzstruktur Heranwachsender werden seither so behandelt, als ob Kompetenzen einfach da seien. Diese Schlagseite zu einer subjektzentrierten wurde kaum reflektiert. Die Kritik an der im Kern vollkommen berechtigten Forderung, dass die schichtspezifische Sozialisationsforschung zu stark auf äußerliche Strukturbedingungen und zu wenig auf die konkrete Subjektseite konzentriert war, richtet sich daher schwerpunktartig auf die hypostasierte, das heißt übersteigerte, Weiterentwicklung dieser Annahme zur Subjektivität. Diesem *Subjektzentrismus* ist es zuzurechnen, dass die Analyse objektiver Strukturbedingungen sozialer Ungleichheit und ihrer Reproduktionsmechanismen so lange marginalisiert wurde.

Die Auswirkungen auf die ungleichheitsorientierte Sozialisationsforschung, der das begriffliche Instrumentarium für die Beschreibung und Kritik benachteiligender Lebensverhältnisse abhanden gekommen ist, blieben indes unbeachtet. Es sind Einzelstimmen, die hier interveniert haben. Jürgen Zinnecker (1986), ein Sozialisations- und Jugendforscher, warnte bereits früh davor, die Sozialisationsumwelt von ihrer sozialstrukturellen Bedingtheit abzukoppeln. Er nennt dies die Gefahr der Ideologisierung des Jugendbegriffs (die Zeit des Heranwachsens als autonomer Handlungsraum) und Hartmut M. Griese benennt später die Verstrickungen, in denen sich Sozialisations-, Kindheits- und Jugendforschung verfangen, wenn sie „unkritisch, unreflektiert" einem „Paradigmenwechsel" Folge leistet, der den Heranwachsenden per se als „aktiv, konstruierend, eigentätig, aneignend, verarbeitend, deutend und insgesamt als handlungskompetent" (Griese 2000: 103) ausgibt. Dass die Annahmen über die Handlungsfähigkeit Heranwachsender ähnlich problematische „anthropologische Prämissen" mit sich führen wie das funktionalistische Rollenkonzept, wird dabei nicht reflektiert. Und um so problematischer erscheint die rund zwanzigjährige Entwicklung, in der die Sozialisationsforschung von einer originär soziologischen Kategorie wie Ungleichheit Abschied genommen hat. Hat sie damit auch zu einer *Verharmlosung sozialer Benachteiligungsverhältnisse* beigetragen? Wurde damit der/die Einzelne im „Trend der allgemeinen *‚Ökonomisierung der Pädagogik'"* zum *„‚Unternehmer seiner selbst'* [Beck]" (Griese 2000: 103) gemacht? Wurde Versagen – wenn jemand keinen Erfolg hat – damit implizit individualisiert? Der Pädagoge Hartmut M. Griese pointiert das diesbezügliche Motto: „*‚Du bist selbst daran Schuld, wenn nichts aus Dir wird'"* (ebd.). Als Ergebnis dieser Entwicklung gerät der ungleichheitsorientierten Sozialisationsforschung ihr Erkenntnisgegenstand – die Auswirkungen strukturierter sozialer Ungleichheit auch unter den Bedingungen gesellschaftlichen Wandels – und entsprechende Erkenntnismittel – das theoretische und begriffliche Instrumentarium zur Analyse der Wirkung ungleicher Sozialisationsbedingungen auf die Persönlichkeitsentwicklung – aus dem Blickfeld. Sozialisationsforschung dieser Form lässt sich am Ehesten als ungleichheits*desorientiert* beschreiben. In den Veröffentlichungen der pädagogischen Debatte in den 1980er und 90er Jahren lassen sich hierfür viele Beispiele finden. Der 10. Kinder- und Jugendbericht etwa – wohlgemerkt ein Beitrag vor der PISA-Debatte aus dem Jahr 1998 – trifft die Diagnose „einer Gesellschaft, welche die Gestaltung des Lebens weitgehend ihren Mitgliedern überläßt" (BMFSFJ 1998: 11).

Wer nach den möglichen Ursachen dieser (Ungleichheits-)*Desorientierung* in der Sozialisationsforschung fragt, stößt schnell auf zwei Dynamiken, die in Verbindung miteinander verstanden müssen: Zum einen das vorsichtige Herantasten an die Bedingung der Möglichkeit autonomen Handelns (wie bei Habermas), das aber in einen *universalen Mechanismus der Entwicklung individueller Handlungsautonomie* verkehrt wurde; dieser Zugang mündet in die Widersprüchlichkeit ein,

Ungleichheitsdesorientierte Sozialisationsforschung – Ein Zwischenfazit

individuelles Handeln als aktiv-kreativ, reflexiv und autonom auch noch dann zu bezeichnen, wenn es nur dazu dient, einen individuellen und sozialen Status quo aufrechtzuerhalten. Zum andern, die Verknüpfung von Sozialisations- und Ungleichheitsforschung in den der 1980er und 90er Jahren, bei der der individualisierungstheoretische Ansatz Ulrich Becks das Scharnier darstellt; nur weil sowohl die Sozialisations- als auch die Ungleichheitsforschung die Vorstellung enthierarchisierter Lebensbedingungen stärkten, konnte diese Lehrmeinung – die wenig empirische Untermauerung hatte – so lange bestehen.

Schon bevor also die PISA-Debatte mit ihrer ganzen Wucht das Ungleichheitsthema zurück brachte, haben andere Ansätze in der Ungleichheitsforschung auf die Unzulänglichkeiten einer durch Beck inspirierten Ungleichheitssoziologie hingewiesen (zusammenfassend Endruweit 2000; Strasser/Dederichs 2000). Die These einer erodierten Klassengesellschaft, in der die „sozialen Zusammenhänge nun von den Individuen in freien Schöpfungsakten autonom konstruiert würden" erscheint rückblickend als „späte Strafe für die Sünden eines vulgärmaterialistischen Determinismus" (Vester/Gardemin 2002) der siebziger Jahre. Für die Ungleichheitssoziologie gilt infolgedessen das Gleiche wie für die Sozialisationsforschung: Der Pendelausschlag zwischen zwei extremen theoretischen Positionen, von einer einseitig deterministischen der 1970er Jahre zu einer subjektivistischen in den 1980er und 90er Jahren, steht einer angemessenen Analyse sozialer Ungleichheitsverhältnisse im Wege.

Wo steht aber nun eine Sozialisationsforschung, die aus dem Dilemma des Pendelausschlags ausbrechen will? Wo sind Anknüpfungspunkte für die Weiterführung der ungleichheitsorientierten Sozialisationsforschung? Eine Korrektur muss sich zunächst die Fehler bewusst machen, die die unzureichende Rezeption der „kritischen Rollentheorie" und die Verbindung der Sozialisationsforschung mit einer individualisierungstheoretisch inspirierten Ungleichheitssoziologie erzeugt haben. Den Anker einer weitergehenden Neukonzeption stellt das Verhältnis zwischen Heranwachsenden und ihrer Sozialisationsumwelt dar. Hurrelmann hat dieses Verhältnis als Interaktion zwischen Individuum und Gesellschaft bezeichnet. Die Entwicklung individueller Handlungskompetenzen und der Einfluss gesellschaftlicher Handlungsanforderungen sollten analog als dialektischer Zusammenhang betrachtet werden. Diese Forderung wurde von der Sozialisationsforschung zwar selbst nicht eingelöst. Es ist aber zweifellos so, dass hieran weiter festgehalten werden muss.

Wie es weiter geht ...

Der anschließende zweite Teil dieser Hinführung wird darum das Programm einer Person-Umwelt-Interaktion weiter führen. Im Mittelpunkt steht die Bedeutung individueller Handlungskompetenzen für die Status- und Lebenschancenzuweisung. Zentraler Ansatzpunkt ist, dass die differenzierte Verteilung von Kompetenzen der Heranwachsenden nicht nur als Ursache für die sozialstrukturelle Positionierung im Erwachsenenalter, sondern bereits als *Wirkung* ungleicher Sozialisationsbedingungen der Heranwachsenden zu betrachten ist. Die ungleichheitsorientierte Sozialisationsforschung muss folglich zwar auf eine soziologisch angeleitete, eingehendere Analyse der Sozialisationsbedingungen ausgeweitet werden. Ich behaupte, dass damit ein deterministischer Kurzschluss, wie er der schichtspezifischen Sozialisationsforschung immer vorgeworfen wurde, vermieden werden kann.

Der Schlüssel zum Verständnis des Verhältnisses zwischen Sozialisation und Ungleichheit soll also in der Analyse der Ursachen für die ungleiche Verteilung von Handlungskompetenzen gesucht werden. Die Entwicklung eines Subjekt- und Handlungskonzepts, das das Wechselverhältnis zwischen der sozialen Strukturierung der Handlungsfähigkeit und ihrer Wirkung auf individuelle Lebensplanung enthält, ist infolgedessen der eigentliche Kern dieses Vorhabens. Aus diesem Grund schlage ich vor, im Verhältnis zwischen soziologischer Ungleichheits- und Sozialisationsforschung eine Schwerpunktverlagerung vorzunehmen.

Die Darstellung, die bisher den Zusammenhang zwischen sozialer Ungleichheit und Sozialisation vornehmlich aus einer sozialisationstheoretischen Perspektive beinhaltete, soll jetzt umgedreht werden. In das Zentrum tritt ein ungleichheitstheoretischer Ansatz, der Phänomene sozialer Ungleichheit in den Mittelpunkt stellt. Dabei wird zu erkennen sein, dass die Ungleichheitssoziologie Pierre Bourdieus einen fruchtbaren Beitrag für die Vermittlung von Ungleichheits- und Sozialisationsforschung darstellt. Dabei werden zunächst die allgemeine Soziologie Bourdieus, dann sein ungleichheitstheoretischer Forschungszugang und schließlich der sozialisationstheoretische Gehalt seiner Forschung im Mittelpunkt stehen.

5 Der Input durch die Sozialraum- und Habitusforschung

Sozialisationsforschung der nach-schichtspezifischen Epoche scheitert an ihren selbst gesetzten Maßstäben. Mit der Kritik an einseitig objektivistischen oder integrationslastigen Ansätzen war ursprünglich der Anspruch verbunden, neben der Vergesellschaftungs- die Individuationsperspektive im Erkenntnis- und Forschungsprozess zu berücksichtigen. Hierdurch sollte ein Bezugsrahmen erstellt werden, der neben der Analyse äußerer Sozialisationseinflüsse offen genug ist, um die Entwicklung zu eigenständig handlungsfähigen Subjekten, mithin auch die entgegengesetzte Einflussnahme der Heranwachsenden auf ihre Sozialisationsumwelt zu untersuchen. Das Interesse richtete sich darauf, nicht nur einen statischen Reproduktionsprozess, sondern individuellen und sozialen Wandel erklären zu können. Damit sollte schließlich ein Sozialisationsverständnis begründet werden, das die Möglichkeit autonomer und von den Strukturen der Sozialisationsumwelt emanzipierter Ich-Entwicklung einschließt. Das Programm der Mehrebenenanalyse sowie die richtungsweisende Forderung, das Verhältnis zwischen Individuum und Gesellschaft – analog Person-Umwelt, Vergesellschaftung-Individuation – als interaktives, obendrein sogar als dialektisches zu begreifen, ist unzweifelhaft die richtige Konsequenz aus den Defiziten einer ausschließlich auf die Vergesellschaftungsperspektive reduzierten Sozialisationsforschung. Unabhängig davon, ob diese im engeren Sinne mit so unterschiedlichen Traditionen wie dem Strukturfunktionalismus oder dem schichtspezifischen Paradigma verbunden wird. Ein Scheitern dieser Forschung lässt sich daher erst ex post, also aus heutiger Perspektive bemessen. Und dies vor allem auf Grundlage der maßgeblichen Befunde dieser Forschung.

Die Diagnose des Subjektzentrismus verdeutlicht, dass im Besonderen das Verständnis eines interaktiven oder dialektischen Person-Umwelt-Verhältnisses nicht zur Anwendung gelangt. Das Mehrebenenmodell, welches die Wechselseitigkeit von Sozialisationseinflüssen und Sozialisationswirkungen beschreiben soll, besitzt bis heute lediglich Appellcharakter. Im Besonderen die hier kritisierte Ungleichheitsdesorientierung der Sozialisationsforschung seit Beginn der 1980er Jahre führt vor Augen, dass die Vergesellschaftungsperspektive nicht um die Individuationsperspektive ergänzt, sondern durch diese ersetzt wurde. Demgegenüber soll nun unter Rückgriff auf die Sozialtheorie Pierre Bourdieus ein alternatives theoretisches Verständnis in der Sozialisationsforschung angeleitet werden. Dabei besitzt Bourdieu, wie ausführlich zu erörtern sein wird, keinen originär sozialisationstheoretischen Ansatz. Bourdieu soll hier daher auf Grundlage und aus Sicht seiner Ungleichheits-, Macht- und Herrschaftssoziologie vor allem auf den Gegenstandsbereich der ungleichheitsorientierten Sozialisationsforschung bezogen werden. Das von ihm in Anspruch genommene relationale Paradigma beansprucht, soziale Realität nur als unauflöslichen Zusammenhang zwischen individuellen Verhaltensweisen und der Struktur der Situationen, in denen soziale Akteure handeln, abbilden zu können. Infolgedessen wird von Bourdieu ein allgemein-soziologisches Praxisverständnis angewendet, das in der Sozialisationsforschung dazu beitragen kann, den von ihr selbst gesetzten Erkenntnismaßstäben interaktiver und dialektischer Vermittlungsprozesse zwischen den Gegenstandsbereichen Individuum und Gesellschaft zu entsprechen.

Zum Umgang mit Bourdieu

Bourdieus Untersuchungen enthalten eine Vielzahl unterschiedlicher Forschungsfelder.[15] Die thematische Vielfalt beinhaltet jedoch zugleich inhaltliche Kohärenz: Den übergreifenden Gestus seiner Arbeiten stellt die „Kritik der gesellschaftlichen Ordnung" (Bourdieu 1992a: 18) dar. Bourdieus Untersuchungen stehen – unabhängig von ihrem ethnologischen, philosophischen oder soziologischen Bezug – in der Tradition einer kritischen Sozialwissenschaft oder sogar der „Kritischen Theorie" der Gesellschaft. Unablässig gilt Bourdieus Interesse, in bewusster Fortführung der Begrifflichkeit des soziologischen Klassikers Max Weber, der Machtverteilung innerhalb der Gesellschaft, die auch unter den Bedingungen des sozialen Strukturwandels aufrecht erhalten wird. Bourdieu untersucht die ungleiche Verteilung sozialer Macht nicht nur an dafür prädestinierten Erkenntnisobjekten wie dem Staat, dem Geschlechterverhältnis oder dem Bildungssystem. Für ihn sind insbesondere alltagsästhetische Phänomene wie „Benimmkodi" (wie esse ich, was esse ich, mit wem esse ich etc.), Wertpräferenzen (Stellungnahme zu Religionsfragen, Verhältnis zur Ökonomie etc.) und alltägliche, routinierte Verhaltensweisen (der Sport, das Fernsehprogramm etc.) von hohem Interesse. Nach Bourdieu bezeichnen diese Bereiche in der Wissenschaft die bisher wenig beachtete symbolische Dimension sozialer Ungleichheit, die aber indes ungleich große Wirkungen in der Realität hat. Auf diese symbolische Dimension sozialer Ungleichheiten richtet Bourdieu in seiner empirischen Forschungstätigkeit den Schwerpunkt, die symbolischen Ausdrucksformen sozialer Akteure werden von Bourdieu in eine Theorie der Produktion und Reproduktion sozialer Ungleichheit integriert.

---

[15] Mit ethnologischem, philosophischem und soziologischem Gehalt. Es liegen bereits sehr früh eine Reihe von Darstellungen vor, die ausführlich und allgemein in Bourdieus Biographie, seine begrifflichen und theoretischen Grundlagen sowie die wichtigsten Forschungsarbeiten einführen (Schmeiser 1986; Liebau 1987; Schwingel 1993: Kap. 1–3 und 1995; Herz 1996 sowie die Beiträge in den Sammelveröffentlichungen von Liebau/Müller-Rolli 1985; Eder 1989a; Gebauer/Wulf 1993; Mörth/Fröhlich 1994; Krais/Gebauer 2002). Hier wird also sehr bewusst etwas voraussetzungsreicher auf die Theorie Bourdieus zurückgegriffen.

Das umfangreichste Werk Bourdieu stellt seine Studie *Die feinen Unterschiede* (Bourdieu 1982) dar. Diese stellt das bis heute bekannteste Beispiel seines Versuchs dar, die Reproduktionsstrategien sozialer Gruppen auch unterhalb der Ebene der Sichtbarkeit aufzudecken. Diese Reproduktionsstrategien bezeichnen nach Bourdieu den:

„Gesamtkomplex phänomenologisch höchst unterschiedlicher Praktiken, mit deren Hilfe die Individuen und Familien unbewusst wie bewusst ihren Besitzstand zu erhalten oder zu mehren und parallel dazu ihre Stellung innerhalb der Struktur der Klassen zu wahren oder zu verbessern suchen." (Bourdieu 1982: 210)

Bourdieus Befunde in *Die feinen Unterschiede*, die ihn hierzulande erst populär machten, dürfen aber interessanterweise nicht von ihrer Stellung in der gesamten Werkgeschichte abgeschnitten werden. Sie stehen in enger Verbindung zu seinen ethnologischen Untersuchungen, im Besonderen zur ethnologischen Methode, und stellen die „Summe" (Egger/Pfeuffer/Schultheis 1996) der vorangegangenen Studien zum französischen Bildungssystem sowie zum klassenspezifischen Kunst- und Kulturkonsum dar. Sie konzentrieren das schon seit Beginn der 1960 Jahre primäre Anliegen Bourdieus, eine zusammenfassende Konzeption in der Soziologie sozialer Ungleichheit zu entwerfen, die sowohl auf individuelle Handlungsmuster und Ressourcen als auch auf institutionelle Handlungsrahmungen (Zwänge wie Ermöglichungen) abhebt. Dieser Zusammenführung einer großen Anzahl von Forschungsthemen muss nachgegangen werden, wenn man eine Gesamtkonzeption, verstehen will, die auch für die Sozialisationsforschung Bedeutung erlangt hat. Die Darstellung hier beabsichtigt darum, aus Bourdieus großtheoretischem Entwurf, den er selbst als *Theorie der Praxis* bezeichnet, die grundlegenden Annahmen und Erkenntnisse zu rekonstruieren. Zugleich berücksichtigt diese Rekonstruktion einen ganz systematischen Bezug, der die Anwendung von Bourdieus Erkenntnissen für diese Hinführung verständlich machen soll. Dafür soll zunächst Bourdieus ungleichheitstheoretische Perspektive anhand der zentralen Begrifflichkeiten und Denkfiguren dargestellt werden. Insbesondere mit der *Sozialraum-Lehre* ist ein allgemeines Gesellschafts-, Herrschafts- und Ungleichheitsverständnis verbunden, das der Sozialisationsforschung gegenübergestellt werden kann. Wir werden damit auch im Rahmen dieser basalen Einführung Einblicke in die Mechanismen sozialer Machtverteilung erhalten, die uns im Alltag zumeist verborgen bleiben. Und ich würde behaupten, die mit dem „Import" des Individualisierungsparadigmas in die Sozialisationsforschung in den 1980er Jahren (zeitgleich zur Forschung Bourdieus also) sogar in der wissenschaftlichen Forschung verborgen geblieben sind.

Die zunächst folgenden Ausführungen beginnen mit Bourdieus praxeologischer Grundlegung sozialwissenschaftlicher Erkenntnis. Dabei werden nicht nur unentbehrliche wissenschaftstheoretische Grundlagen Bourdieus erläutert, die für die Betrachtung der Sozialwissenschaften insgesamt Bedeutung haben. Die Vermittlung zwischen den einseitig objektivistischen und subjektivistischen Erkenntnisweisen soll direkt auf jene andauernde Entgegensetzung der beiden zentralen Erklärungsmuster in der Sozialisationsforschung angewendet werden. Die praxeologische Erkenntnisweise verspricht damit, den erkenntnistheoretischen Gegensatz zwischen einem Vergesellschaftungspol der älteren und dem Individuationspol der jüngeren Ansätze in der Sozialisationsforschung zu überwinden.

5.1 Zwischen den Erkenntnispolen – Objektivismus und Subjektivismus

Seinen Ausgang nimmt Bourdieus Denken von einem Gegensatz, den er als erkenntnistheoretischen Gegensatz bezeichnet (also als Gegensatz in der Art und Weise, wie die Realität wahrgenommen wird). Bourdieu behauptet, dass das zentrale Problem jeder Sozialwissenschaft – der Soziologie ebenso wie der Erziehungswissenschaft, Ethnologie, Geschichtswissenschaft – die Vermittlung zwischen scheinbar unverträglichen Perspektiven des Erkennens und Verstehens darstellt. Bourdieu unterscheidet dabei einander widersprechende Ansätze, welche die Wissenschaft vom Sozialen in zwei ihrem Grundsatz nach unvermittelbare Positionen aufteilt. Als polar entgegengesetzt bezeichnet er die Traditionen einer *objektivistischen* und einer *subjektivistischen* Erkenntnisweise. Bourdieus zusammenfassende Position beansprucht, das sei vorausgeschickt, diese unterschiedlichen Auffassungen gleichermaßen zu erfassen und so die je spezifischen Antinomien (unauflösliche Widersprüchlichkeiten), in die beide Erkenntnisweisen isoliert voneinander einmünden, durch ein einheitliches Konzept – die *Theorie der Praxis* oder auch die *praxeologische Erkenntnisweise* – aufzulösen.[16]

Die objektivistische Erkenntnisweise

Die Vorbehalte gegenüber einer rein objektivistischen Haltung entwickelt Bourdieu in seiner frühen Auseinandersetzung mit der ethnologischen Forschung. Als

---

[16] Kaum ein Text Bourdieus entlässt den Leser aus dieser erkenntnistheoretischen Reflexion, welche die Grundlage des praxeologischen Ansatzes darstellt. Als kohärente, also zusammenfassende Darstellungen seiner erkenntnistheoretischen Überlegungen, auf die hier zurückgegriffen werden soll, gelten vor allem *Entwurf einer Theorie der Praxis* (Bourdieu 1976: Teil II) und *Sozialer Sinn* (Bourdieu 1987: Buch I; instruktiv zudem Bourdieu 1970a und 1992d; sekundär Wacquant 1996). Im *Entwurf einer Theorie der Praxis* wird angemerkt, dass die Ausführungen zur Praxeologie auf Grundlage von Aufzeichnungen der Jahre 1960 bis 1965 verfasst wurden. Der Zeitpunkt der Entstehung dieser Kernüberlegungen, die Bourdieus Werk die spezifische Dynamik verleihen, kann daher nicht früh genug vermutet werden.

objektivistisch bezeichnet er einen epistemologischen (erkenntnistheoretischen) Standpunkt, von dem aus die gesellschaftlichen Strukturen, in denen Akteure handeln, einseitig hypostasiert (also übersteigert) werden. Die objektivistische Betrachtungsweise findet ihre Entsprechung in der Weiterführung der sogenannten strukturalistischen Denkweise (für die beispielhaft Emile Durkheim steht), des ökonomistischen Standpunkts (für den bei Bourdieu Karl Marx steht) sowie in der Gestalt des strukturalistischen Marxismus Louis Althussers, der strukturalen Linguistik Ferdinand de Saussures und der strukturalen Anthropologie nach Claude Lévi-Strauss. Der objektivistische Standpunkt ist also disziplinübergreifend in den gesamten Sozialwissenschaften, der Philosophie und den Sprachwissenschaften ausgeprägt und es kennzeichnet nach Bourdieu eine herausragende Leistung, dass dieser Ansatz die gesellschaftliche Realität durch mehr als nur das autonome Handeln Einzelner, sondern durch tiefer liegende Gründe zu erklären versucht, die sich dem individuellen Bewusstsein entziehen. Der strukturalistisch-objektivistische Standpunkt hebt hier auf die Bedeutung von Strukturen ab (offensichtliche wie das Rechtssystem, unsichtbare aber dabei umso wirksamere wie ein bestimmtes Normensystem in einer Gesellschaft, die das Denken, Einstellungen und Handlungsmuster strukturieren). Gleichwohl muss sozialwissenschaftliche Erkenntnis notwendig den Bruch mit einem reinen Objektivismus vollziehen. Das Defizit der objektivistisch-strukturalistischen Tradition – so grob vereinheitlichend diese Zusammenfassung auch ist[17] – besteht nach Bourdieu darin, konkretes menschliches Handeln lediglich aus dem verinnerlichten oder äußeren Zwang vorgelagerter sozialen Bedingungen abzuleiten. Bourdieu bezeichnet diese Form der Soziologie als Sozialphysik, als das Eindringen des mechanistischen Denkens der Natur- in die Sozialwissenschaft:

„Das heißt, mit anderen Worten, daß wir alle die Theorien aufzugeben haben, die explizit oder implizit die Praxis zu einer mechanistischen, durch die vorhergehenden Bedingungen unmittelbar determinierenden Reaktionsform stempeln, worein zugleich die Unterstellung eingeht, daß jene auf das mechanische Funktionieren vorgängig aufgestellter Apparaturen wie ‚Modelle', ‚Normen' oder ‚Rollen' zu reduzieren seien [...]." (Bourdieu 1976: 169)

---

[17] Dabei darf nicht übersehen werden, dass Bourdieu die referierten Ansätze bewusst, zum Zwecke der Gegenüberstellung, auf vereinseitigende Aussagen reduziert. Mit dieser Methode wird von ihm oftmals grobschlächtig verfahren. Hier sei einerseits auf das Beispiel verwiesen, dass Bourdieu die erkenntnistheoretische Perspektive der Vertreter der älteren Frankfurter Schule zu Unrecht auf einen einseitig objektivistischen Standpunkt festlegt (Vgl. etwa Bourdieu 1991a: 270, ähnlich Bourdieu 1982: 602, 798; dagegen Bauer/Bittlingmayer 2000). Eine besonders fruchtbare Verknüpfung mit der interaktionistischen Tradition (s. o.), zumal dem von Bourdieu unbeachteten G. H. Mead, schlägt auf Grundlage des bei beiden Theoretikern zentralen Sinn-Begriffs äußerst überzeugend Hans-Josef Wagner (1993) vor.

Dieser Ineinssetzung von solchen deduktiven (also aus der Struktur abgeleiteten) Annahmen über die soziale Realität mit dieser Realität selbst (oder in Anlehnung an Marx: die Sache der Logik für die Logik der Sache zu halten) steht Bourdieu skeptisch gegenüber. Kritisch sagt er, dass einer solchen Sichtweise ein „Strukturrealismus" korrespondiert (Bourdieu 1976: 164), der wissenschaftlich konstruierte Modelle verdinglicht, also für real wirksam hält. Aus dem Blick gerät somit – wenn man hier einmal mit Hurrelmann und der neueren Sozialisationsforschung sprechen möchte, dessen Kritik an den deterministischen Modellen der schichtspezifischen Sozialisationsforschung durch Bourdieu sofort Unterstützung erfährt – der Prozess der aktiven Verarbeitung der Realität, die jedem individuellen Handeln vorausgeht. Strukturen handeln also nicht selbst, könnte man mit Bourdieus Kritik im Rücken sagen. Der objektivistische Standpunkt besitzt durch seine Fixierung auf Strukturen und „Regeln", die das Handeln rahmen, keine Perspektive, die den subjektiven Handlungssinn einfangen könnte. Oder anders ausgedrückt, er besitzt keine akteurs- und handlungstheoretische Perspektive. Die Menschen selbst werden in objektivistisch-strukturalistischen Modellen auf die Funktion von *Materieteilchen* reduziert. Das Individuum erscheint lediglich noch als bewusstloses „Ersatzsubjekt" (Wacquant 1996: 26), das nur auszuführen vermag, was der/die Forscher/in als ein regelgeleitetes Verhalten voraussagt. Bourdieu selbst sagt dazu:

> „Eine Handlung, das ist kein bloßer Vollzug einer Regel, ist nicht: Befolgen einer Regel. In den archaischen ebensowenig wie in unseren Gesellschaften sind die sozialen Akteure keine nach mechanischen Gesetzen, die sich ihrem Bewusstsein entziehen, geregelten Automaten gleich Uhren." (Bourdieu 1992a: 28)

Demgegenüber beabsichtigt Bourdieu, „die leibhaftigen Akteure wieder ins Spiel [zu] bringen, die [...] dadurch eskamotiert worden waren, daß man sie zu Epiphänomenen der Struktur erklärt hatte." (Bourdieu 1992a: 28) Die Einbeziehung konkreter Akteure, die vorher „eskamotiert" (weggezaubert) worden waren, bedeutet, dass diese Akteure die soziale Welt aktiv konstruieren und ihr Handeln an realen Handlungsentwürfen ausrichten. Diese Auffassung beinhaltet nach Bourdieu aber die dem Objektivismus entgegengesetzte *subjektivistische Tradition* in den Sozialwissenschaften. Ihr ordnet er phänomenologische (Alfred Schütz), ethnomethodologische (Harold Garfinkel) und symbolisch-interaktionistische (George Herbert Mead) Ansätze zu, deren gemeinsames Merkmal in der Konstruktion eines Alltagsverstandes der handelnden Akteure besteht. Dieser Alltagsverstand erst – so Bourdieu im Anschluss an den Soziologen Alfred Schütz – erlaubt die Einsicht in subjektive Relevanzsysteme, an subjektive Zielsetzungen und dahinter liegende subjektive Konstruktionen also, die erst die motivationale Basis für individuelles Handeln darstellen.

Die subjektivistische Erkenntnisweise

Nach Bourdieu kennzeichnet das Fehlen der Konstruktion kognitiver Muster der Realitätsaneignung und -verarbeitung das grundlegende Versäumnis des Objektivismus. Indem dieser aus einer übergeordneten Strukturperspektive statistische Regelmäßigkeit mit der realen Existenz universal gültiger Handlungsnormen gleichsetzt, entgeht ihm, dass die sozialen Akteure regelkonform nur dann handeln, wenn sie mit dieser Norm einen subjektiven Handlungssinn verbinden können (Bourdieu 1992c: 109, 1998e: 14 ff.). Bourdieus Forderung an die Soziologie, gleichzeitig eine „Soziologie der Perzeption der sozialen Welt [...], das heißt, eine Soziologie der Konstruktion der unterschiedlichen Weltsichten, die selbst zur Konstruktion dieser Welt beitragen" (Bourdieu 1992d: 143) zu beinhalten, baut also auf den Ergebnissen dieser subjektivistischen Erkenntnisweise auf. Zugleich darf aber die Soziologie nicht umgekehrt die mit dem Subjektivismus verbundene Mikro- oder Akteursperspektive einseitig überbetonen. Damit geht nach Bourdieu die Gefahr einher, rein subjektive Erkenntnismodi (der sozialen Akteure) gegenüber der Existenz objektiver Wahrnehmungs- und Erfahrungsbeschränkungen über zu bewerten, die dem/der Einzelnen eben nicht unmittelbar einsichtig werden. Jenes unmittelbare Vertrautheitsverhältnis mit der sozialen Umwelt, das der Subjektivismus anvisiert, basiert auf einem „sozialen Wissensvorrat" (Alfred Schütz), der seinerseits von sozialen Strukturen (etwa der Struktur der Klassenverhältnisse) abhängig ist, die außerhalb der Reichweite individueller Primärerfahrungen liegen (vgl. Bourdieu 1976: 155; vgl. auch Dallinger 1996). Beschränkt sich der Subjektivismus daher lediglich auf die Wiedergabe der Begründungen, die die Einzelnen mit ihrem eigenen Handeln verbinden – jene „Bestandsaufnahme des krud Gegebenen" (ebd.: 150) –, vergibt er sich die Einsicht in zumeist nicht-wahrnehmbare strukturelle Handlungszwänge. Die sinnlich vermittelte, individuelle Wahrnehmung der sozialen Welt sowie die Konstruktion einer eigenen Weltsicht ist in das strukturierte System der sozialen Beziehungen, in die Relation unterschiedlicher Weltsichten eingebunden, die selbst von der sozialen Stellung und Gruppenzugehörigkeit abhängig sind (hierzu Bourdieu 1970b: 18 f.) Handlungs- sowie noch stärker Denk- und Wahrnehmungsmuster sind der Tendenz nach an eine bestimmte Position im sozialen Raum vorangepasst (Bourdieu 1992d: 146).

Der Subjektivismus, der sich gegen diese Einsicht verwehrt, bleibt nach Bourdieu auf einer falschen Ebene stehen. Er nennt diese Ebene „Spontansoziologie". Diese gelangt über die Interpretation der sozialen Welt, die schon die sozialen Akteure selbst liefern, nicht hinaus. „Wer dieser Illusion verfällt" – so Bourdieu/ Boltanski (1981: 104 f.) – „läßt sich ein Konstrukt – wenn nicht gar eine offizielle Definition der Welt – vorgeben, anstatt mit diesem äußeren Schein zu brechen und wirklich die Konstruktionsregeln zu rekonstruieren." Wenn man von hier aus einen ersten Bogen spannen will, denkt man tatsächlich an die Sozialisationsforschung der 1980er und 90er Jahre, in der Stichworte wie „die eigene Welt der Kinder" (BMFSFJ 1998: 17) oder die Welt der Jugendlichen „als Werk ihrer Selbst" (Fend 2000: 205; zit. nach Zinnecker 2000: 280) weit in die öffentliche Diskussion vordrangen und damit forschungspraktische Vereinfachungen produzierten. Sie verbanden sich mit einer Haltung, die den Heranwachsenden ein Maß Handlungssouveränität und -autonomie zuspricht, dessen Erklärung eine genuin soziologische Analyse erst zu ihrem Erkenntnisgegenstand erheben muss. Stellt das schon den Gegenpol einer soziologischen Reflexion, die Bourdieu anstoßen will dar?

In einem seiner Hauptwerke, dem Buch *Sozialer Sinn* (Bourdieu 1987), setzt sich Bourdieu kritische mit der Philosophie Jean-Paul Sartres und der Theorie des rationalen Handelns (Rational choice) auseinander. Beide Ansätze ordnet er dem subjektivistischen Paradigma zu und beiden wirft er „anthropologische Fiktionen" (Bourdieu 1987: 87) vor, die einer subjektzentrierten Fehleinschätzung entspringen, die Handlungsstrukturen nicht anerkennt: „So macht Sartre, da er nicht anerkennen kann, was *dauerhaften Dispositionen* und *wahrscheinlichen Eventualitäten* ähnlich wäre, aus jeder Handlung eine Art vorgeschichtslose Konfrontation zwischen Subjekt und Welt." (Ebd.: 79) Bourdieu selbst spitzt diese Konfrontation mit der Erkenntnisweise des Subjektivismus zu:

> „Indem der Interaktionismus [hier synonym für alle subjektivistischen Ansätze; Anm. d. A.] [...] stillschweigend all das ausschließt, was die Interaktionen und deren Repräsentationen in den Individuen [...] Strukturen schulden, übernimmt er implizit die Spontantheorie des Handelns, die das Handlungssubjekt und dessen Repräsentationen zum letzten Prinzip [...] erhebt" (Bourdieu 1976: 150; vgl. auch Bourdieu 1970b: 19).

Im Fazit ist Bourdieu also eindeutig: Jener den subjektivistischen Ansätzen eingeschriebene „Hang zum Intellektualismus" (Bourdieu 1976: 141), in dessen Gefolge alle „gesellschaftlichen Beziehungen [...] auf solche der Kommunikation und alle Interaktionen auf symbolische Tauschbeziehungen" (ebd.: 140 f.) reduziert werden, lehnt Bourdieu ebenso vehement wie einen entsprechenden objektivistischen, also akteursblinden Gegenpol ab. Bourdieus *Soziologie der Praxis* ist konstitutiv auf die Vermittlung beider gegensätzlichen Erklärungsansätze ausgerichtet. Erkenntnisweisen also, die in einer subjektivistischen oder umgekehrt objektivistischen Version individuelles Handeln lediglich in den „Varianten rationalen Handelns oder mechanischer Reaktion" (Bourdieu 1981 [1974]: 169) erfassen können. Beiden polar entgegengesetzten erkenntnisleitenden Ansätzen für sich genommen kommt also eine erkenntnishemmende Funktion zu.

Zwischen den Erkenntnispolen 115

Die Soziologie der Praxis

Bourdieus Begründung der eigenen praxeologischen Erkenntnisweise baut hierauf auf. Den mit dem zentralen Gegensatzpaar aus Objektivismus und Subjektivismus verbundenen, jedoch lediglich isolierten Einsichten kommt in Bourdieus Praxeologie also beiderseits unbedingt Berechtigung zu. So kann eine *Soziologie der Praxis* weder auf die Analyse objektiver Strukturen der Lebensbedingungen sowie der Strukturierung der Wahrnehmungs-, Denk- und Handlungsdispositionen verzichten noch auf die Analyse subjektiver Sinnkonstruktionen und individueller Handlungsmotivationen. Bourdieus Programm eines „verallgemeinerte[n] Materialismus" (Bourdieu 1987: 37), das durch Max Weber seine entscheidenden Impulse erhält, soll diese Vermittlung herstellen (vgl. auch H.-P. Müller 1992: 13). Dieser – wenn man in den Fachbegriffen einer wissenschaftstheoretischen Verortung spricht – im Prinzip erweiterte Materialismus bezweckt, das individuelle Empfinden, kognitive Muster und die Rationalisierung der Wirklichkeit in den soziologischen Erkenntnisprozess mit einzuschließen (Bourdieu 1992a: 31).

Nimmt man diesen Ansatz Bourdieus wieder dort auf, wo er praktisch wird, bedeutet dies, dass ein klares Hauptinteresse erkennbar ist. Dieses wird darauf gelegt, die symbolische Ebene der individuellen Ausdrucksformen mit der strukturellen Ebene der vorgegebenen objektiven Bedingungen, der tatsächlichen und handgreifbaren Lebensbedingungen (das Einkommen, die Wohnlage, der Beruf etc.) zu verknüpfen. Diese „materialistische Infragestellung" soll damit auch auf solche Bereiche übertragen werden, die bislang von ihr unberücksichtigt blieben, die symbolischen Bereiche der kulturellen Ausdrucksformen (alle alltäglichen Dinge, der Fernseh- Musik- und Autogeschmack) und die „Kulturproduktion an erster Stelle." (Bourdieu 1989: 395) Die damit verbundene Annahme, die in eine Theorie der Ungleichheit eingeht, will zeigen, dass sich Machthierarchien der Tendenz nach in den Beziehungen der Menschen untereinander, in den symbolischen Machtbeziehungen, niederschlagen. Durch diese symbolischen Beziehungen werden aber die tatsächlichen Machthierarchien verstärkt und schließlich reproduziert (Bourdieu 1992d: 149). Oder in kurz: Wer hoch hinaus will, zeigt dies mit seinem Lebensstil (das große Auto, die teuren Gemälde etc.) und übt damit etwas ein, was in den Sphären der Macht notwendig ist. Was dies auch in umgekehrter Hinsicht bedeutet, erläutern später noch Beispiele. Hier ist zunächst wichtig, dass Bourdieu etwas Besonderes gelingt, wofür er in der sozial- und erziehungswissenschaftlichen Debatte heute sehr hoch geschätzt wird. Er unterscheidet die symbolische (das ist die subjektive Ebene) von der strukturellen Sphäre (der objektiven Ebene). Zwar stellt diese Unterscheidung eine zum Zweck der Analyse vorgenommene künstliche Trennung dar. Sie ist aber da und erlaubt damit, einen subjektivistischen und einen objektivistischen Erkenntnispol zu berücksichtigen, ohne einen von beiden auszuschließen.

Pierre Bourdieu orientiert sich hier – am Kern seiner Theorie – abermals an dem deutschen Soziologen Max Weber, der bereits vor etwa einhundert Jahren die begriffliche Unterscheidung zwischen „Klasse" und „Stand" vorgenommen hat, um Ungleichheiten zu beschreiben. Auch diese Unterscheidung beinhaltet nur einen analytischen Gegensatz, der Bourdieu zufolge paradigmatisch für den Versuch steht, symbolische Ungleichheiten mit jenen der Struktur (den ökonomischen Ungleichheiten) zu vermitteln. Bourdieu schreibt zu Weber:

> „Um die Weberschen Untersuchungen in ihrer ganzen Bedeutung und Tragweite zu erfassen, wäre es indessen geraten, hierin [in der Unterscheidung von „Klasse" und „Stand"; Anm. U. B.] eher rein *nominelle* Einheiten zu sehen, die, mehr oder minder vollständig, die Wirklichkeit je nach Gesellschaftstyp methodisch restituieren können, gleichwohl aber als *Ergebnis der Entscheidung anzusehen sind, entweder den ökonomischen oder den symbolischen Aspekt hervorzuheben.*" (Bourdieu 1970c: 58 f.)

Wenn Bourdieu über das Programm eines verallgemeinerten Materialismus schreibt, meint er also grob gesprochen eine Zusammenführung von Materialismus und Idealismus (in der philosophischen Tradition getrennte Traditionen). Dies bildet die Grundlage für seine eigene, praxeologische Erkenntnisweise. Diese ist in vielen Arbeiten auf den Erkenntnisgegenstand der sozialen Ungleichheit ausgerichtet. Und Max Webers Überlegungen markieren nach Bourdieu erstmals einen Verbindungspunkt, der es erlaubt, die widerstrebenden Positionen des Materialismus und Idealismus oder, dazu analog, einer objektivistischen und subjektivistischen Erkenntnisweise zu vermitteln (Bourdieu 1987: 37). „Klasse" und „Stand" kennzeichnen die analytische Unterscheidung zweier Erkenntnisweisen, die bei Bourdieu in die Analyse der ungleichen Machtverteilung notwendig vereint eingehen müssen. Die symbolischen Repräsentationen und die Struktur der ökonomischen Verhältnisse bedingen nach Bourdieu also einander. Abermals hierzu Bourdieus eigene Zusammenführung der soziologischen Großentwürfe im Hintergrund:

> „Aufgrund der Tatsache schließlich, daß die Reaktion gegen die artifizialistischen [das heißt künstlichen, Anm. d. A.] Vorstellungen über die soziale Ordnung Durkheim dazu veranlaßt, die Äußerlichkeit des Zwangs zu betonen, während Marx bestrebt ist, hinter den Legitimationsideologien die Gewaltverhältnisse aufzudecken, die sie begründen, und deshalb dazu neigt, in seiner Analyse der Auswirkungen der herrschenden Ideologie die reale Wirksamkeit der symbolischen Verstärkung der Kräfteverhältnisse zu bagatellisieren, die aus der Tatsache folgt, daß die Beherrschten die Legitimität der Herrschaft anerkennen, steht Weber insofern in Gegensatz zu Durkheim und Marx, als er sich als einziger ausdrücklich mit dem *spezifischen Beitrag befaßt, den die Legitimitätsvorstellungen zur Ausübung und Perpetuierung der Macht leisten*" (Bourdieu/Passeron 1973b: 13; Hvh., U. B.)

Beharrung und Veränderung

Wenn Bourdieu in der Begründung seiner Theorie genauer wird, etikettiert er das seinem Ansatz zu Grunde liegende theoretische Hauptprinzip als *strukturalistischen Konstruktivismus* oder gleichbedeutend als *konstruktivistischen Strukturalismus* (Bourdieu 1992d: 135). Auch diese Unterscheidung soll die gegensätzlichen Erkenntnisweisen zum Verständnis der Produktion, Aufrechterhaltung und Reproduktion sozial ungleicher Machtverteilung verdeutlichen. Mit *Strukturalismus* oder *strukturalistisch* verbindet er die Analyse objektiver Bedingungen, „die vom Bewusstsein und Willen der Handelnden unabhängig und in der Lage sind, deren Praktiken oder Vorstellungen zu leiten und zu begrenzen." (Ebd.) *Konstruktivismus* oder *konstruktivistisch* etikettiert zunächst nur die Ebene der in der Alltagswelt und -erfahrung verankerten symbolischen Ausdrucksformen. Der *konstruktivistische* Pol erfüllt bei Bourdieu jedoch eine zusätzliche Funktion, er bezeichnet – wie Bourdieu selbst schreibt – ein *doppelt-genetisches Prinzip*: Einerseits die Entwicklung der individuellen Denk-, Wahrnehmungs- und Handlungsschemata, die als abhängig von der Strukturierung der Sozialwelt verstanden werden müssen. Andererseits die Entwicklung der durch individuelle Konstruktionen hervorgebrachten Unterscheidungsprinzipien der sozialen Welt (etwa die aktive Mitwirkung, also Konstruktion, an der Bildung von Ungleichheitshierarchien).

Das strukturalistische und das konstruktivistische Prinzip stehen für die Beziehung zweier Tendenzen, die auch als *Beharrung* (der gesellschaftlichen Strukturbedingungen) und *Veränderung* (durch die immer neuen Konstruktionen) unterschieden werden können (Bourdieu/Boltanski/de Saint Martin 1981: 71). Die Wirklichkeit ist hingegen – darum ist auch diese Unterscheidung nur wieder künstlich – durch die Vermittlung der Beharrungs- und Veränderungskräfte gekennzeichnet. Das Verhältnis zwischen strukturellen Bedingungen, für deren Analyse ursprünglich der objektivistische Pol zuständig war, und dem einzelnen Akteur, für den der Subjektpol einsteht, ist auch in Bourdieus Überlegungen dialektisch vermittelt (siehe Abb. 12). Diesem Verhältnis entspricht – in Bourdieus Theorie – die Beziehung zwischen einem *opus operatum* und dem *modus operandi* (Bourdieu 1976: 164 und Bourdieu 1987: 98).

Opus operatum und *modus operandi* bezeichnen das Prinzip der Vermittlung von Beharrung und Veränderung. Bourdieu spricht etwas verklausulierter von der Vermittlung „der statistischen Regelmäßigkeit oder algebraischen Struktur" objektiver Bedingungen mit dem subjektiven „Erzeugungsprinzip dieser observierten Ordnung" (Bourdieu 1976: 164).

Abbildung 12 Der erkenntnistheoretische Gegensatz zwischen Subjektivismus/ Objektivismus und die Grundlagen der Praxeologie Bourdieus.

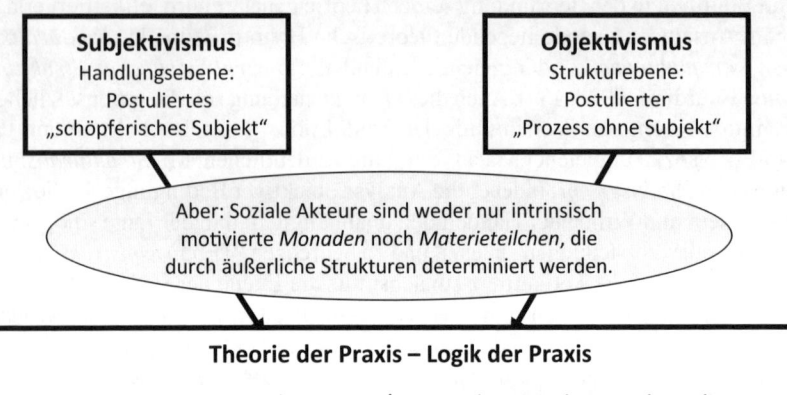

Mit der Struktur verbunden und wie Bourdieu sagt den sozialen Akteuren inkorporiert, also verinnerlicht, ist der auf diesem Prinzip der Vereinheitlichung basierende „Erzeugungsmodus der Praxisformen". Diese tendieren wiederum dazu, „die objektiven Bedingungen, deren Produkt sie in letzter Analyse sind, zu reproduzieren" (ebd.: 165). Bourdieus *Theorie der Praxis* beinhaltet den doppelten Prozess der „Interiosierung der Exteriorität und der Exteriorisierung der Interiorität" (ebd.: 147), erstellt die dialektische Beziehung zwischen den objektiven Strukturen und den strukturierten Dispositionen der handelnden Akteure. Etwas zugänglicher als Vermittlung des *opus operatum* mit dem *modus operandi* auf der Ebene ist die Dialektik zwischen *strukturierter Struktur* – als das System dauerhafter individueller Dispositionen – und *strukturierender Struktur* – als Erzeugungs- und Strukturierungsprinzip von Praxisformen. Bourdieu verwendet diese Begriffspaare nahezu synonym. Beide kennzeichnen zuallererst ein zeitliches Verhältnis: *Strukturierte Struktur* und *opus operatum* stehen für den Vergangenheitsaspekt; das Partizip-Perfekt-Passiv im lateinischen Ausdruck lässt sich als *Werk, das verrichtet worden ist* übersetzen. *Strukturierende Struktur* und *modus operandi* bezeichnen die Aktualität, die jeweils gegenwärtige *Art und Weise, in der gehandelt wird*, gemäß dem Partizip-Präsens-Aktiv. Die beiden Begriffspaare können aber noch unterschiedlichen Perspektiven zugeordnet werden. Ohne dabei zu sehr in die Details einer nicht unkomplizierten Darlegung zu gehen, die begriffliche Unterscheidung zwischen *strukturierter* und *strukturierender Struktur* wird im Folgenden noch auf die Analyse der Tiefenstruktur des Erzeugungsmodus der Praxisformen im Rahmen der Habitus-Theorie angewendet. Das ist besonders wirksam, wenn die dem Habitus inhärente Dialektik zwischen internalisierter und externalisierter Struktur, zwischen Beharrung und Veränderung, deutlich gemacht werden soll.

Praxeologie und Sozialisationsforschung

Bourdieus Begründung der praxeologischen Erkenntnisweise ist gleichzeitig eine Erkenntnis- und eine Wissenschaftstheorie (so weit geht sie in die Rekonstruktionen von Theorien hinein, die weit verstreut in den Sozialwissenschaften, der Philosophie, der Psychologie, der Ethnologie oder der Anthropologie verortet sind). Sie nimmt ihren Ausgang in der Kritik der bisherigen Erkenntnismethoden und mündet schließlich in die Grundlegung der Regeln soziologischer Erkenntnis ein (vgl. Bourdieu/Chamboredon/Passeron 1991 [1968]). Der praxeologische Ansatz bietet zugleich einen konkreten Beitrag zu einer in der Sozialisationsforschung nur unzureichend geführten theoretischen Kontroverse. Die Unterscheidung jener Ansätze, die sozialisationstheoretisch entweder dem Vergesellschaftungs- oder umgekehrt dem Individuationspol zugeordnet werden, ist mit der von Bourdieu so bezeichneten Differenz zwischen Objekt- und Subjektpol übereinstimmend. Mit beiden Gegensatzpaaren ist die Unterscheidung zwischen einer einseitigen Fokussierung auf die Analyseeinheit *Gesellschaft* auf der einen und der Analyseeinheit *Individuum* auf der anderen Seite verbunden. Die Sozialisationsforschung scheiterte bei dem Versuch, beide Analyseeinheiten zu vermitteln. Wir haben bisher von einer Art Theoriependel gesprochen, das zwischen zwei Theoriepositionen, mit viel zu großen Ausschlägen, hin und her schwingt.

Das Theoriependel der nach-schichtspezifischen Sozialisationsforschung schlägt – wie oben bereits genannt – in übervorsichtiger Abgrenzung zu strukturdeterministischen Ansätzen – in die entgegengesetzte Richtung, von der gesellschaftszentrierten in eine subjektzentrierte Perspektive aus. Im Gegensatz zu Bourdieu wird in der Sozialisationsforschung nicht erkannt, dass es sich bei der Unterscheidung zwischen Individuum und Gesellschaft um die Differenz gegensätzlicher Erkenntnisweisen handelt. Beide Erkenntnispole gründen auf unterschiedlichen theoretischen Deutungsmustern, die mit konträren Annahmen über die Strukturen einer Gesellschaft und die Handlungsvoraussetzungen des Subjekts arbeiten. In der Sozialisationsforschung ist der theoriegeschichtlich ältere Vergesellschaftungspol lediglich durch die Perspektive des jüngeren Individuationspols ersetzt worden. Diese Entwicklung wird im Allgemeinen als Erkenntnisfortschritt ausgegeben. Dabei bleibt unerkannt, dass die Befunde aus einer vergesellschaftungstheoretischen Perspektive – so auch die Erkenntnisse des schichtspezifischen Paradigmas – heute in der Sozialisationsforschung ab dann nicht mehr enthalten sind und an wichtiger Stelle fehlen.

Nimmt man Bourdieus Terminologie in Gebrauch, dann treffen spätere Annahmen der Sozialisationsforschung genau jene Kritik, die Bourdieu gegenüber den subjektivistischen Ansätzen der *Spontansoziologie* ausspricht. Das heißt, die aktive und kreative Seite im Aneignungs- und Verarbeitungsprozess sozialer Realität bleibt mit Beschränkungen unvermittelt, die sich aus sozialen Strukturbedingungen ableiten. Viele Ansätze, und wir haben ja das Modell des produktiv realitätsverarbeitenden Subjekts beispielhaft verwendet, können zwar Ausschnitte des bei Bourdieu so bezeichneten *modus operandi* abdecken, keinesfalls jedoch die Seite des *opus operatum*. Im Sinne der Praxeologie muss daraus also geschlossen, dass die Vermittlung der Erkenntnispole des Objektivismus und Subjektivismus nicht gelingen kann, wenn unberücksichtigt bleibt, dass unterschiedliche Erkenntnisweisen zu Grunde liegen, die beide jeweils Berechtigung beanspruchen. Konsequenter als bereits existierende Versuche in der Sozialisationsforschung löst Bourdieu den Gegensatz zwischen *Individuum* und *Gesellschaft* in eine analytische Unterscheidung auf. Er differenziert zudem zwischen den mit beiden Perspektiven verbundenen Einsichten, aber notwendigen Widersprüchen, wenn nur eine der beiden konträren Sichtweisen verwendet wird. Diese erkenntnis- oder wissenschaftstheoretische Reflexion steht in der Sozialisationsforschung noch aus.

Die Praxeologie wurde zunächst nur als eine abstrakte erkenntnistheoretische Grundüberlegung dargestellt. Wie praktisch sie ist, soll im Folgenden die Darstellung der Sozialraum-Lehre und der Habitus-Theorie – Bourdieus wichtigste Analyseinstrumente – zeigen. Sie stellen so etwas wie die konkrete soziologische Verwendung der praxeologischen Methode dar. Dabei dient das Raum-Modell als Hintergrundkonzept, das Bourdieus ungleichheitstheoretische Perspektive einbettet. Ferner dient die Unterscheidung zwischen dem Raum der sozialen Positionen und dem Raum der Lebensstile als eine analytische Trennung, die die wechselseitige Beeinflussung objektiver sozialer Strukturen und subjektiver Verhaltensweisen zu entschlüsseln beabsichtigt. Die unterschiedlichen Formen der Lebensführung bezeichnen nach diesem Verständnis das wirksamste Mittel der Aufrechterhaltung sozial ungleicher Lebensbedingungen. Selbst noch die scheinbar gewöhnlichsten Alltagspraktiken stehen nach Bourdieu mit der Struktur der sozialen Ungleichheit in Verbindung. Es stellt darum den wichtigsten Befund für die Perspektive der ungleichheitsorientierten Sozialisationsforschung dar, wie weit selbst Alltagspraktiken in eine Analyse sozialer Ungleichheiten einzubeziehen sind.

5.2 Soziale Positionen und Lebensstile – die Sozialraum-Lehre

Bourdieu besitzt eine spezifische Vorstellung der sozialen Realität, die er in der Regel wie einen Raum definiert, er spricht dabei von einem sozialen Raum. In diesem existieren Positionen, die man einnimmt (zum Beispiel über die Berufstätigkeit) und Praktiken, die Art und Weise also, wie man sich verhält und handelt. Die Struktur der objektiven Lagen und Stellungen bezeichnet Bourdieu als *soziale Positionen*. Individuelle Ausdrucks- und Handlungsformen bezeichnet er als *Lebensstile*. Beide befinden sich in seiner Vorstellung eines Sozialraums in einem Bedingungsverhältnis zueinander. Und hierin spiegelt sich der Bruch mit der Pendelbewegung zwischen einer subjektivistischen und objektivistischen Erkenntnisweise. Unabhängig davon, ob nun die objektiven Strukturbedingungen als unentrinnbare Handlungszwänge oder subjektive Handlungsspielräume als universale Handlungsfreiheit übersteigert werden, Bourdieus Unterscheidung zwischen *Position* und *Lebensstil* im Sozialraum soll beide Sichtweisen wiederum vereinen.

Der Raum der sozialen Positionen ist durch die ungleiche Verteilung materieller und immaterieller Ressourcen gekennzeichnet. Es handelt sich um einen Raum objektiver sozialer Positionen, „die sich wechselseitig zueinander definieren, durch Nähe, Nachbarschaft oder Ferne sowie durch ihre relative Position, oben oder unten oder auch zwischen bzw. in der Mitte" (Bourdieu 1992d: 138). In Bourdieus Terminologie wird der soziale Raum durch die differenzierte Verfügung der sozialen Akteure über Ressourcen, welche Bourdieu als Kapital(ien) bezeichnet, sowohl vertikal als auch horizontal strukturiert (Bourdieu 1982: 212 f.). Bourdieu differenziert drei primäre Kapitalformen oder -sorten, die in der sozialen Laufbahn akkumuliert werden:

Ökonomisches Kapital ist durch die Verfügung über finanzielle Ressourcen gekennzeichnet. *Kulturelles Kapital* existiert in einem inkorporierten (verinnerlichten, körpergebundenen) Zustand der Einstellungs- und Fähigkeitsmuster in Bezug auf die anerkannte legitime Kultur, in einer institutionalisierten (das heißt durch den Bildungstitel legitimierten) und schließlich einer objektivierten, kurz: vergegenständlichten Form des Kunst- und Kulturkonsums (Güter wie Bilder, antique Möbel usw.). *Soziales Kapital* bezeichnet das Netz der für persönliche Zwecke instrumentalisierbaren Kontakte und Beziehungen (vgl. Bourdieu 1997b). Die individuelle Position im sozialen Raum schließlich wird nach dem personengebundenen Volumen des Gesamtkapitals einerseits sowie der Struktur der Kapitalverteilung andererseits bestimmt. Der Kapitalbegriff enthält zusätzlich eine vertikale Struktur. Das heißt, ökonomisches Kapital dominiert die beiden übrigen Kapitalformen, kulturelles das soziale Kapital, dem zudem bei Bourdieu häufig nur eine „Multiplikatorfunktion" zugestanden wird. Es gibt bei Bourdieu aber auch eine Vielzahl zusätzlicher Kapitaldifferenzierungen – so informationelles, juristisches und körperliches Kapital – die noch nicht vollständig in das Sozialraum-Denken einsortiert sind (Bourdieu 1982: 329; 1998f; gute zusammenfassende Darstellung bei Bittlingmayer 2000: 96 ff.). Für das Kapitalkonzept zentral ist die Erweiterung der Ungleichheitsperspektive über die Dimension materieller Ungleichverteilung (etwa Geld) hinaus. Kulturelles Kapital – für das Webers *Stände*-Begriff Pate steht – ist als direkt verantwortlich für die Produktion und Reproduktion ungleicher Status- und Lebenschancen anzusehen. (Vgl. H.-P. Müller 1992: 240; s. u. 4.1.1) *Inkorporiertes Kulturkapital*, die verleiblichte Formen ästhetischer Präferenzen, des Geschmacks und der Werthaltungen, besitzt eine große Schnittmenge mit dem Habitusbegriff, der weiter unten noch vorgestellt wird.

Abbildung 13   Der soziale Raum mit den strukturierenden Hauptprinzipien, dem ökonomischem und dem kulturellen Kapital.
Quelle Schwingel 2000: 106.

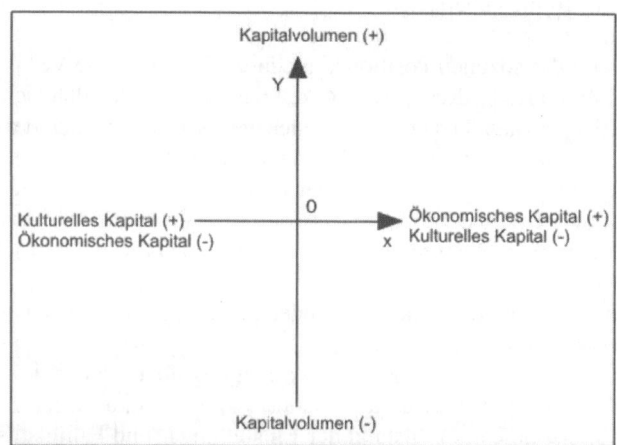

Der soziale Raum, von dem wir bisher sprechen, ist dem geographischen Raum vergleichbar und – wie Bourdieu sagt – objektiv vermessbar (Abb. 13). Anhand der beiden strukturierenden Hauptprinzipien, dem ökonomischen und dem kulturellen Kapital, lassen sich soziale Positionen nach dem zur Verfügung stehenden Kapital-Gesamtvolumen *vertikal* und nach der Kapitalstruktur (entsprechend dem Mengenverhältnis zwischen ökonomischem und kulturellem Kapital) *horizontal* differenzieren. Im sozialen Raum sind individuelle Akteure und soziale Gruppen nach dem Prinzip des Nachbarschaftsverhältnisses durch räumliche Nähe miteinander verbunden oder durch Distanz voneinander getrennt (Bourdieu 1997a). Von der Strukturierung des sozialen Raums nach objektiven Kriterien der Kapitalausstattung unterscheidet Bourdieu den Raum der Lebensstile. Lebensstile bezeichnen demnach symbolische Merkmale der Lebensführung. Sie stellen wahrnehmbare Ausdrucks- und Handlungsformen dar und sind damit sichtbarer als die aus der unterschiedlichen Kapitalverteilung resultierenden, positionsgebundenen Unterscheidungsmerkmale, die Bourdieu primär lediglich auf Grundlage der Berufszugehörigkeit differenziert.

Der Raum der Lebensstile beinhaltet die Gesamtheit der symbolischen Repräsentationen, die durch alltägliches Handeln sowie modale, also an die Lebensbedingungen vorangepasste, Verhaltensweisen erzeugt werden. Bourdieu erstellt auf der Basis statistischer Erhebungen – ausgehend von den ethnologischen Studien in Nordafrika über die erstmals soziologisch fundierte Kulturanalyse der französischen Gesellschaft in *Eine illegitime Kunst* (Bourdieu et al. 1981a [1963]) bis hin zur bisher ausführlichsten Darstellung in *Die feinen Unterschiede* (Bourdieu 1982) – eine Unterscheidung symbolischer Praktiken, die etwa kulturellen Konsum, Freizeit- und Ernährungsgewohnheiten sowie Grundprinzipien der alltagsästhetischen Lebensformen und Lebensgestaltung beinhaltet. Diese sehr feingliedrige Unterscheidung in gegeneinander abgegrenzte Praktiken der symbolischen Lebensführung (so bevorzugte Nahrungsmittel, Autogeschmack, Einrichtungsgegenstände, Sportarten und musische Gewohnheiten) strukturieren den – wie Bourdieu sagt – distinktiven (also Unterschiede erzeugenden) Raum der Lebensstile und konstituieren „die *repräsentierte soziale Welt*" (Bourdieu 1982: 278; vgl. auch Schwingel 1995: 107 f.).

Im Sozialraum lassen sich danach die Hauptcharakteristika der sozialen Positionen und der Lebensstile zu einem übergeordneten Raster gesellschaftlicher Großgruppen zusammenfassen. Bourdieu hält diesbezüglich an der Bezeichnung „Klasse" als Strukturierungsprinzip gegenwärtiger Gesellschaften fest: Klassen stellen auf der Ebene des Raums der sozialen Positionen zunächst nur „Ensembles von Akteuren mit ähnlichen Stellungen" (Bourdieu 1985a: 12) dar. Schärfere Konturen erlangt der Klassenbegriff aber erst durch Einbeziehung der Unterschiede in der Lebensführung. Die Kategorie des *Geschmacks* verdichtet distinktive (also Unterschiede erzeugende) Praktiken zu zusammengehörigen Einstellungs- und Handlungsmustern und fungiert als das hauptsächliche Unterscheidungsmerkmal sozial ungleicher Lebensbedingungen und -formen. Bourdieu unterscheidet zwischen einem *legitimen* bzw. *distinguierten* Geschmack der herrschenden Klasse oder Bourgeoisie, dem *Prätentionsgeschmack* der mittleren Klasse oder des Kleinbürgertums sowie dem *populären* bzw. *Notwendigkeitsgeschmack* der beherrschten oder Volksklasse (Vgl. Bourdieu 1982: 405 ff., 500 ff. und 585 ff.):

> „Der Geschmack bildet mithin den praktischen Operator für die Umwandlung der Dinge in distinkte und distinktive Zeichen, der kontinuierlichen Verteilungen in diskontinuierliche Gegensätze: durch ihn geraten die Unterschiede aus der *physischen Ordnung* der Dinge in die *symbolische Ordnung* signifikanter Unterscheidungen. Er verwandelt objektiv klassifizierte Praxisformen, worin eine soziale Lage sich (über

seine Vermittlung) selbst Bedeutung gibt, in klassifizierende, das heißt in einen symbolischen Ausdruck der Klassenstellung dadurch, daß er sie in ihren wechselseitigen Beziehungen und unter sozialen Klassifikationsschemata sieht." (Bourdieu 1982: 284)

Diese Unterscheidungen kennzeichnen nach Bourdieu jedoch lediglich statistisch konstruierte Klassen. Klassen auf dem Papier, von rein theoretischer Natur nach Bourdieu, die nichts mit dem Klassenbegriff eines orthodoxen Marxismus gemeinsam haben (Bourdieu 1985a; zur Auseinandersetzung Bourdieus mit dem Klassenbegriff von Marx vgl. auch Eder 1989a und Herz 1996: 101 ff.). Die Sozialraum-Lehre und das Klassenkonzept verweisen also regelrecht auf das, was man bei Bourdieu als Kern der relationalen Methode beschrieben werden kann: Der soziale Raum ist ein mehrdimensionaler Raum, in dem die soziale Stellung bzw. die Klassenzugehörigkeit von *Kräfteverhältnissen* abhängt. Was eine Kapitalausstattung Wert ist und ob die eigenen kulturellen Kompetenzen als legitim bzw. illegitim anerkannt werden (Museumsbesuche gegenüber Fernsehkonsum, Golf gegenüber Tischtennis etc.) wird durch eine kollektive, meist unbewusste Bewertungspraxis entschieden. Diese hingegen stellt das Resultat einer je spezifischen Entwicklung, eines Kampfes bei Bourdieu, dar. Sie ist das Ergebnis fortwährender Auseinandersetzungen um die soziale Benennungs- und Bewertungsmacht. Objektiv ungleiche Machtverteilung darf daher nicht – gemäß der praxeologischen Grundannahme – als ein unveränderliches Kräfteverhältnis verstanden werden: „Was existiert, das ist ein Raum von Beziehungen" (Bourdieu 1985a: 12 f.). Solche Beziehungen unterliegen dem Einfluss von Interaktions- und Aushandlungsprozessen.

Dem symbolischen Raum oder Raum der Lebensstile kommt die Funktion der fortwährenden Aktualisierung der Kräfteverhältnisse oder wie man auch sagen könnte, sozialer Machtbeziehungen zu. „Beziehungsarbeit" leisten die distinktiven, voneinander abgegrenzten und Abgrenzung erzeugenden individuellen und kollektiven Praktiken. Geschmacksurteile, alltagsästhetische Präferenzen, Normen und Werthaltungen, Politikhalten etc. spiegeln nicht nur die Stellung im sozialen Raum, sie fungieren zugleich als Unterscheidungsprinzip; sie spiegeln Ungleichheiten also nicht nur, sie schaffen Ungleichheiten. Die Lebensstile bezeichnen einen teilautonomen Bereich der individuellen Lebensführung. Ob sie nun bewusst oder unbewusst (im Sinne bloßer Wiederholung einmal angeeigneter Verhaltensmuster) ausgeübt werden, Lebensstile charakterisieren die aktive Qualität menschlichen Handelns, bei immer etwas Neues geschaffen wird. Mit Hurrelmann könnte man hier auch von der einer Form der produktiven Realitätsverarbeitung sprechen, einem Modus, bei der die vorgefundene Realität so verarbeitet wird, dass sich die Realität verändert. Nur ist dies eben – und das markiert den Unterschied zwischen den Modellen – keine vollständig andere Realität, die geschaffen wird. Die Mittel, um die Realität verändern zu können, und vor allem die Motivation, eine Veränderung vorzunehmen, sind sehr unterschiedlich ausgeprägt. Bourdieu schreibt den Lebensstilen eine in erster Linie konservative, oder genau noch, eine sozial-konservative Funktion zu. Sie halten diejenige Ordnung, in der sie selbst zur Ausprägung gelangen, aufrecht.

Ausgehend von seinem praxeologischen Ansatz eröffnet Bourdieu mit der Unterscheidung der objektiven von der symbolischen Dimension des sozialen Raums eine wichtige theoretische Perspektive. Mit dieser werden Ungleichheiten in der beruflichen Stellung, dem ökonomischen und kulturellen Kapital sowie ungleiche individuelle Handlungsmuster miteinander verbunden. Beide Ebenen befinden sich – und darauf will Bourdieu hinaus – nach dem *Prinzip der Homologie* (der Übereinstimmung) in einem wechselseitigen Abhängigkeitsverhältnis zueinander (hierzu Bourdieu 1982: 286 ff., 367 ff.). Der subjektiven Praxis des Anerkennens und, davon abhängig, der bewussten oder unbewussten Mitwirkung an der Aufrechterhaltung der sozialen Ordnung kommt dabei eine zentrale Vermittlungsfunktion zu. *Die Struktur der vergangenen Ordnung* („opus operatum") wird von dem/der Einzelnen internalisiert und dient als *Erzeugungsgrundlage* („modus operandi") für die neu zu erschaffende Ordnung. Bourdieus „soziokulturelle Klassentheorie" (Müller 1992: 13) radikalisiert hierdurch die Perspektive einer Ungleichheitsforschung. Hierfür sind zwei Gründe anzuführen: Zum Einen wird der Vorwurf, es würde zu ökonomisch gedacht, umgangen. Das, was mit der Ableitung aus den ökonomischen Strukturverhältnissen in den 1970er Jahren noch den Klassen- und Schichttheorien vorgeworfen wurde, vermeidet Bourdieu. Die symbolische Ebene wird nur der Sphäre der Beliebigkeit, Unschuldigkeit und Autonomie scheinbar rein ideeller Praktiken enthoben. Symbolische Ausdrucksformen sind aber nach Bourdieu immer noch „ein Herrschaftsprodukt, dazu bestimmt, Herrschaft auszudrücken und zu legitimieren" (Bourdieu 1982: 359).

Distinktion und Kampf

Lebensstile charakterisieren „symbolische Stellungnahmen" (Bourdieu 1989: 402). Und die Bezeichnung „Stellungnahme" muss hier wörtlich genommen werden: Individuelle und kollektive Praktiken dokumentieren die Stellung im sozialen Raum, sie beziehen Stellung im Vergleich zu anderen Lebensstilen und grenzen die eigene Lebensführung von anderen Stellungnahmen ab. Der Lebensstilansatz, bereits in Bourdieus frühesten Arbeiten präsent, wird im Rahmen der Sozialraum-Lehre sukzessive in das Distinktionsparadigma überführt. In *Die feinen Unterschiede* (im franz. Original: *La distinction*) erreicht dieses Denken seinen Höhepunkt. Lebensstile fungieren darin als distinktive Zeichen, die die relative Distanz bzw. Nähe zu anderen im sozialen Raum befindlichen Formen der Lebensführung dokumentieren. Lebensstildifferenzen dienen als Unterscheidungsmerkmal für die in den Geschmackspräferenzen eingelagerten Klassenbeziehungen:

„Die ästhetische Einstellung bildet somit eine Dimension eines objektiven, Sicherheit und Abstand voraussetzenden, distanzierten und selbstsicheren Verhaltens zur Welt; bildet eine Manifestation jenes Systems von Einstellungen, dessen Existenz sich gesellschaftlichen Bedingungen in Verbindung mit einer ganz besonderen Klasse von Daseinsbedingungen verdankt, nämlich Bedingtheiten, die zu einem bestimmten historischen Augenblick die paradoxe Form einer denkbar umfassendsten Freiheit gegenüber den Zwängen des ökonomischen Notwendigen annehmen." (Bourdieu 1982: 104)

Der Lebensstil bildet nach diesem Verständnis distinktive Lebenspraktiken nicht nur passiv ab, sondern kann Unterscheidungsprinzipien, bis hin zur klassenmäßigen Teilung, aktiv herstellen. Dieses Potenzial besitzen bei Bourdieu jedoch nur die mittlere, vor allem aber die dominierende herrschende Klasse. Die herrschende Klasse distinguiert sich von der mittleren und der Volksklasse, die mittlere ahmt ihrerseits nur die als legitim anerkannten Formen des legitimen Geschmacks nach (bei Bourdieu der Prätentionsgeschmack) und vermag sich damit allein gegenüber der Volksklasse symbolisch abzugrenzen. Letzterer bleibt nach der Darstellung in die *Die feinen Unterschiede* nur noch die Orientierung an dem Geschmack der Notwendigkeit, ein Geschmack, der aus der Not heraus geboren wurde. Hier muss Essen satt machen, Urlaub bedeutet ausruhen und Bilder müssen schön anzuschauen sein (so argumentiert Bourdieu noch, dass die Arbeiterschaft nur Naturbilder schön findet). Der Notwendigkeitsgeschmack lässt keinen Platz für die Ästhetik der modernen Kunst, Müßiggang wird nicht toleriert und der gewählte sprachliche Ausdruck bleibt „den da oben" reserviert. Er eröffnet keine Distinktionsmöglichkeit.

Dieses Modell muss für die Beschreibung heute vielleicht schon als zu statisch angesehen werden. In *Das Elend der Welt* (Bourdieu et al. 1997) gibt es zumindest schon Hinweise darauf, dass die Angehörigen der untersten Klasse, der Volksklasse bei Bourdieu (zumal die jüngeren Fraktionen) das Bedürfnis nach distinktiven Lebensstilpraktiken erreicht hat. Und dennoch, das allgemeine Schema, nach dem der Zugang zum legitimen Geschmack begehrt und nicht allen offen steht, bleibt unverändert erhalten. Gerade das Muster der Distinktion also – „dieses ‚Unterschiede-Machen'" (Bourdieu 1993a: 24) – ist Ausdruck einer privilegierten Stellung im sozialen Raum, soll diese erhalten oder zu erreichen ermöglichen. Die distinktiven Praktiken bemessen sich objektiv an ihrem Unterscheidungswert in Relation zu anderen Praxisformen, die unter anderen sozialstrukturellen Bedingungen erzeugt wurden. Der Unterscheidungsmechanismus funktioniert nach einer Selektivitätslogik: Kulturelle Praxis wirft symbolischen Profit ab, wenn das gewählte Distinktionsschema sich von anderen Geschmacksweisen nach dem Ausschließungsprinzip abgegrenzt: „Eine jede soziale Lage ist mithin bestimmt durch die Gesamtheit dessen, was sie nicht ist, insbesondere jedoch durch das Gegensätzliche: soziale Identität gewinnt Kontur und bestätigt sich in der Differenz." (Bourdieu 1982: 279) Je seltener ein Ausdrucksmuster und vor allem je höher die dafür notwendigen Voraussetzungen (etwa ökonomisches und kulturelles Kapital), desto ergiebiger der Ertrag, der sich in die Verbesserung oder den Erhalt der sozialen Positionierung übertragen lässt.

Das Essen in einer Imbissbude etwa bedarf nur geringer kultureller Vorkenntnisse und ökonomischer Ressourcen. Selbst wenn der mit den dort anerkannten Praktiken nicht vertraute Bildungsbürger statt dem Plastikgäbelchen „richtiges Besteck" verlangt, sich nicht ordentlich „hinfletzt", „Konversation betreiben" will und schließlich „um die Rechnung bittet", ist er höchstens dem versteckten Hohn der an diesem sozialen Ort Arrivierten ausgesetzt. Das kümmert ihn kaum, solange er auf die Anerkennung der dort Ansässigen oder etwaige Vergünstigungen und Hilfeleistungen nicht angewiesen ist – was als die Regel angenommen werden darf. Umgekehrt hingegen wird das Mahl im ausgewiesenen Gourmetrestaurant zur sozialen Reifeprüfung. Wer dort isst, ist etwas, will etwas werden oder erhalten. Das Zusammentreffen an exklusiven sozialen Orten wird für die Unterprivilegierten zu einer Herausforderung. Ihr fehlendes ökonomisches Kapital schließt sie regelmäßig von den kulturell legitimierten Praktiken aus. Verschlägt es sie doch einmal dorthin, eliminieren sie sich auch noch selbst in den gesellschaftlichen Distinktionskämpfen. Sie sind „ungalant", „unschick" und „unbeholfen" (haben „keine Manieren", reichen etwa dem Ober den zu vollständig geleerten Teller, lachen zu viel, sind aufgeregt etc.), verhalten sich demütig gegenüber dem Gastgeber (der vielleicht potenzieller Arbeitgeber ist) und dokumentieren damit ihr Ausgeschlossensein von den Sphären der Macht, die deren Einübung von Kindesbeinen an zur Einschlussbedingung machen. Der spielerische Umgang mit den gesellschaftlichen Mindestanforderungen der Schicklichkeit kennzeichnet den distinguierten Geschmack, das Bemühte verrät den Prätentionsgeschmack der Mittelklassen, der Angehörige der Volksklasse errötet vor Scham

Der symbolische Raum ist – hierauf legt Bourdieu ganz wörtlich Wert – ein Raum sozialer Kämpfe. Lebensstile „beweisen und bekräftigen den eigenen Rang und die Distanz zu anderen im sozialen Raum." (Bourdieu 1982: 107) Ästhetische Dispositionen unterliegen schließlich der ausdrücklichen „Absicht und dem Willen zur Unterscheidung" (ebd.: 113): Der herrschende oder legitime Geschmack wählt das Seltene. Sobald dieses von den übrigen Klassen erfasst und zur populären Kultur erhoben wird, ändert er seine Präferenz zum Zwecke der Aufrechterhaltung der ihm eigenen Exklusivität: „Vermutlich stellt die Aversion gegen andere unterschiedliche Lebensstile eine der stärksten Klassenschranken dar" (ebd.: 196f.). Und unsere Alltagswahrnehmung ist voll solcher Beispiele: Wenn Tennis inzwischen auch vom eigenen Klempner gespielt wird, wechselt man zu Golf. Wenn Golf jetzt von den mittleren Angestellten entdeckt wird, wird zum Segeln gewechselt. Das Auto als Fetisch wird von einem Bürgertum, das auf Bildung wert legt, abgelehnt.

Als lange Haare nicht mehr im linken politischen Spektrum „in" waren, wurden sie zum Ausdrucksmittel einer neuen konservativen Managementelite. Die kurzen Haare hingegen wurden zum Ausdruck der politischen Linken etc. Die Beispiele sind wie bei Bourdieu zahlreich. Das Bier und das fettige Essen der Unterschicht, der Wein und der asketische Geschmack der Oberschicht. Fernsehen und Kino in der Unterschicht, Vernissage und Museum in der Oberschicht. Der Kampf um die Anerkennung der Lebensstile übersetzt nach Bourdieu die Ungleichheitsverhältnisse der Sozialordnung, reproduziert und erzeugt diese immer wieder neu.

Das Bild des Kampfes dient bei Bourdieu dazu, die symbolischen Ausdrucksformen in eine Erklärungsfigur zu integrieren, die soziale Auseinandersetzungen um Status, Prestige und Lebenschancen über den Raum der materiellen Verteilungskämpfe hinaus ausdehnt. Die Verfügung über den legitimen Geschmack, das heißt, all diejenigen Praktiken und Kompetenzen zu beherrschen, die hoch angesehen werden, ermöglicht die Aufrechterhaltung einer privilegierten sozialen Stellung. Die soziale Realität ist demnach durch eine ständige Auseinandersetzung um die Benennung und Bewertung legitimer und illegitimer symbolischer Ausdrucksformen gekennzeichnet. Legitimationsmonopole (das Recht auf Bewertung und Klassifikation) sind Kennzeichen eines symbolischen Herrschaftsverhältnisses.

Das Denken in Kategorien der Distinktion dient also Bourdieus kultursoziologisch angereicherter Ungleichheitssoziologie. Gleichzeitig jedoch transportiert die damit verbundene Kampfmetaphorik auch missverständliche Konnotationen: So nahe liegend die Konsequenz im Anschluss an die Bedeutung symbolischer Machtkämpfe erscheinen mag, es ist nur davor zu warnen, Bourdieus Ansatz zusammenfassend auf die Konzeption eines universalen Kampfparadigmas zu reduzieren. In der Vorstellung, soziale Kämpfe seien überall und permanent vorhanden, geht Bourdieus Soziologie nicht auf. Diese geläufige Fehlinterpretation (vgl. etwa Schwingel 1993) erfolgt gewiss nicht ohne Textgrundlage. Bourdieu selbst gibt eine Reihe von Hinweisen, die dieses Missverständnis ermöglichen.[18] Sein mögli-

---

[18] Ein Missverständnis mit zudem weit reichenden politischen Implikationen. Nicht bloß, dass die Ebene der konkreten Alltagspraktiken analytisch nur unzureichend erfasst wird. Hans-Joachim Giegel (1989) macht außerdem darauf aufmerksam, dass Bourdieu sich in die Antinomie verstrickt, jeden – auch den politisch-emanzipativen – *Geltungsanspruch* als verschleierten *Herrschaftsanspruch* zu enttarnen. Damit scheint jegliche Möglichkeit einer aufklärerischen, herrschaftsfreien oder antiherrschaftlichen Praxis ausgeschlossen. Bourdieus relativistischer und nicht ausdrücklich normativer Ansatz würde damit aber auf eine kulturpessimistische, ausschließlich negative Sicht des Menschen (Anthropologie) festgelegt. Schließlich wären dadurch auch Bourdieus politische Einlassungen und Interventionsversuche gegen den Abbau des Sozialstaates seit Beginn der neunziger Jahre, die ihn öffentlich erst bekannt machten, als reine Distinktionsstrategien desavouiert. Das Werkzeug des Soziologen richtet sich dann als Waffe gegen ihn selbst. Der Gegensatz zwischen den theoretischen Einsichten und der politisch-normativen Praxis macht aber gerade auf das Spezifikum der „analytischen Werkzeuge" aufmerksam. Sie bilden – wenn auch in häufig exaltierter Form, derer die Kritik der bestehenden Ordnung aber ebenso notwendig bedarf – die zur Zeit konkrete, jedoch historisch

cherweise übertriebenes Bemühen darum, die Analyse der symbolischen Ordnung aus dem Gewand einer naiv verfahrenden herrschaftsblinden Kultursoziologie zu entkleiden, drängt geradezu auf, aus der Kampfmetaphorik einen *anthropologisch invarianten* Erzeugungsmodus menschlicher Praxisformen abzuleiten (also so etwas wie Verankerung in der menschlichen Natur). Tatsächlich aber ist erst aus der Karriere des Distinktionsbegriffs in Bourdieus Arbeiten sein theoretischer Status abzuleiten: In *Eine illegitime Kunst* (Bourdieu et al. 1981a [1963]) werden Lebensstile als Ausdruck stratifizierter Machtverhältnisse zwischen den Klassenfraktionen eingeführt. In daran anschließenden Untersuchungen (erstmals in Bourdieu 1970c) wird der Lebensstil in die Unterscheidungsabsicht übersetzt und der Distinktionsbegriff erstmals analytisch angewendet. Erst in *Die feinen Unterschiede* aber wird der *Sinn für und das Streben nach Distinktion* in eine allgemeine handlungstheoretische Prämisse überführt.

Nicht also, dass hier über den Kopf des Erfinders hinweg dessen ursprüngliche Intention aufgedeckt werden soll und kann: Das Distinktionsparadigma aber – das (für Bourdieu ungewöhnlich spät) begrifflich und theoretisch erst aus Arbeiten seit Beginn der siebziger Jahre hervorgeht – dient vor allem dazu, die Vermittlung der Analyse materieller Ungleichheiten mit der des symbolischen Raums auch gegen die Widerstände der traditionellen Arbeitsteilung von Kultur- und Ungleichheitssoziologie zu begründen. Diesem Versuch ist eine in der Darstellung übertreibende, nicht jedoch eine menschliches Handeln im anthropologischen Verständnis festschreibende Funktion zuzumessen. Nicht zuletzt Bourdieus politische Einlassungen in den 1990er Jahren lassen keine andere Interpretation zu, als jene, das Distinktionspraktiken weniger ein unverrückbar natürliches Handlungsprinzip als vielmehr das Ergebnis menschlichen Zusammenlebens in einer auf dem Konkurrenzprinzip basierenden Gesellschaftsformation darstellen.[19]

---

kontingente (also auch anders mögliche) Formation der Daseinsverhältnisse ab. Diese Formation ist zeitdiagnostisch als kompetitive Gesellschaft zu bezeichnen (Schnierer 1996). Nach dieser Diagnose erst richtet sich die Auswahl und Konstruktion des analytischen Instrumentariums. Es ist aber ebenso wenig wie die augenblickliche Gesellschaftsformation zu naturalisieren. Ich schlage hier wie oben vor, zwischen der *empirischen Beschreibung* gegenwärtiger Gesellschaften und individueller Handlungsmodi einerseits sowie der Eventualität und Potenzialität möglicher Entwicklung andererseits zu unterscheiden.

[19] Damit ist explizit auf die wichtigen politischen Arbeiten Bourdieus in den 1990er Jahren verwiesen (als Auswahl Bourdieu 1998a, 1998g; 1999b, 2000b) Noch früher, bereits in den 1980er Jahren skizziert Bourdieu die Aufgaben einer aufklärenden Soziologie, das Bestehende durch Bewusstwerdung und Sozioanalyse zu verändern ermöglichen soll. Seine Erwartung, dass die Kenntnis der Handlungsmechanismen dazu dient, sich diesen zu entziehen, muss in diesem Zusammenhang als Ermahnung verstanden werden, gegenwärtige Erzeugungsmodi sozialer Praxisformen nicht als invariante (also unveränderbare) Konstanten misszuverstehen (Bourdieu 1985b).

5.3 Die Habitus-Theorie

Ein erster Diskussionstand zum Ansatz Bourdieus kann festhalten: Der soziale Raum vereinigt bei Bourdieu einen Raum der *sozialen Positionen* mit dem symbolischen Raum der Alltagsexistenz: genauer der *Lebensstile*, der wiederum Abstände zu anderen Formen der Lebensführung aufweist, die eingehalten oder markiert, bewusst oder unbewusst reproduziert werden. Bourdieu bezeichnet diese Vorstellung des Sozialraums als eine, die einer Landkarte vergleichbar ist. Die entscheidende Korrespondenz zwischen dem Raum der sozialen Positionen und dem Raum der Lebensstile wird hingegen nicht nur behauptet. Bourdieu verfolgt noch ein weiteres theoretisches Argument. Die Übereinstimmung zwischen der sozio-ökonomischen Lage und den symbolischen Praktiken der Lebensführung wird, wie er behauptet, verständlich durch die Theorie des Habitus.

Der Habitus wirkt als Erzeugungsformel, mit der sich die objektiv „klassifizierbaren Formen der Praxis und Produkte wie die diese Formen und Produkte zu einem System distinktiver Zeichen konstituierenden Urteile und Bewertungen erklären lassen." (Bourdieu 1982: 278) Er selbst repräsentiert also die wechselseitige Abhängigkeit zwischen objektiven sozialen Strukturen und subjektiven Praxisformen. Die sei ein *altes aristotelisch-thomistisches* Prinzip der Vermittlung, wie Bourdieu verklausuliert (Bourdieu 1992a: 29). Das Habitus-Konzept, in allen ethnologischen und soziologischen Arbeiten Bourdieus präsent, kehrt die Integration unterschiedlicher, häufig grundsätzlich entgegengesetzter Erkenntnisweisen einmal mehr wieder. Analog zur Begründung der praxeologischen Erkenntnisweise bezieht sich die im Habitus angelegte Vermittlung auf die Gegenüberstellung zwischen subjektlosem Strukturalismus und strukturloser Subjektphilosophie. Obwohl der Habitusbegriff in der Philosophie und Soziologie bereits häufiger Verwendung gefunden hat (so bei Hegel, Husserl, M. Weber, Durkheim, Mauss und Panofsky) verleiht Bourdieu ihm eine spezifische Bedeutung. Er fasst die Ausdrucksformen der symbolischen Lebensführung zu einem kohärenten, zeitlich stabilen Muster von Einstellungen und Haltungen, Fähigkeiten, Kompetenzen und Gewohnheiten zusammen. Diese bezeichnen – in einem gegenüber der Sozialraum-Lehre erweiterten Verständnis – ein System von Dispositionen, das den sozialen Akteuren nicht bloß als Kennzeichnen äußerlich, sondern als unterhalb der Ebene der Sichtbarkeit befindliches „System der organischen oder mentalen Dispositionen" (Bourdieu 1970b: 39), als Wahrnehmungs-, Denk- und zumal unbewusst steuernde Handlungsschemata individuell eingeschrieben ist.

Der Habitus ist nicht – wie häufig vereinfachend – auf die Bedeutung des französischen *habi-tude* (Gewohnheit/Gewohnheitshandeln) zu verkürzen. Bourdieu schlägt ursprünglich für die Beschreibung und Funktion der den Habitus charakterisierenden Eigenschaften die Bezeichnung Bildung vor, nimmt diese aber aufgrund missverständlicher Bedeutungszuschreibungen nicht in Gebrauch:

Die Habitus-Theorie 131

„Liefe dieser überbestimmte Begriff nicht Gefahr, falsch verstanden zu werden, und ließen die Bedingungen seiner Gültigkeit sich vollständig bestimmen, so wäre ‚Bildung' (culture), ein Begriff der sich sowohl auf das Prinzip der objektiven Regelmäßigkeiten wie auf das Vermögen des Handelnden als System verinnerlichter Modelle anwenden läßt, dem Begriff ‚Habitus' vorzuziehen." (Bourdieu 1970b: 41, Fn. 23; vgl. auch Bourdieu 1970e: 132)

Der Begriff Bildung ist in der sozialisationstheoretischen Diskussion der 1970er Jahre tatsächlich von Ulrich Oevermann verwendet worden und zwar für die Kennzeichnung dem Habitusbegriff überraschend ähnlicher Eigenschaften (Oevermann 1976). In der Rezeption ist der Bildungsbegriff jedoch tatsächlich in der von Bourdieu befürchteten Weise fehlinterpretiert worden. Bei Bourdieu soll der Habitusbegriff verständlich machen, wie soziale Praxis erzeugt wird. Die Habitus-Konzeption will damit im Kern eine präzisere Darlegung des Einflusses der Lebensbedingungen auf die Ausbildung individueller Einstellungs-, Kompetenz- und Fähigkeitsunterschiede einerseits sowie deren Auswirkungen auf Lebensstil-, Verhaltens- und Handlungsformen andererseits erreichen. Der Habitusbegriff übersetzt die allgemeine praxeologische Konzeption Bourdieus auf die praktische Ebene der Subjekte und des Handelns. Er bildet sozusagen den analytischen Kern seines Praxiskonzepts. Gleichwohl darf der habitustheoretische Ansatz nicht mit einer mikroanalytischen Perspektive gleichgesetzt werden. Er erfüllt die Funktion des Türscharniers zwischen einer akteurs- und handlungstheoretischen sowie der struktur- und gesellschaftstheoretischen Sichtweise.

Habitus als strukturierte Struktur

Habitus (der Plural wird wie der Singular gebildet) sind das Produkt akkumulierter (also angehäufter), individuell erfahrener und – wie Bourdieu sagt – eingeschriebener Geschichte in den sozialisierten Körpern. Grundlage ihrer Erzeugung sind die Existenzbedingungen der sozialen Herkunft, sozialstrukturell und sozialräumlich unterschiedene Erfahrungs- und Lernvorgänge. Soziale Lage und Habitus befinden sich nach Bourdieu in einem dialektischen Verhältnis zueinander (Bourdieu 1982: 281). Es gibt also eine Korrelation zwischen der Struktur der Herkunftsbedingungen und der Ausprägung der Habitusmerkmale. Dies ist die empirische Basis seiner Annahmen. Theoretisch leitet Bourdieu daraus die grundlegende Prämisse ab, dass die Entwicklung eines individuellen Habitus von der individuellen Fähigkeit zur Generalisierung und Universalisierung, „der Bereitschaft zur Totalisierung und Systematisierung" (Bourdieu 1985c: 386) einmal erworbener Erfahrungs- und Handlungsmuster abhängt. Aus Erfahrungen, die einzeln gesammelt werden, wird also systematisiertes Wissen. Bourdieu bezeichnet den Habituserwerb somit in einem allgemeinen Verständnis als Konditionierungsvorgang in der frühen Kindheit. Habitusmuster sind nach Grad der Ausprägung und Verfestigung von dem Zeitpunkt ihrer Entstehung abhängig. Die biografisch am frühesten ausgebildeten Habitusstrukturen prägen sich am Nachhaltigsten auf ihre lebenslange praktische Anwendung aus. Bourdieu spricht von dem „Weiterwirken der Erstkonditionierungen in Gestalt der Habitus" (Bourdieu 1987: 117).

Die Fähigkeit zur Generalisierung und Universalisierung sowie der Vorrang der „Ersterfahrungen" (Bourdieu 1987: 114) in der Habitusgenese bezeichnen ein sozialisationstheoretisches Deutungsmuster, das bei Bourdieu jedoch ohne weitere Erörterung mehr postuliert als tatsächlich analysiert ist. Eine ausstehende sozialisationstheoretische Fundierung des Habitus-Konzepts soll im Folgenden noch angesprochen werden. Hier ist nur der Hinweis auf diese wichtige Leerstelle zu nennen. Wichtiger ist hier zunächst noch die reine Beschreibung Bourdieus, nach der sich Habitusformen als Ausdruck der Unterschiede erweisen, die den Herkunftsbedingungen „in Form von Systemen differentieller Abstände eingegraben sind" (Bourdieu 1982: 279). Der Habitus ist das Resultat der Introjektion (der Verinnerlichung) dieser Unterschiede. Er konserviert regelrecht das nach Zeit und Ort variable Wissen über die soziale Realität und begründet damit eine Art individuelles Vertrautheitsverhältnis mit der sozialen Welt. Dauerhafte Dispositionen, Wahrnehmungs-, Denk- und Handlungsschemata bezeichnen das Ergebnis einer je spezifischen, durch die „Besonderheit der *sozialen Lebensläufe*" (Bourdieu 1987: 113) von anderen individuellen Habitus unterschiedenen Auseinandersetzung mit der Realität. Dennoch weist selbst noch der je konkret individuelle Lebenslauf, aufgrund der Stellung im sozialen Raum und damit verbunden der systematischen Eingrenzung von Realitätsausschnitten und Perspektiven, zugleich immer auch systematische Züge auf. Es gibt also Ähnlichkeiten zwischen Habitus, die unter ähnlichen sozialen Ausgangsvoraussetzungen gebildet wurden.

Von dieser Überlegung ausgehend, ist es nur ein kleiner Schritt zu einem hartnäckigen Missverständnis, das die Beschäftigung mit Bourdieu seit vielen Jahren erschwert, nämlich der Vorstellung, der individuelle Habitus sei immer gleich der Klassenhabitus. Im Kontrast dazu – so muss Bourdieu verstanden werden – ist jeder Habitus aufgrund seiner Erzeugungsbedingungen individuell. Gruppenspezifische Habitus bezeichnen lediglich die Übereinstimmung grundlegender Erfahrungen in einer bestimmten Klasse von Existenzbedingungen, die die individuellen Ausdrucks- und Handlungsformen einander anähneln:

> „Zwar ist ausgeschlossen, daß *alle* Mitglieder derselben Klasse (oder auch nur zwei davon) *dieselben Erfahrungen* gemacht haben, und dazu noch *in derselben Reihenfolge*, doch ist gewiß, daß jedes Mitglied einer Klasse sehr viel größere Aussichten als ein Mitglied irgendeiner anderen Klasse hat, mit den für seine Klassengenossen häufigsten Situationen konfrontiert zu werden [...]." (Bourdieu 1987: 112)

Die Habitus-Theorie

Das Ergebnis dieser in der Vergangenheit erworbenen Kenntnisse stellt einen Erzeugungs- und Ordnungsmodus für zukünftige Praxisformen dar. Dies bezeichnet nach Bourdieu die strukturierte Struktur des Habitus. Das dem Habitus eingelagerte Dispositionssystem bezeichnet also seinerseits eine Struktur, die infolge von Prägungsarbeit sozial strukturiert ist. Zugleich ist mit dem Ausdruck *strukturierte Struktur* bei Bourdieu die Charakterisierung des Habitus als ein System von Grenzen verbunden. Begrenzt oder eingegrenzt werden die Dispositionen sozialer Akteure durch die Perspektivität und Selektivität lagespezifischer Erfahrungsmuster:

„In den Dispositionen des Habitus ist somit die gesamte Struktur des Systems der Existenzbedingungen angelegt, so wie diese sich in der Erfahrung einer besonderen sozialen Lage mit einer bestimmten Position innerhalb dieser Struktur niederschlägt." (Bourdieu 1982: 279)

So bestimmen auf einer nach Bourdieu grob verallgemeinernden Ebene objektive Strukturen die Ausbildung eines bestimmten Habitus (vgl. hierzu besonders präzise Bourdieu 1976: 164 ff.). Zugleich aber grenzt Bourdieu analytisch viel detaillierter Habitusformationen voneinander ab, die erst auf die subjektive Verarbeitung der ungleichen Lage- bzw. Herkunftsbedingungen zurück gehen: Spezifischer noch als die einem bestimmten sozialstrukturellen Segment – der Unter-, Mittel- oder Oberschicht – typischerweise zuzuordnenden Strategien, Kompetenzen oder Verhaltensweisen (als rein äußerlich registrierbare Handlungen), kennzeichnen kognitive Schemata der Wahrnehmung, Rationalisierung, Sinnerzeugung und Bewertung die einem Habitus eingeschriebene Dispositionsstruktur. Die innerpsychische Auseinandersetzung mit der sozialen Realität und die motivationale Haltung zur Welt sind der deutlichste Ausdruck von Ungleichheiten. Sie sind der Ausdruck gesellschaftlicher Unterscheidungs- und Teilungsprinzipien, die der Habitus verinnerlicht hat.

Was aber bedeutet es konkret, wenn wir sagen, dass der Habitus Ausdruck gesellschaftlicher Unterscheidungs- und Teilungsprinzipien ist, die er verinnerlicht hat? In der sozialwissenschaftlichen Forschung selbst existieren hierzu inzwischen eine Vielzahl von Untersuchungen, die genau diesen Impuls aufnehmen. Sie untersuchen zum Beispiel Jugendmilieus in unterschiedlichen Quartieren und bemessen den Einfluss einer spezifischen Lebenslage, die durch ungleiche Wohnbedingungen, vor allem aber durch symbolische Grenzziehungen charakterisiert ist. Die „schlechte" Wohngegend, für die man sich schämt, der Ort, den man so schnell wie möglich verlassen will, die Wohnung, in die man keine Freunde mitbringt, das „Ausländerviertel", die HARTZ-IV-Familien etc., all dies sind gesellschaftliche Unterscheidung- und Teilungsprinzipien, die Spuren im Habitus hinterlassen. Der Wunsch, heraus zu kommen, beweisen, dass man anders ist, verletzten Stolz oder Scham fühlen. Als Vertiefungsmöglichkeit ist die sehr instruktive Untersuchung Sighard Neckels (1991) zu „Status und Scham" zu empfehlen und die Analyse zur städtischen Segregation in Armutsquartieren (Keller 2005). Mit Bourdieu wird damit etwas einsichtig, das die jüngere Forschung nach und nach aufnimmt. Der Einfluss der Vergesellschaftungsbedingungen offenbart sich in einer häufig unbewussten habituellen Komplizenschaft mit der sozialen Herkunft. Habitusstrukturen reproduzieren die bereits in den Primärerfahrungen enthaltenen kognitiven, an die soziale Lage vorangepassten Deutungs- und Interpretationsmuster. Die ökonomischen und sozialen Zwänge der Existenzbedingungen wirken sich im relativ autonomen Raum der Familie, des Wohnviertes und der gleichaltrigen Peers auf den „Lehrplan" der moralischen Unterweisungen („Arbeiten musst Du, nicht Lernen"), Verbote, Wünsche und Sorgen aus, die die Heranwachsenden zunächst noch der Fremd-, schließlich jedoch der Selbstkontrolle unterstellen. Dieses unbewusste Erbe (vgl. Bourdieu 1970e: 139) – dessen Weiterführung durch Integration in die Gruppe gewährleistet und in der Kontinuität von Generationen aufgehoben ist – wirkt sich auf die persönliche Lebensführung wie ein geheimes *Ethos* aus, auf das einmal eingeschworen nur noch um den Preis des Tabubruchs auszubrechen ist. Das von Bourdieu so bezeichnete verinnerlichte Prinzip des „Indikativ-Imperativ" (Bourdieu et al. 1981a [1963]: 29), das Prinzip des: „Das ist nichts für uns!" der Unterklasse oder komplementär: „Das steht uns zu!" der Oberklasse, ist Ausdruck jener durch die sozialen und materiellen Existenzbedingungen strukturierten Habitusformen.

Bourdieu spricht in diesem Zusammenhang bereits sehr früh von einer „zur Tugend erhobenen Notwendigkeit" (Bourdieu 1976: 168; ähnlich Bourdieu 1987: 100f.) der Existenzbedingungen. Das darf nicht mit der späteren Formulierung des *Notwendigkeitsgeschmacks* als Merkmal lediglich der Volksklasse in *Die feinen Unterschiede* gleichgesetzt werden. „Aus der Not eine Tugend machen" betrifft ebenso sehr die mittlere und die herrschende Klasse, wenn sie danach streben, ihren sozialen Status zu verbessern oder zu erhalten. Vielleicht macht es gerade die Stärke Bourdieus aus, den Einfluss der sozialstrukturellen Einbettung auf die *Ethiken der alltäglichen Lebensführung* herauszuarbeiten. Das Leben in einem bescheidenen Eigenheim einer Neubausiedlung etwa erscheint für die Volksklasse als moralische Vervollkommnung, den Angehörigen des etablierten Bürgertums dagegen als soziale Erniedrigung. Sie streben daher nach mehr, repräsentieren durch ihren Lebensstil (Altbauvilla/-wohnung), den man sich erst einmal leisten können muss, soziale Distanz – die mittlere und die Volksklasse hingegen bescheiden sich. Mit Ergebnissen der psychologischen Forschung (Olson/Herman/Zanna 1986) zur Auswirkungen relativer *Deprivation*, auf die Bourdieus Annahmen einmal systematisch bezogen werden müssten, lässt sich bestätigen, dass solche Ethiken der eigenen und der Bezugsgruppe die Fremd- und Selbsteinschätzung beeinflussen und als motivationale Basis für individuelles Handeln dienen (dazu Bourdieu/Passeron 1971: 179f.).

Der Begriff der Deprivation, der so gut zu Bourdieus Forschung passt, steht für Mangelempfindungen, die dadurch entstehen, dass man in Vergleichsprozessen den eigenen Zustand, das eigene Können oder den eigenen Wohlstand als unzureichend empfindet. Er entstammt ursprünglich der psychologischen Forschung. „Prevare" wird aus dem Lateinischen wortgetreu als „berauben" übersetzt. Dabei übersetzen wir Deprivation heute freier als „einen Mangel haben an". Der Begriff war in der psychologischen Diskussion sehr erfolgreich in den vier Jahrzehnten. Auf dieser Grundlage wird ausgedrückt, dass eine Person einen bestimmten Mangelzustand erlebt, meistens in psychischer Hinsicht – „depriviert sein", „eingeschränkt sein", „einen Mangel spüren an". In den letzten Jahren ist damit begonnen worden, diesen Begriff auch in den Sozial- und Erziehungswissenschaften zu verwenden. Sein Hauptgegenstand ist auch hier das Motiv, einen Mangel auszudrücken. Ökonomische Deprivation ist der einfache technische Terminus dafür, dass eine spezifische Mangellage in ökonomischer Hinsicht vorliegt. Das Besondere hieran bleibt indes, dass der Mangel über den wir sprechen, kein objektiv messbarer ist. Wir können nicht das Niveau benennen, ab dem Mangel „als depravierend" empfunden wird (eine bestimmte Einkommensgrenze usw.). Dies ist letztlich der Vorteil einer psychologischen Terminologie, an die wir anschließen: Es geht um das Empfinden eines Mangels, es existiert damit kein objektiv messbares Kriterium (900 Euro und weniger). Aber dieses weiche und dehnbare Kriterium ist auch ein Vorteil, weil damit ungleiche Wahrnehmungen und Empfindungen eines Mangels abgebildet werden können (die Grundlage eine habituell gesteuerten Empfinden sein können). Nicht für jeden ist ein bestimmter ökonomischer Zustand ein Mangel und nicht für jeden ist ein bestimmter anderer Zustand Reichtum. Das Gleiche gilt für den ungleichen komplexeren Begriff der soziale Deprivation, an den in der Forschung angeschlossen wird. Er wird zumeist synonym für die Vorstellung verwendet, dass jemand sozial so eingebunden ist, dass er einen Mangelzustand erlebt, dass er wenig Anregungs- und Vergesellschaftungsmöglichkeiten besitzt, mithin über wenig soziales Kapital, das er einsetzen und ausbilden kann. Der Begriff der sozialen Deprivation hebt also ebenfalls auf eine subjektive Perspektive ab, basiert aber auf der Vergleichbarkeit mit anderen Gruppen. Dieses Kriterium des Vergleichs ist dann abschließend das entscheidende Merkmal des Deprivationsbegriffs, der verwendet wird. Im engeren Sinne wird also von relativer Deprivation gesprochen (relativ als Hinweis darauf, dass eine Relation, also ein Vergleich vorausgeht). Für diesen Ansatz existiert in der sozialpsychologischen Forschung eine Vielzahl an empirischen Belegen, die darauf hindeuten, dass Menschen über soziale Vergleichsprozesse ihr eigenes Wohlbefinden (und damit auch das Empfinden eines Mangels) regulieren (Olson/Herman/Zanna 1986; Tajfel 1982; Walker/Smith2002).

Habitus als strukturierende Struktur

Von Bourdieu wird wiederholt und bildreich hervorgehoben, wie die in einem bestimmten Kontext – zumeist dem Herkunftsmilieu – einmal erworbenen Habitusmuster das Handeln beeinflussen. Das Handeln erfolgt in jenen den Ersterfahrungen ähnlichen oder identischen Handlungsräumen mit der „Sicherheit eines Instinkts", man bewegt sich dort wie ein Fisch im Wasser, wie Bourdieu sagt. Zugleich wird damit der Mechanismus versinnbildlicht, der den Erfolg, die Angepasstheit, bzw. umgekehrt das Scheitern, die Unangepasstheit individueller Praxisformen, vorherbestimmt. Diese den Habitus einverleibte konservative Dynamik bezeichnet Bourdieu als *lex insita* (Bourdieu 1987: 111). Jedoch geht die Funktion des Habitus nicht in der bloß individuellen Reproduktion einmal erworbener Wahrnehmungs-, Denk- und Handlungsschemata auf. Der Habitus dient zugleich als sozial-strukturbildende Kraft, die nach Bourdieu mit dem Habitus verbundene *vis insita*.

Will man es mit Bourdieu komplex ausdrücken, folgt man den Formulierungen im Original. Hiernach ist im Habitus-Konzept die „Dialektik zwischen Interiorität und Exteriorität" (Bourdieu 1976: 164) enthalten: Die Interiorisierung der Exteriorität zielt auf den soeben erläuterten Effekt der Verinnerlichung objektiver Bedingungen der sozialen Herkunft als strukturierte Struktur in den Habitus. Umgekehrt bezeichnet die Exteriorisierung der Interiorität die dem Habitus innewohnende Eigenschaft, aus sich heraus, also selbstständig – ohne den dauerhaften Zwang der äußeren Verhältnisse – die Struktur der Daseinsverhältnisse aktiv herzustellen. Bourdieu fokussiert damit die Funktion der Habitus, als strukturierende Struktur, das heißt, als strukturbildende Kraft zu dienen. Hiermit wird im Habitus-Konzept eine der Grundeinsichten der praxeologischen Erkenntnisweise wirksam. Objektive Strukturen existieren nicht ohne die tätige Mitwirkung bzw. Konstruktionsarbeit der sozialen Akteure selbst.

Die strukturierende Funktion habitueller Schemata eröffnet das Verständnis für die aktive und kreative Dimension individueller Ausdrucksformen. Bourdieu hebt hervor, dass über den Habitus vermittelte Handlungen keinesfalls nur den mechanischen Vollzug übermächtiger Anpassungszwänge in Gestalt statischer Dispositionsstrukturen darstellen. Die Differenz zwischen der Erzeugungsstruktur der Habitus und der Struktur der je konkreten Handlungsbedingungen verlangt von den Akteuren Synthetisierungsleistungen ab (der Vollzug komplexer Handlungsmuster in immer neuen und verschiedenen Situationen), die nach Bourdieu unmöglich bereits in den Habitusformationen vollständig angelegt sein können. Die soziale Ordnung ist erst das Produkt individueller Praxisformen, die jedoch notwendig in Interaktion mit anderen (individuellen) Praktiken sowie der Struktur der Handlungsbedingungen bzw. Handlungsanforderungen treten. Mit dieser Ansicht – die zugleich das o. g. konstruktivistische Prinzip in Bourdieus Praxis-

Die Habitus-Theorie

konzept ausweist – werden aber nicht gleichzeitig starke anthropologische oder metaphysische Konzepte in die Vorstellung vom autonomen Subjekt wieder aufgenommen (Bourdieu 1997c: 61 f.) Obwohl soziale Akteure an der Konstruktion der Sozialordnung aktiv beteiligt sind, folgt die Erzeugung objektiver Strukturen eben nicht einer – wie Bourdieu sagt – vorgeschichtslosen Konfrontation zwischen Subjekt und Welt. Obwohl das individuelle Handeln also nach den genannten Prämissen als potentiell kontingent (also auch immer anders möglich) aufzufassen ist, arbeitet Bourdieu mit Hilfe des Habitus-Konzepts jene Mechanismen menschlicher Praxiserzeugung heraus, die Kontinuität und Beharrung in der Reproduktion der Grundprinzipien sozialer Ordnung – insbesondere ihrer Ungleichheitshierarchien – noch unter Bedingungen gesellschaftlichen Wandels ermöglichen.

Noch in der strukturbildenden Funktion des Habitus bilden sich dessen strukturierte Effekte ab. Individuelles Handeln ist durch habituelle Filter vorstrukturiert: Der Habitus stellt ein Erzeugungsprinzip dar, das ermöglicht, auch „unvorhergesehenen und fortwährend neuartigen Situationen entgegenzutreten" (Bourdieu 1976: 165), ohne aber Situationsinterpretationen bzw. -definitionen jeweils vollständig neu vornehmen zu müssen. Die Wahrnehmung, Verarbeitung und Bearbeitung von Handlungsanforderungen erfolgt – so sie auch erfahrungsbiografisch ohne identisches Vorbild sind – auf Grundlage bereits erworbener Deutungs- und Interpretationsmuster, mit denen die Realität abgeglichen wird. Die Bewältigung der Handlungsanforderungen schließlich bleibt durch habituelle Schemata *präformiert*.

So sehr Bourdieu selbst dem Paradigma der Person-Umwelt-Interaktion verhaftet ist, er würde wohl naiv interaktionistische Ansätze als Negativfolie verwenden, wenn diese vorgeben, jede Interaktion erfordere eine vollständige Neu-Konstruktion und Bewertung des Interaktionsgeschehens. Tatsächlich erliegen noch Ansätze in der Kindheits- und Jugendforschung der 1990er Jahre einer solchen Fehldeutung (s. o. 5.1). Auch die wenigen Ansätze in der ungleichheitsorientierten Sozialisationsforschung sind hiervon nicht weit entfernt. Lothar Krappmanns Untersuchungen zur *Reproduktion des Systems gesellschaftlicher Ungleichheit in der Kinderwelt* (Krappmann 1999b) etwa vermögen nicht ausreichend zwischen der „Konstruktion der geteilten sozialen Realität" (ebd.: 229) der Kinder, auf Basis ko-konstruktiver Interaktionsprozesse, und den Auswirkungen inkorporierter Interpretations- und Handlungsmuster aus dem Herkunftsmilieu zu vermitteln. Damit reduziert Krappmann die Phänomene sozialer Ungleichheit auf Aushandlungsprozesse zwischen Kindern und übersieht die manifesten Auswirkungen strukturierter sozialer Ungleichheit in der Erwachsenenwelt, die in die Kinderwelt importiert werden (Schulwahl, Konsummöglichkeiten, Wohngegend etc.), deren Einflüssen die Heranwachsenden aber nicht künstlich entrissen werden können.

Das situative Erleben wird also unter Rückgriff auf Unterscheidungsprinzipien klassifiziert, die ihrerseits das Ergebnis von Klassifizierungen sind, die durch Sozialisationseinflüsse erfahren werden. Diese elementaren Gegensätze der Struktur der Existenzbedingungen (oben/unten, reich/arm, stilvoll/stillos usw.) setzen sich der Tendenz nach als grundlegende Strukturierungsprinzipien der Praxisformen und deren Wahrnehmung durch (Bourdieu 1982: 279). Und hier spielen Ausnahmen keine Rolle, sondern nur die Regel. Für den Angehörigen der unteren Klasse macht es also wenig Unterschied, den Arbeitgeber, den Chef oder den Vorgesetzten einmal in Freizeitgarderobe (vielleicht in kurzen Hosen, mit Flipflops, Hawai-Hemd) zu begegnen. Er bleibt auch dann der Chef. So wenig es ihm auch hilft, einmal gesagt zu bekommen, in diesem oder jenem Feinschmeckerrestaurant könne man sich doch „ganz ungezwungen" bewegen, man müsse keine Hemmungen haben: Es bleibt ein Ort für „die da oben", denen man sich nicht zugehörig fühlt. Umgekehrt misst der Angehörige des Besitzbürgertums (etwa der in Freizeitgarderobe) seinem einfachen Arbeitnehmer kein höheres Maß an Respekt zu, wenn dieser ihm einmal „fein angezogen" im neuen Ausgehanzug begegnet, er bleibt unkultiviert.

Der Habitus bietet Schablonen kognitiver (Realitäts-)Verarbeitung an, das heißt, praktische Wahrnehmungs- und Beurteilungsschemata, die der eigenen Orientierung Ordnung bieten. Die Struktur der Daseinsverhältnisse wird in dieser Hinsicht als eine sinnhafte Ordnung verinnerlicht, und diese Ordnung vermag der Habitus immer wieder aktiv herzustellen. Abwehr dagegen, wenn diese Ordnung in Frage gestellt wird, erfolgt Bourdieu zufolge annähernd intuitiv. Bereits mit seinen ersten Regungen greift der Habitus auf „Klassifikationsprinzipien [zurück], Prinzipien der Hierarchisierung und Teilung und, in eins damit, der Weltsicht, kurz: alles das, was jedem von uns erlaubt, Dinge auseinander zu halten, die von anderen vermischt werden, eine *diacrisis* zu vollziehen, ein Unterscheidungsurteil zu treffen." (Bourdieu 1992c: 102). Obwohl der Habitus stets als generatives Prinzip im Handeln wirksam wird, reproduziert er in erster Linie die mit einer sozialen Lage verbundenen Zwänge und Freiräume: Klassifizierbare und klassifizierende Praxisformen werden alltagsweltlich – unter Absehung der Prinzipien ihrer Erzeugung, Bourdieu spricht von einer kollektiven Amnesie der Genese (dem Vergessen der Entstehungsbedingungen also) – als quasi-natürliche Unterscheidungsprinzipien aufgefasst, die dazu verurteilen, sie als endgültige Seins-Qualitäten anzuerkennen.

Der wirksamste Mechanismus der Reproduktion sozialer Ungleichheiten ist infolgedessen, dass diese Ungleichheiten bereits in den kognitiven Wahrnehmungs- und Handlungsformen auftauchen und als gegeben angenommen werden. Es existieren also Schranken in der Vorstellungswelt, symbolische Schranken. Zum sozusagen Undenkbaren der individuellen Lebensführung gehört das Überschreiten dieser symbolischen Schranken, die erst das Überschreiten der materiellen Schranken ermöglichen würde: „Du bist eben kein Genie. Du bist wie ich handwerklich orientiert. Du machst eine Lehre!" oder „Natürlich hast Du die Fähigkeiten hierzu. Du musst nur intensiver gefördert werden. Du hast eben wie ich die Begabung. Es ist nur eine Zeitfrage!" Individuelle und kollektive Praktiken sind durch die „implizite Vorwegnahme ihrer Folgen", durch einmal erworbene

Die Habitus-Theorie   139

und konditionierte Muster der Wahrnehmung und Bewertung in der Form strukturiert, dass sie „die objektiven Bedingungen, deren Produkt sie in letzter Instanz sind" (Bourdieu 1976: 165) der Tendenz nach reproduzieren.

Der Homogamie-Effekt

Der Habitus dient diesem gesellschaftlichen Reproduktionsmechanismus als kleinste Einheit des Sozialen. Aus der Vielzahl der individuellen Handlungen, die aus dieser kleinesten Einheit gespeist werden, wird indes die Stabilität gegenwärtiger Ordnungs- und Ungleichheitsmuster erzeugt. Dass der Habitus eben jene Strukturen durch sein Handeln bevorzugt und dadurch bestätigt, deren Produkt er ohnehin schon darstellt, bezeichnet Bourdieu als *Homogamie-Effekt* (u. a. bei Bourdieu/Wacquant 1996: 168). Ursprünglich hatte Bourdieu diesen Homogamie-Effekt nur in den ethnologischen Studien über die Kabylei für das Ergebnis jener Heiratsstrategien verwendet, die ähnliche Habitus zusammenführen, „das heißt Akteure, die aus ähnlichen sozialen Lagen und Konditionierungen hervorgegangen sind." (Bourdieu 1992b: 92) In *Die feinen Unterschiede* erlangt der Homogamie-Effekt die allgemeine Bedeutung eines Mechanismus, der die Exklusivität bzw. Abgeschlossenheit sozialer Gruppen sichert.

Die dauerhafte Reproduktion gesellschaftlicher Ungleichheitsverhältnisse ist damit weder bewusst noch unbewusst intendiert. Im Gegenteil: Das Homogamie-Prinzip entfaltet seine Wirksamkeit gerade erst dadurch, dass sich die Akteure lediglich vor krisenhaften Erfahrungen zu schützen versuchen, die eintreten, wenn erprobte Interpretations- und Handlungsmuster aufgegeben werden. Die affektiv gesteuerte Scheu vor der Veränderung der eigenen Lebenslage ist mithin das effektivste Instrument der Konservierung sozial ungleicher Bedingungen. Ein Beispiel, das wir lange kennen, beinhaltet, dass Angehörige der unteren Volksklasse das Angebot innerbetrieblicher und außerbetrieblicher Weiterbildung in den meisten Fällen nicht nutzen, weil sie „Arbeit" grundsätzlich als etwas Körperliches definieren und theoretisches Lernen Scheu und Abwehr erzeugt. Die Mittelschicht reagiert hier ganz anders, sie nutzt diese Angebote, während in der Volksklasse eine Art der Selbstselektion aus den gesellschaftlichen Verteilungskämpfen einsetzt (weil man einfach keine Arbeit mehr bekommt).

Die inkorporierten Habitusstrukturen stellen nach Bourdieu die verlässlichste Instanz bei der Bewahrung eines individuellen und sozialen Status quo dar. Noch in ihrer Funktion als strukturierende Struktur, die sie für die Möglichkeit alternativer gesellschaftlicher Praxis potentiell öffnet, sind sie durch einen Struktur-Konservatismus charakterisiert. Parallel zum Homogamie-Prinzip bezeichnet Bourdieu diese konservative Funktion des Habitus als Hysteresis. Hysteresis (Trägheit) bezeichnet den Prozess der dauerhaften Anwendung einmal erworbener Wahrnehmungs-, Denk- und Handlungsschemata, die selbst um den Preis ihrer Dysfunktionalität nicht modifiziert werden. Dass Arbeit also nur körperlich definiert wird, wird auch dann fortgesetzt, wenn körperliche Arbeit immer seltener und vor allem immer weniger lohnenswert wird. Schon in seinen früheren Studien in Algerien weist Bourdieu auf das Trägheitsprinzip hin und sprich von einer Handlungsgrammatik, die nicht mehr verlassen werden kann. Im Prozess der Transformation vom vorkapitalistischen zum kapitalistischen Produktionsmodus, den die algerische Gesellschaft in den 1950er Jahren vollzieht, erleben viele Bevölkerungsgruppen die Abqualifikation ihrer Handlungsethiken (etwa der religiös begründete Verzicht auf Gewinnorientierung), behalten diese Ethiken des Handelns jedoch bei, obwohl damit materielle Nachteile verbunden sind. Für Bourdieu ist dieses Beibehalten trotz Nachteilen der wichtigste Hinweis auf die Beharrungskraft habituell verankerter Denk- und Handlungsschemata.

Ohne schließlich das Ergebnis der Einhaltung formeller Regeln oder eines expliziten Zwangs zu sein, verbürgt der Habitus die Stabilität sozialer Ordnung (zu der auch die Ungleichheitsstruktur gehört). Gerade dadurch, dass Wahrnehmungs-, Denk- und Handlungsschemata unter Bedingungen zur Anwendung kommen, deren Produkt sie bereits sind, ist die wahrscheinliche Aufrechterhaltung eines gesellschaftlichen Ordnungsrahmens gewährleistet. Habitus besitzen daher nach Bourdieu eine im Allgemeinen sozial-konservative Funktion, und dies sogar bzw. gerade ohne die bewusste Intention der sozialen Akteure. Die dem Habitus eingelagerte Handlungsrationalität entstammt einer existierenden Ordnung und dient vorrangig dazu, diese zu bestätigen.

5.4 Eine in die Habitus eingeschriebene Komplizenschaft

Die symbolische Ordnung bezeichnet nach Bourdieu das Bedeutungssystem gesellschaftlich anerkannter Zeichen und Praktiken, unter deren Verwendung die soziale und materielle Welt wahrgenommen und aufrechterhalten wird. Der *symbolische Ordnungsrahmen* garantiert die Existenz einer gemeinsamen sinnhaften Welt: „einer Welt des sensus communis. Alle Akteure verfügen [...] über einen gemeinsamen Stamm von grundlegenden Wahrnehmungsmustern" (Bourdieu 1982: 731). Symbolische Ordnung beinhaltet stets einen Bereich von Handlungen und Wahrnehmungsmustern, der jedweder Problematisierung und Infragestellung entzogen ist und von Bourdieu als *doxa* benannt wird. Hingegen stellt in allen Gesellschaften die Demarkationslinie (also die Grenzlinie) zwischen dem, was öffentlich diskutiert wird und damit zur potentiellen Veränderung ansteht, und dem, was außerhalb des gesellschaftlichen Denkhorizonts liegt, einen umkämpften Raum dar:

Eine in die Habitus eingeschriebene Komplizenschaft 141

„In den Klassengesellschaften [...] stellt die Grenzziehung zwischen einerseits dem Feld der Meinung, Das heißt dem, was ausdrücklich in Frage gestellt wird [...] und andererseits dem Feld der Doxa, dem, was außer Frage steht und was jedes Individuum aus der bloßen Tatsache heraus, daß es in Einklang mit dem sozial Schicklichen handelt, dem gegenwärtigen Stand der Dinge zuschreibt, selbst schon einen fundamentalen Einsatz in jener Form des politischen Kampfes zwischen den Klassen dar, der um die Einsetzung herrschender Klassifikationssysteme geführt wird" (Bourdieu 1976: 151).

Der Bereich dessen, was außer Frage steht, bezeichnet nach Bourdieu immer einen Akt kultureller Willkür, man könnte auch sagen, gesellschaftlicher Willkür. Damit ist gemeint, dass kein gesellschaftliches bzw. kulturelles Gefüge einen natürlichen, sozusagen außergesellschaftlichen Kern besitzt.

Das Reale ist aus dieser Sicht stets „durch und durch" sozial und auch die scheinbar natürlichsten Klassifizierungen (z. B. Verhältnis Mann/Frau, Herrschende/Beherrschte) „beruhen auf Merkmalen, die nichts weniger als natürlich sind, sondern das Ergebnis willkürlicher Festlegungen, das heißt das Ergebnis eines früheren Standes der Machtverhältnisse im Feld der Auseinandersetzungen um die legitime Grenzziehung" (Bourdieu 1990: 96). Der Willkürcharakter der für eine Gesellschaft konstitutiven Relevanzsysteme offenbart sich, wenn man diese mit Hilfe der historisch und soziologisch vergleichenden Methode auf die Gesamtheit der gegenwärtigen, vergangenen oder denkbaren Kulturen bezieht (Bourdieu/Passeron 1973b: 17). Das Bildungswesen, demokratisch legitimierte Parlamente, das bürgerliche Rechtssystem und kapitalistische Finanzmärkte sind als Institutionen „moderner" Gesellschaften nicht weniger kulturell willkürlich als der Gabentausch in den vormodernen Gesellschaften, das feudale System der Heiratsmärkte (z. B. Verheiratung mit der Parallelkusine) oder das Ablaßzettel- und Beichtprinzip.

Symbolische Klassifizierungssysteme sind daher nach Bourdieu stets von der Erzeugung durch spezifische gesellschaftliche Gruppen abhängig, ohne dass sie aber in ihrem Willkürcharakter von den handelnden Akteuren – selbst noch von den dadurch am stärksten benachteiligten – als potentiell veränderbar erkannt werden. Nach Bourdieu bezeichnet exakt diese Verkennung einen allgemeinen Herrschaftsmechanismus. Die bereits bezeichnete „Anamnese der Genese" (Bourdieu/Passeron 1973b: 18) historisch willkürlicher Institutionen macht nach Bourdieu einsichtig, wie diese – mit dem Ergebnis der Legitimation existierender Ungleichheits- und Abhängigkeitsverhältnisse – als quasi-natürliche, unumstößliche Ordnungs- und Klassifikationsprinzipien angesehen werden (auch Bourdieu 1998h). Diese kulturell willkürlichen Institutionen sind gewissermaßen doppelt existent: einerseits als sozial konstruierte Relevanzsysteme in Form objektiver Strukturen, andererseits in den Köpfen der sozialen Akteure in Form von Habitus.

Symbolische Ordnung als habituell vermittelter Herrschaftszusammenhang

Soziale Strukturen stellen nach dieser Darstellung lediglich Rahmenbedingungen für individuelles Handeln dar. Der einzelne Akteur wird erst handlungsfähig durch Rückgriff auf das im Habitus enthaltene Handlungswissen. Dieses Handlungswissen – das Wissen über Notwendigkeiten, Anforderungen und diesen entsprechende Reaktionen – bezeichnet Bourdieu als den über den Habitus vermittelten „Praxis-Sinn" sozialer Akteure. Der Praxis-Sinn, von Bourdieu synonym „praktische Vernunft" oder „sozialer Sinn" genannt, ist primär dadurch gekennzeichnet, dass er die Rationalität von spezifischen Handlungsanforderungen als notwendig bzw. damit verbundene Zwecke als natürlich anerkennt. Dagegen verschleiert die Übereinstimmung von Strukturen und Habitus, dass die Strukturen selbst lediglich das Ergebnis einer historischen, also immer auch anders möglichen Entwicklung darstellen. Die Anerkennung der Rationalität der Strukturen erfolgt lediglich über den „Glauben" („doxa"), der den Dispositionen sozialisierter Habitus einverleibt ist. Die „doxa" dient dazu, Strukturen aufrecht zu erhalten, selbst wenn – wie Bourdieu in seinen Untersuchungen zur sozialen Ungleichheit paradigmatisch gezeigt hat – diese Strukturen die Benachteiligung der an sie glaubenden Akteure selbst bedingen.

Bourdieu pointiert dieses gegenseitige Bedingungsverhältnis von Habitus und objektiven Strukturen, dass die Individuen der sozialen Ordnung „gemäß einer doxischen Modalität" (Bourdieu 1992d: 143) einpasst, als eine „in die Habitus eingeschriebene Komplizenschaft" (Bourdieu 1991b: 486). Sie bewirkt, dass die Beherrschten an ihrer eigenen Unterdrückung mitwirken, „indem sie, jenseits jeder bewussten Entscheidung und jedes willentlichen Beschlusses, die ihnen auferlegten Grenzen stillschweigend akzeptieren oder gar durch ihre Praxis die in der Rechtsordnung aufgehobenen produzieren und reproduzieren." (Bourdieu 1997d: 170) Die soziale Ordnung befindet sich aus dieser Perspektive in einem Verhältnis der prästabilierten Harmonie – einer Übereinstimmung, die durch Sozialisationsprozesse fest installiert ist – mit den in ihr handelnden Akteuren, ein Verhältnis, das Bourdieu auch als „Ur-Bejahung" charakterisiert:

> „Bekanntlich verdankt die soziale Ordnung ihre Beständigkeit zumindest teilweise der Tatsache, daß sie Klassifikationsschemata durchsetzt, die – da sie sich den objektiven Klassifizierungen anpassen – zu einer bestimmten Form der Anerkennung dieser Ordnung führen, derjenigen nämlich, die mit der Verkennung der Willkür ihrer Grundlagen einhergeht: Die Korrespondenz zwischen objektiven Strukturen und mentalen Strukturen, ist die Grundlage einer Art Ur-Bejahung der bestehenden Ordnung." (Bourdieu 1990: 104)

Der Prozess, durch den die Akteure vermittels ihrer an die soziale Ordnung vorangepassten Habitus zur Aufrechterhaltung einer bestehenden Ordnung beitragen, stellt nach Bourdieu die Ausübung eines symbolischen Gewaltverhältnisses dar. Die Ebene der symbolischen Praktiken war ja bereits eingeführt. Den Prozess, durch den Kontrolle über die Art und Weise der symbolischen Praktiken erlangt wird, nennt Bourdieu darum symbolische Gewalt. Die symbolische Ordnung der Gegenstände, sozialen Beziehungen und institutionellen Autoritäten ist deshalb kein unschuldiges System der Zuschreibung von Bedeutungsinhalten. Im Gegenteil: Fällt sie mit der Kategorisierung eines oben und unten – der Benachteiligungen und Privilegierungen einzelner Gruppen und Segmente der Sozialstruktur – zusammen, ist die symbolische eine Herrschaftsordnung. Dass die sozialen Akteure an der Erfassung und Konstruktion ihrer gegenständlichen und sozialen Umwelt „aktiv" beteiligt sind, Bourdieu bezeichnet dieses Fähigkeit als „Apprehension" (Bourdieu 1992d: 143), gefährdet die Aufrechterhaltung dieser Ordnung kaum. Die aktive Mitwirkung ermöglicht erst die wirksamste Kontrolle jeder Herrschaftsordnung: Die in dem „Dunkel der Schemata des Habitus" (Bourdieu/Wacquant 1996: 209) gründenden Konstruktions- und Klassifizierungsprinzipien der sozialen Welt sind selbst bereits „Produkte der Einschreibung eines Herrschaftsverhältnisses in den Körper" (Bourdieu 1997d: 170).[20]

Der Habitus als Ort dieser „Somatisierung" stellt auf Dauer sicher, dass die Realität als selbstverständlich wahrgenommen und akzeptiert wird. Die Wirklichkeit wird über eine Alltagswelt, die Welt des Alltagsverstandes, vermittelt. In dieser ist die objektive Wirklichkeit sozialer Ungleichheiten in ihrem Willkürcharakter verkannt und in eine Art Naturphänomen, weil sie eben natürlich ist, transformiert. Das alltägliche „Das ist nun einmal so!" und „Es ist doch immer so gewesen!" ist Allegorie dessen, dass dem Beherrschten nur jene Erkenntnismittel zur Verfügung stehen, die der herrschenden symbolischen Ordnung entnommen und nur dazu nützlich sind, diese zu legitimieren. Die herrschende, das heißt legitime Ordnung wird von den darin Beherrschten weniger als Totalität denn als Normalität wahrgenommen und ist deswegen dem Willen zur Veränderung entzogen. Normal bedeutet, dass die Realität stets als sinnvolle, weil tradierte Ordnung, in Bourdieus Worten, als „sinnhafte Totalität" (Bourdieu 1997d: 167) akzeptiert wird. Die Handelnden nehmen sie von früh an als etwas Selbstverständliches wahr, ihre Überwindung bzw. Veränderung erscheint daher immer außerhalb des Möglichen. Einmal mehr muss dabei die Einschränkung gemacht werden, nach der Bourdieus Annahmen als Beschreibung des Wahrscheinlichen aufzufassen sind, nicht als die zwingend notwendige Entwicklung. Der Umsturz der symbolischen Ordnung ist für Bourdieu ebenso möglich, wenn auch empirisch weniger wahrscheinlich. Zur

---

[20] Insbesondere in der Auseinandersetzung mit den Formen männlicher Herrschaft, dem Geschlechterverhältnis also, bezeichnet Bourdieu den Prozess der Einschreibung in den Körper als „Somatisierung", also der „Verkörperlichung" oder der Verinnerlichung in die körperliche Struktur (Bourdieu 1997d: 162, 167; Bourdieu/Wacquant 1996: 210).

Voraussetzung hat dieser Umsturz das kollektive Unbehagen an der Realität, sie muss objektiv einer Krise erliegen (wenn etwa die Interessen einer Mehrheit der Bevölkerung bedroht sind) und zugleich von einem kritischen Diskurs in ihrem Willkürcharakter bloßgelegt werden (vgl. Bourdieu 1990: Kap. 3 und 4).
 Gesellschaftliche Ordnung wird also nach Bourdieu durch mehr als nur den Zwang in seiner nackten Gestalt aufrechterhalten. Die Handelnden sind „wissende Akteure" (Bourdieu/Wacquant 1996: 204), die aktiv dazu beitragen, jene Determinismen, denen sie unterliegen, zu reproduzieren. Symbolische Gewalt wird in diesem Sinne von Bourdieu als die Form der Gewalt definiert, die unter der Mitwirkung der beherrschten Akteure selbst über diese ausgeübt wird. Der sozial fest verankerte Glaube an die Legitimität der sozialen Teilungsprinzipien in Gestalt der individuellen (sozialisierten bzw. habitualisierten) *doxa* ist ihr Instrument (Bourdieu 1998h: 171 ff.).

Ein erstes Fazit zum Ansatz Bourdieus

Die Rekonstruktion Bourdieus hat bisher ergeben, dass er dem Bezugsrahmen ungleichheitsorientierter Sozialisationsforschung tatsächlich mehr als nur ein Hintergrundverständnis über die Strukturen der sozialen Ungleichheit zur Verfügung stellen kann. Die Vermittlung von Sozialstrukturanalyse, Kultursoziologie sowie Handlungs- und Akteurstheorie überschreitet eingeschliffene Grenzen einer reinen Ungleichheitsforschung. Dabei kommt Bourdieus konsequenter Haltung, ökonomische Verteilungsungleichheiten mit der Sphäre der symbolischen Ordnung (Lebensführung und Lebensstile) zu vermitteln, elementare Bedeutung zu. Dadurch erst gelingt es, den konkreten Einfluss der Dispositionen und Kompetenzen für die Reproduktion sozialer Ungleichheiten in den Blick zu nehmen. Es existiert nach Bourdieu kein mechanischer Zirkel, der sozial ungleiche Machtverteilung ohne die Mitwirkung der Akteure selbst aufrechterhalten könnte.
 Der Blick auf das Subjekt ist es infolgedessen, der einem sozialisationstheoretischen, speziell dem Subjekt- und Handlungskonzept in der Sozialisationsforschung seit den 1980er Jahren gegenübergestellt werden soll. Mit der Übertragung der praxeologischen Vermittlung zwischen den gegensätzlichen Erkenntnisweisen des Objektivismus und Subjektivismus auf die Unterscheidung zwischen Vergesellschaftungs- und Individuationspol in der Sozialisationsforschung deutet sich der Ertrag aus Bourdieus synthetisierender Perspektive bereits an: Bourdieu stimmt mit VertreterInnen der Sozialisationsforschung durchaus noch darin überein, dass erst individuelle Fähigkeits- und Kompetenzmuster, Formen der Realitätsaneignung und -verarbeitung über die Lebensführung entscheiden. Gleichzeitig aber befindet sich Bourdieu in fundamentalem Gegensatz zu einem neuen sozialisationstheoretischen Mainstream. Während dieser auf der mikroanalytischen Ebe-

ne verbleibt, damit Sozialisationsforschung auf die mit dem Individuationspol verbundene subjektivistische Erkenntnisweise festlegt und schließlich der Gefahr des Subjektzentrismus erliegt, vermittelt Bourdieu diesen Subjektpol mit der Objektperspektive oder genauer: Bleiben sozialisationstheoretische Ansätze bei der Analyse aktiv die Umwelt aneignender Subjekte stehen, fragt Bourdieu erst nach den sozialstrukturellen Bedingungen und Konsequenzen, der ungleich verteilten Kompetenzen, sich die Umwelt anzueignen.

Dabei zeigt der implizite Vergleich der Positionen von Hurrelmann und Bourdieu, dass der Modus produktiver Realitätsverarbeitung analytisch – zumal im Rahmen ungleichheitstheoretischer Fragestellungen – zu kurz greift. Er blendet die Vermittlung zwischen objektiven und inkorporierten Strukturen aus, die Bourdieu zu einem Hauptgegenstand seiner Untersuchungen macht. Die Sozialisationsforschung besitzt daher kaum eine Vorstellung über die Bedeutung internalisierter kognitiver Dispositionen, die das Ergebnis ungleicher Vergesellschaftungsbedingungen darstellen und auf Wahrnehmungs-, Denk- und Handlungsmodi dauerhaft Einfluss nehmen. Damit droht verloren zu gehen, dass sich gerade im Prozess der aktiven Realitätsverarbeitung – in der konkreten Auseinandersetzung mit der Wirklichkeit, der Bewertung und Bewältigung von Handlungsanforderungen etc. – die Unterschiede der sozialen Herkunft reproduzieren. Die Stärke des Habitusbegriffs liegt demgegenüber in seinen struktur- und gesellschaftstheoretischen Implikationen. Die Klassifikations- und Teilungsprinzipien der Sozialwelt sind den Habitus individuell eingeschrieben und aktualisieren sich immer wieder, wenn soziale Akteure handeln. Diese werden – wie Bourdieu sagt – bis in ihre innersten Regungen hinein von der Struktur der Ungleichheitsverhältnisse berührt.

Dabei muss ein erstes Fazit auch betonen, dass die Funktion des Habitus, die Struktur der Herkunftsbedingungen der Tendenz nach zu reproduzieren, nicht mit einer deterministischen Grundannahme gleichzusetzen ist. Der Habitus ist nicht Ort der Determination, sondern der Wahrscheinlichkeit. Zwischen sozialer Lage und individuellem Handeln existiert kein linearer, sondern ein probabilistischer (also wahrscheinlichkeitstheoretischer) Zusammenhang. Über den Habitus vermittelte Dispositionen nehmen auf das Handeln Einfluss wie ein System von Grenzen, wie wahrscheinliche Eventualitäten: Der Fall, dass der Habitus unter exakt jenen Bedingungen zum Einsatz kommt, deren Produkt er ist und deren Strukturen er bruchlos reproduziert, beschreibt nach Bourdieu nur einen Sonderfall aller Möglichkeiten (Bourdieu 1987: 117). Grundsätzlich gilt, dass noch aus der Kenntnis aller Erfahrungen, die ein Mensch erworben hat, keine einzige künftige Handlung deduzierbar ist. (Vgl. Bourdieu 1985c: 386; ähnlich 1982: 278) Auf Grundlage korrelations- und korrespondenzanalytischer Untersuchungen bestimmt Bourdieu mit dem Habitusbegriff ausschließlich die Regelmäßigkeit von Verhaltensweisen, die durch die Struktur der Herkunftsbedingungen vorstrukturiert, aber nicht determiniert ist (vgl. Bourdieu 1992c: 100 f.; zur Einordnung des Habitusbegriffs als rein empirische Kategorie Barlösius 1999).

Über das Verständnis der im Lebenslauf erworbenen Dispositionen erlangt Bourdieu ein umfassenderes Verständnis jener Mechanismen, die individuelles Handeln noch unterhalb der Ebene der Sichtbarkeit durch den Einfluss der Herkunfts- und Lebensbedingungen strukturieren. Der Erwerb und die praktische Anwendung der Handlungskompetenzen bezeichnen die Grundlage für die Reproduktion und nicht für die Überwindung sozialer Ungleichheit. Dem Kompetenzbegriff bei Bourdieu fehlt jegliche normative Dimension, die andere Konzeptionen – wie gezeigt auch bei Hurrelmann – sehr stark beeinflussen. Bourdieu bemisst Handlungskompetenzen auf der Grundlage eines empirischen Verständnisses. Das heißt, an dem Maß eines durch das Kompetenzniveau verfügbaren Möglichkeitsraums, der durch vorangepasste Dispositions-, Fähigkeits- und Bedürfnismuster eröffnet wird.

Dieser Möglichkeits- und Optionenraum ist nicht etwa nur durch materielle oder formelle Beschränkungen strukturiert. Zumal auf Grundlage der Sozialraum-Lehre und der Habitus-Theorie kann Bourdieu nachweisen, dass den gesellschaftlichen Klassifikationsprinzipien subtile Mechanismen der Anerkennung und Zuschreibung korrespondieren. Sozusagen spontan – das heißt, ohne das Ergebnis eines bewussten Entschlusses zu sein – gehen die Selbstzuschreibungen negativer Vorurteile der Unterprivilegierten mit der umgekehrt positiven Selbstattribuierung der Privilegierten einher. Die gesellschaftlichen Verteilungskämpfe sind infolgedessen bereits dann vorentschieden, wenn die Anerkennung symbolischer Hierarchien (er kommt aus einer begabten Familie, ich bin wie meine Mutter, aus uns wird nichts etc.) in die habituellen Schemata Eingang gefunden hat. Bourdieu spricht in diesem Zusammenhang beispielhaft von einer „Ideologie der Kompetenz", derer sich gerade die Privilegierten zur Rechtfertigung („Soziodizee") ihrer gesellschaftlichen Sonderrechte bedienen (Bourdieu 1998b: 51). Die Effekte symbolischer Zuschreibungen auf die Lebensführung bezeichnet er analog als *self-fulfilling prophecy* oder als *amor fati*:

> „Mit Marx behaupten, daß ‚der Kleinbürger die Grenzen seines Hirns nicht zu überschreiten vermag' (oder, wie andere gesagt hätten, die Grenzen seines ‚Verstandes'), heißt feststellen, daß sein Denken denselben Beschränkungen unterliegt wie seine materielle Lage, daß seine Lage ihn gewissermaßen doppelt beschränkt, nämlich einmal durch die materiellen Schranken, die sie seinem Handeln auferlegt, und sodann durch die Schranken, die sie seinem Denken setzt – und damit wiederum seinem Handeln –, und die ihn dazu bringen, seine eigenen Grenzen zu akzeptieren, ja zu lieben." (Bourdieu 1982: 378; vgl. auch Bourdieu 1997d: 162)

Ohne schließlich eine eigene sozialisationstheoretische Perspektive begründet zu haben, weist Bourdieu nach, dass der über den Habitus vermittelte Reproduktionsmechanismus ungleicher Machtverteilung bereits in den Lebensphasen Heranwachsender Wirksamkeit erlangt. Kindheit und Jugendalter bezeichnen nach Bourdieu nicht nur Entwicklungsstadien der Internalisierung symbolischer Gewaltverhältnisse und damit der Ausbildung der elementaren sowie zumeist dauerhaften Strukturen der Habitus, sie stellen biografisch zugleich den Zeitpunkt der Vorentscheidung über Lebenschancen im Erwachsenenalter dar. Bourdieu selbst gibt hierauf Hinweise, die seinen Untersuchungen zum französischen Bildungssystem entstammen. Wie weit hieraus eine sozialisationstheoretische Perspektive weiter begründet und damit ein Ertrag für die ungleichheitsorientierte Sozialisationsforschung erzielt werden kann, wird im Anschluss entschieden.

5.5 Der schulische Reproduktionsmodus sozialer Ungleichheit

Das Bildungswesen nimmt in Bourdieus Ungleichheitssoziologie eine zentrale Funktion ein. Insbesondere in Untersuchungen der frühen 1960er bis 1970er Jahre analysierte er den Aufbau, sowie die gesellschaftliche und biografische Bedeutung des Bildungssystems.[21] Bourdieus diesbezügliche Hauptannahme lautet, dass sich die Reproduktionsstrategien primär in die Strategien des Bildungserwerbs übersetzen. Der Bildungstitel wird dabei zur vermittelnden Instanz zwischen der Struktur der Herkunftsbedingungen und den Status- und Lebenschancen. Das Bildungssystem ist Ort und Instrument dieser Vermittlung:

„Das Bildungswesen hat die geheime Funktion, die Gesellschaftsordnung zugleich zu perpetuieren und zu legitimieren, es perpetuiert sie umso wirksamer gerade dadurch, daß seine konservative Funktion unter einem ideologischen Selbstverständnis verborgen ist." (Bourdieu/Passeron 1971: 16)

---

[21] Bei der Darstellung der Bildungssoziologie bezieht man sich ganz automatisch auf Untersuchungen, die werkgeschichtlich hinter *Die feinen Unterschiede* zurückweisen: So *Die Illusion der Chancengleichheit* (Bourdieu/Passeron 1971 [1964]) und eine Reihe von Aufsätzen, die in den Sammelveröffentlichungen *Titel und Stelle* (Bourdieu et al. 1981b [1971]) sowie *Grundlagen einer Theorie der symbolischen Gewalt* (Bourdieu/Passeron 1973) enthalten sind. Der frühe Hinweis bei Egger/Pfeuffer/Schultheis (1996) auf die enttäuschende Wirkungsgeschichte Bourdieus musste nicht – wie die Autoren meinen – auf sein Gesamtwerk bezogen, sondern vorrangig auf die bildungssoziologischen Arbeiten beschränkt werden (Wacquant 1996: 17 f., Fn. 3). Heute indes hat die Bildungssoziologie in der Rezeption mindestens gleichgezogen, vielleicht hat sie in der Bedeutung die übrigen Arbeiten Bourdieus zur Ungleichheitsforschung sogar noch überholt.

In Bourdieus Analyse des Bildungswesens lassen sich zwei Ebenen unterscheiden. Einerseits untersucht Bourdieu die Funktion, also den Aufbau und die gesellschaftliche Relevanz von Bildungseinrichtungen. Dabei diagnostiziert er die anwachsende Bedeutung des Bildungswesens als Reproduktionsinstrument sozialer Ungleichheit in den westlichen Gesellschaften seit Beginn des zwanzigsten Jahrhunderts. Die gestiegene Funktion von Bildung erwächst aus der gewandelten Beziehung zwischen dem Wirtschaftssystem und seinem Rekrutierungsmodus in der Struktur der sozialen Schichtung (Bourdieu/Boltanski/de Saint Martin 1981: 38). Andererseits analysiert Bourdieu auf der Akteurs- und Handlungsebene die spezifischen Strategien der Bewältigung schulischer Bildungsanforderungen und differenziert zwischen klassenspezifischen Wahrscheinlichkeiten des Bildungserfolgs. Gegenüber einer struktur- bzw. institutionentheoretischen Betrachtung rückt auf dieser zweiten Analyseebene die Funktion der Dispositionsstruktur sozialer Akteure für die Bildungslaufbahn in das Zentrum der Betrachtung.

Strukturwandel der Wirtschaft und Bildungsexpansion

Grundlegende Bedingung für die gestiegene Bedeutung des Bildungswesens bei der Ungleichheitsreproduktion sind nach Bourdieu zwei parallele Entwicklungen:
(1) In den westlichen Gesellschaften hat vor allem seit dem zweiten Weltkrieg ein „Umstrukturierungsprozeß in der Wirtschaft" (Bourdieu/Boltanski/de Saint Martin 1981: 26) stattgefunden. Durch zunehmende Diversifizierung der Wirtschaftseinheiten, Bürokratisierung der Wirtschaftsbeziehungen und sowie interne Veränderungen der Betriebsorganisation hat sich der Modus der Betriebsführung und Personalrekrutierung einschneidend gewandelt). Die Ausübung personaler Herrschaft durch einen einzelnen Wirtschaftsmagnaten ist seither mehrheitlich – mit Größe und Potenz des Betriebs zunehmend – durch die strukturelle Herrschaft einer anonymisierten Gruppe von Spezialisten, Managern und leitenden Angestellten ersetzt. An die Stelle des owner-ships ist die Funktion des manager-ships getreten. Profitabschöpfung erfolgt nicht mehr durch den einzelnen Kapitaleigner, sondern durch die von Bourdieu so bezeichnete „proletaroide Intelligenzschicht" (ebd.: 52; dazu ausführlich Boltanski 1990 und Bourdieu 1996).
Überraschend hellsichtig antizipieren Bourdieu und MitarbeiterInnen bereits zu Beginn der siebziger Jahre damit Entwicklungen, die später Gegenstand der Industrie- und Arbeitssoziologie darstellen (Beck 1999; Bittlingmayer 2005; Sennett 1998). Häufig erst als Signum der jüngsten Tertiarisierungswelle (die Verdrängung der körperlichen Arbeiten durch den Dienstleistungsbereich) ausgegebene Veränderungen im Unternehmensbereich werden dadurch genauer eingeordnet:

„Als ausschlaggebene Qualitäten treten Diskussions- und Verhandlungsgeschick, Fremdsprachenkenntnisse und vielleicht vor allem die durch gesellschaftlichen Schliff und Feingefühl gekennzeichneten Umgangsformen in den Vordergrund, die im krassen Gegensatz zu der ruppig-energischen Raubeinigkeit stehen, die den kämpferischen Unternehmer alter Schule zumindest idealtypisch kennzeichnete. Der Spitzenbeamte (als moderne Version des ‚Diplomaten') ersetzt den Truppenführer im Fundus gesellschaftlicher Leitbilder [...]." (Bourdieu/Boltanski/de Saint Martin 1981: 41 f.)

(2) Diese Führungsschicht rekrutiert sich nicht mehr nach einem ständischen oder mechanischen Prinzip. Der „Besitztitel" (die Herkunft, der Adel oder Geldadel) der Herkunftsfamilie ist keine ausreichende Bedingung mehr für sozialen Aufstieg. Mit dem wirtschaftlichen Feld wandeln sich auch die Anforderungen an die Positionsinhaber. Auf der Ebene der Führungskräfte ist dies insbesondere die Ersetzung des Bildungskapitals mit naturwissenschaftlich-technischer Ausrichtung, das auch außerhalb der Hochschulen erworben werden konnte, durch ökonomisch-politisch ausgerichtetes Wissen, das zur Ausübung administrativer Tätigkeiten „befähigt" und universitäre Ausbildung zur Voraussetzung macht (Bourdieu/Boltanski/de Saint Martin 1981: 28 ff.). Der Bildungstitel dient dabei als legitimierter Nachweis darüber, dass der/die Bewerber/in die geforderten Eigenschaften aufweist, die die Ausübung einer Führungstätigkeit erfordert. Auslese und Aufstieg im Unternehmensbereich machen die Erlangung des Bildungstitels zur notwendigen Eintrittsvoraussetzung in die herrschende Klasse bzw. das Feld der Macht. Wenn auch, wie der Soziologe Michael Hartmann (1995, 1996) in seinen Arbeiten zur Elitenreproduktion schon den 1990er Jahre gezeigt hat, der Bildungstitel allein nicht ausreicht und persönliche Netzwerke der Privilegierten zu einem Vorteil im Statuswettbewerb werden, hat das Bildungszertifikat den Familienstammbaum zumindest formell abgelöst. Das Feld der Macht verändert seinen Reproduktionsmodus von der Übertragung ökonomischen Kapitals zur Reproduktion über Bildungskapital. Dieser Wandel liegt nach Bourdieu auch einem Phänomen zu Grunde, das er die Inflation der Bildungstitel nennt.

Was aber heißt Inflation der Bildungstitel, was ist mit diesem Phänomen bezeichnet, dessen Auswirkungen auch heute noch spürbar sind? Durch den kollektiven Zwang zur Akkumulation (also zur Ansammlung) von Bildungskapital werden Bildungsnachweise immer schneller entwertet. Diese Entwicklung betrifft hingegen nicht mehr nur noch Führungskräfte, sondern erfasst zunehmend alle Beschäftigten. Der gestiegene Qualifikations- und Titelbedarf wird auf die unteren Ebenen der Betriebs- und Sozialhierarchie übertragen (zunächst die Banklehre nur noch mit Abitur, dann viele handwerkliche Ausbildungsberufe mit Abitur etc.) und zwingt ausnahmslos zu einer intensiveren Nutzung der Bildungsinstitutionen. Die Bildungsexpansion begleitet diese Entwicklung (Bourdieu 1982: 31 ff.), sie wird durch den wirtschaftlichen Strukturwandel bedingt und ermöglicht, durch die erhöhte Anzahl insbesondere akademisch qualifizierter Führungskräfte, ihrerseits erst den Wandel der Unternehmensstrukturen. Obwohl hier lediglich auf die Kernaussagen abgestellt wird, ist die ausschlaggebende Argumentationsfigur Bourdieus bereits deutlich erkennbar: Durch Wandel der Reproduktionsinstrumente hat sich auch der Reproduktionsmechanismus sozialer Ungleichheit verändert. Der direkte familiale Einfluss auf die berufliche Karriere ist durch die Zwischeninstanz Bildungssystem unterbrochen. Die soziale Scheidelinie verläuft nicht mehr nur noch entlang der Differenz ungleicher sozialer Herkunft, sondern längs der in der Bildungslaufbahn erworbenen unterschiedlichen Bildungsnachweise (Qualifikationen, Titel).

Das Besondere dieser Entwicklung ist nach Bourdieu aber, dass trotz dieses fundamentalen Wandels der *Reproduktionsmechanismen* das Reproduktionsergebnis – die ungleiche Status- und Lebenschancenzuweisung in Abhängigkeit von den Herkunftsbedingungen – stabil bleibt (Bourdieu/Passeron 1971; Bourdieu 1981 [1974]), ein Befund, der wie wir wissen bis heute stabil geblieben ist. Die Selektion nach Qualität der Qualifikationsnachweise und die parallele Öffnung des Bildungswesens auch für bildungsferne Gruppen hat also nicht die erwartete Egalisierung der Bildungschancen bewirkt. Der Übergang vom familialen zum schulischen Reproduktionsmodus führt keineswegs zu einer Art Enteignung der Verfügungsgewalt der Familie über die Karriereverläufe nachkommender Generationen. Der Reproduktionsmechanismus ist lediglich subtiler und weniger sichtbar geworden. Der Zusammenhang zwischen sozialer Herkunft und Lebenslauf der Heranwachsenden wird durch Mechanismen vermittelt, die im Vergleich zum ständischen Reproduktionsprinzip (die familiäre Herkunft legt fest, welche Chancen man hat) nicht weniger wirksam sind, demgegenüber aber allgemein unsichtbar bleiben. Dabei wird nach Bourdieu auch das Risiko in Kauf genommen, das einzelne für die Reproduktion der Führungspositionen vorherbestimmte Angehörige der herrschenden Klasse dem schulischen Reproduktionsmodus zum Opfer fallen, das heißt nicht die geforderten Leistungskriterien erfüllen, dafür aber ist die Legitimation von Ungleichheiten um so überzeugender.

> „Doch was ihr [der Familie; Anm. d. A.] weggenommen wird, erhält sie zugleich in anderer Form, über die Klassenschiene, wieder zurück, und zwar vermittels der weniger sichtbaren Mechanismen der Sozialstatistik, die – eben weil sie nach der Wahrscheinlichkeit funktioniert – der Klasse im ganzen jene Eigenschaften zu verleihen imstande ist, die sie dem einen oder anderen Klassenmitglied im Einzelfall verweigert." (Bourdieu/Boltanski/de Saint Martin 1981: 45; vgl. auch Bourdieu 1981 [1974])

Im Gegensatz zur direkten Statusvererbung in der Familie erfüllt der schulische Reproduktionsmodus eine zudem besondere legitimatorische Funktion. Die Schule wird zur juridischen Instanz, die soziale Selektion (Auslese) und Statusallokation

(Statuszuweisung) rechtmäßig absichert. Sie trifft die Entscheidung darüber, wer sozial auf- oder absteigt bzw. zur Reproduktion seiner/ihrer sozialen Herkunft bestimmt ist. Nach Bourdieu stellen der schulische und familiale Reproduktionsmodus daher keinen Gegensatz dar, sie verhalten sich strukturhomolog zueinander. Obwohl die jüngeren Reproduktionsinstrumente und -mechanismen den alten entgegengesetzt sind, ermöglichen sie doch, diese alte Funktion weiterhin zu erfüllen. Der mit dem Wandel des Reproduktionsmodus verbundene Glaube an die Befriedung der sozialen Gegensätze unter dem Diktat einer neutralen Leistungsbewertung ist nach Bourdieu ein trügerisches Mittel, das lediglich dazu dient, ungleiche Lebensbedingungen um so verlässlicher zu legitimieren, wie mit der gestiegenen Bedeutung von Bildung die Illusion einhergeht, Bildungschancen seien gleich verteilt.

Wie aber erreichen die Privilegierten die Erhaltung und Reproduktion ihrer sozialen Lage, wenn der Bildungstitel notwendige Voraussetzung und der Zugang zur Bildung tatsächlich formal offen ist? Bourdieu interessiert sich dabei nur beiläufig für eine im Wesentlichen auch unter dem schulischen Reproduktionsmodus fortbestehende Bedingung sozialstrukturell differenzierter Bildungschancen: die ungleiche Ausstattung mit finanziellen Ressourcen, die längeren Schulverbleib als auch Zusatzqualifikationen und kompensatorische Strategien wie Nachhilfeunterricht, Internate usw. ermöglichen. Bedeutender sind – und diese Bedingung wirken nach Bourdieu selbst dann noch, wenn die ökonomischen Faktoren endgültig ausgeschlossen wären – die differenzierten Strategien des Bildungserwerbs (Bourdieu/Passeron 1971: 40).

Strategien des Bildungserwerbs

Die Grundannahme Bourdieus in seinen bildungssoziologischen Untersuchungen lautet, dass Schulerfolg signifikant von den differenzierten Einstellungen der SchülerInnen zu schulischer Bildung abhängig ist. Die Differenz der Einstellungen zeigt sich in unterschiedlichen Strategien der Bewältigung schulischer Bildungsanforderungen. Einstellungen zur Bildung finden Anwendung in den verschiedenartigen Interessenshaltungen, die mit Bildungsinhalten verbunden werden, zudem in der Fähigkeit, auf das richtige Pferd setzen zu können – zum Beispiel bereits bei der Wahl von fachlichen Schwerpunkten in den Sekundarstufen oder der Studienfachwahl – und schließlich in der Motivation, schulische Bildung für die eigenen Zwecke" nutzen zu wollen. In den Bildungsstrategien summieren sich Muster individueller Verhaltensweisen und Neigungen sowie planmäßiger Investitionen – kurz: Muster bewussten und unbewussten (nach außen meist unsichtbaren) Strebens –, die unter der Bezeichnung „Einstellung zur Zukunft" (Bourdieu/Boltanski/de Saint Martin 1981: 23) zusammengefasst werden. Gleich einem schulspezifischen Realitätssinn nimmt die Einstellung zur Zukunft auf das eigenverantwortliche schulische

Streben der Heranwachsenden Einfluss, dass sie zur rationalen Organisation der Schulkarriere befähigt. Die Erklärung aber, dass die Schullaufbahn durch Einstellungen und Strategien bestimmt ist, greift, obwohl sie individuelle Praxisformen der SchülerInnen zunächst zutreffend abbildet, in Bourdieus Sicht noch zu kurz. Das Verhältnis zwischen der Leistungsfähigkeit und schulischen Leistungsanforderungen ist nicht etwa durch naturgegebene Kompetenzen und Fähigkeiten oder das analytisch unspezifische Bewertungsmaß „ausreichende" bzw. „mangelnde Motivation" charakterisiert, sondern bereits durch den Einfluss differenzierter Sozialisationsbedingungen auf die Heranwachsenden (zumal außerhalb der Schule und vor Schuleintritt) vorstrukturiert (Bourdieu/Passeron 1971: 175 ff.). Soziologisch bezeichnet es die Verwechslung von Ursache und Wirkung, wollte man die Analyse der Schulkarrieren nur auf eine schlichte Bestandsaufnahme der äußerlichen Kennzeichen der „guten" oder „schlechten" SchülerInnen reduzieren. Individuelle Bildungsstrategien sind nicht nur die *Ursache* der Bildungsungleichheit, sondern stellen bereits die *Wirkung* eines ungleichen Bildungserbes dar, das selbst die „Funktion der Investitionsstrategien vorangegangener Generationen" (Bourdieu 1981 [1974]: 178) ist.

Klassenspezifischer Habitus und Bildungserbe

In Bourdieus Bildungssoziologie sind die zentralen Aussagen seiner ungleichheitstheoretischen Annahmen zusammengefasst. Der schulische Reproduktionsmodus wird mit dem System der sozialen Ungleichheit direkt vermittelt. Die Logik der Selektion im Bildungswesen folgt hiernach der Logik klassenmäßiger Teilung (Bourdieu/Passeron 1971: 177). Das Bindeglied zwischen den Strategien und Einstellungen der Heranwachsenden und der Struktur ungleicher Vergesellschaftungsbedingungen stellt der individuelle Habitus dar. Der Habitus garantiert, dass der Einfluss der sozialen Herkunft auf die Bildungs-, Status- und Lebenschancen im Erwachsenenalter, trotz des Wandels vom familialen zum schulischen Reproduktionsmodus, weiter fortbesteht. Mit dem Habitusbegriff wird überhaupt erst verständlich, warum etwa die Unterprivilegierten „unmotiviert" dem Schulsystem gegenüberstehen, die Privilegierten dagegen „hochmotiviert" und in der Lage sind, wirtschaftlich rationale und lukrative Strategien des Bildungserwerbs zu verfolgen. Und dieses Erklärungsmuster ist – so alt die Theorie dahinter auch sein mag – unvermindert aktuell.

Einstellungen und Strategien im Schulsystem lassen sich dementsprechend nach dem gleichen Muster interpretieren wie die über den Habitus vermittelten Dispositionen und Praxisformen. Sie sind das Ergebnis einer strukturierten Struktur und fungieren als strukturierende Struktur. Wahrnehmungs-, Denk- und Handlungsschemata der Heranwachsenden folgen der immanenten Gesetzmäßigkeit eines über das grammatische Prinzip des Habitus vermittelten Realitäts- und Praxis-Sinns. Mit der Sicherheit instinktiven Handelns werden die Teilungs- und Unterscheidungsprinzipien der Sozialwelt in der Kindheit und im Jugendalter reproduziert. Gerade im Bildungswesen erlangt nach Bourdieu die Struktur der ungleichen Lebenslagen die Gewalt unausgesprochener Anordnungen. Die Wirklichkeit erscheint den Heranwachsenden als eine sinnhafte Totalität. Die schulspezifische Totalität wird schließlich nicht nur ungleich wahrgenommen, ihr steht auch ein sozialstrukturell differenziertes Repertoire an Handlungswissen und Handlungsweisen gegenüber.

Kommen habituell verankerte, nach der sozialen Herkunft differenzierte Handlungsstrategien im Umgang mit den schulischen Leistungsanforderungen zur Anwendung, werden vertikal strukturierte Bildungschancen reproduziert. Der Erfolg der Wissensvermittlung im Bildungswesen hängt demnach von dem Abstand zwischen dem schulischen Curriculum und dem geheimen Curriculum des Herkunftsmilieus ab. Dieser Abstand strukturiert, ob schulische Bildung als *Reedukation*, nämlich als *Weiter*-Bildung dessen, was ohnehin schon angelegt ist, oder als *Dekulturation*, nämlich als Bruch mit den Erfahrungen und Fähigkeiten der Primärsozialisation und deshalb nur abgeschwächt wirkt (Bourdieu/Passeron 1973b: 61). Der Habitus legt die Unangepasstheit der Volksklasse und die (Vor-) Angepasstheit der mittleren und Oberklasse an die Schule fest.

Basil Bernsteins Unterscheidung in einen restringierten und einen elaborierten Sprachcode, der die schulische Leistungsbereitschaft beeinflusst, kann hier noch einmal als Beispiel dienen (s. oben). Gerade die Sprache erfüllt eine besondere Funktion der Ungleichheiten. Bieten Unterschichten in der Schule ihre Sprache an, werden sie abgeschnitten und zurückgewiesen (etwa: „Wo sind die Schlüssels?", „Gib' sie das!"). Hingegen bedarf es für Angehörige gehobener Schichten weit weniger Aufwand, die Schulsprache zu beherrschen. Lehrkräfte, die SchülerInnen mit Sprachkompetenz einseitig bevorzugen, tragen ihr übriges zu dieser noch immer kaum beachteten Ausgrenzung im Bildungswesen bei. Mit der Bildungsexpansion und dem vermehrten bzw. verlängerten Schulbesuch der Volksklasse erlangt der Gegensatz zwischen schulischen Lernanforderungen bzw. insbesondere unausgesprochenen Benimmcodi und Schülerverhalten eine neue Qualität. Bereits in den 1960er Jahren bemerken Bourdieu/Passeron (1971: 177, Fn. 73), dass traditionelle Verweigerungen geduldete und normale Regelverletzung waren, die jedoch in neue, aus dem Rahmen fallende Verweigerungshaltungen übergegangen sind. In *Das Elend der Welt* (Bourdieu et al. 1997) aktualisieren Bourdieu/Champagne diese Diagnose:

„Vorbei die Zeit der ledernen Schulranzen, der diskret-zweckmäßigen Kleidung, des den Lehrern gezollten Respekts, so vieler Zeichen der Anhänglichkeit, die die Kinder von einfachen Familien der Institution Schule einräumten und die heute einem distanzierteren Verhältnis Platz gemacht haben: Die gesuchte Dürftigkeit der Schulsachen, die mit einer Kordel oder einem Gummi zusammengehaltenen Unterlagen, die man lässig über der Schulter herumschleppt [...] stehen für die als ungezwungene Lässigkeit verkleidete Enttäuschung und Resignation; sie kommt auch in der Zunahme von provokativen Signalen an die Adresse der Lehrer zum Ausdruck, etwa dem Walkman, den man manchmal bis ins Klassenzimmer trägt [...]." (Bourdieu/ Champagne 1997: 532 f.)

Eine implizite, aber um so wirksamere Pädagogik

Auch bildungssoziologisch stehen für Bourdieu die Mechanismen der Wirkung differenzierter Habitusformationen im Mittelpunkt. Die Familie übernimmt in besonderer Weise die Funktion der Übertragung klassenspezifischer Lebenslagen und -stile in die Struktur der Habitus. Bildungsnahe Familien – im Sozialraum nahe dem kulturellen Pol angesiedelt – vermögen am ehesten die symbolischen Gewaltverhältnisse zu kontrollieren, die von der Schule ausgehen und als kulturell willkürliche Formen der Auslese wirksam werden. Der Willkürcharakter spielt hierbei wieder eine besondere Rolle. Die Schule ist an der Aufrechterhaltung dieses symbolischen Gewaltverhältnisse aktiv beteiligt. Basil Bernstein hatte bereits darauf hingewiesen, dass die Einrichtung sogenannter Schüler-Hilfsprogramme („kompensatorische Erziehung") in den USA, zumal mit Unterstützung einer engagierten Elternschaft, vor allem dazu dient, die Hierarchie zwischen der anerkannten legitimen Mittel- und Oberschichtskultur und der illegitimen Unterschichtskultur rechtlich abzusichern:

„Wenn Kinder ‚kulturell depriviert' genannt werden, folgt daraus, daß die Eltern unzulänglich sind, den kulturellen Anforderungen nicht entsprechen. Die spontanen Verwirklichungen ihrer Kultur, deren Bilder und symbolische Repräsentationen sind von verringertem Wert und minderer Bedeutung." (Bernstein 1972b: 24)

Der Habitus „als Produkt der Verinnerlichung der kulturellen Willkür" (ebd.: 45) kann im Bildungswesen also umso effektiver eingesetzt werden, je höher das Maß seiner Übereinstimmung mit den Erfordernissen der als legitim anerkannten Kultur ist. Die Einprägungs- und Aneignungsarbeit, die der Ausbildung differenzierter Habitusstrukturen vorausgeht, wird innerhalb der Familie und durch die Familie verrichtet. Sie übernimmt die Funktion einer *impliziten, aber um so wirksameren Pädagogik*. Die aus der Herkunftsfamilie übernommenen (zumal kulturellen und alltagsästhetischen) Gewohnheiten und daraus abgeleitete Fähigkeits- und Kompetenzmuster lösen eine Art „Kettenreaktion" in der Bildungskarriere aus (Bourdieu/ Passeron 1971: 32).

Der schulische Reproduktionsmodus sozialer Ungleichheit 155

Die in der Tiefenstruktur der Habitus verankerten Teilungs- und Klassifikationsprinzipien der Sozialwelt wirken sich nach Bourdieu prägend auf Kontroll- und Selbstwirksamkeitsüberzeugungen der Heranwachsenden aus. In der Familie inkorporierte Einstellungsmuster nehmen auf die Bildungsstrategien wie ein heimliches Ethos Einfluss. Für den Habitus der bürgerlichen Oberschicht behauptet Bourdieu beispielhaft:

> „Der durch eine erste bürgerliche Erziehung geprägte *Habitus* erzeugt Praktiken, die, auch wenn es um ganz uneigennützige wie z. B. die kulturellen Praktiken geht, insofern äußerst rentabel sind, als sie es ermöglichen, immer dann den höchsten Ertrag [...] zu erzielen, wenn die Rekrutierung oder das Fortkommen auf der Auswahl oder auf diffusen und totalen Kriterien beruht (,gute Präsentation', ,Allgemeinbildung')." (Bourdieu 1973: 132 f.)

Der „Erfolg" dieser Pädagogik in der Familie ist vom Umfang des weiterzugebenen (legitimen) *kulturellen Erbes* abhängig. Gleichsam unbemerkt – nicht ausdrücklich (nur dann wären seine Effekte noch zu verhindern, wie bei den Verweigerern im Kleinbürgertum aufgrund rigider Erziehungspraktiken der Fall) – manifestiert sich das kulturelle Erbe in den Praktiken der Heranwachsenden und wird von ihnen selbst wie von anderen als natürliche Begabung wahrgenommen:

> „Im wesentlichen wird das kulturelle Erbe aber diskreter, indirekter und vielfach ohne methodische Bemühungen und greifbare Maßnahmen vermittelt. Gerade in den ,kultiviertesten' Klassen sind Ermahnungen und eine bewusste Einführung in die Kultur fast überflüssig. Im Gegensatz zum kleinbürgerlichen Milieu, wo die Eltern meist nur den guten Willen zur Bildung weitergeben können, gehen von einem kultivierten Milieu diffuse Reize aus, durch deren geheime Überzeugungskraft das kulturelle Interesse mühelos geweckt wird." (Bourdieu/Passeron 1971: 38)

Bourdieu hat auf Basis empirischer Erhebungen den engen Zusammenhang zwischen kulturellem Konsum (Häufigkeit des Museumsbesuchs, Literatur-/Musikvorlieben) und Bildungsstrategien bzw. -erfolg diskutiert (Bourdieu 1973). Ein Ergebnis, das schon in der deutschsprachigen Bildungssoziologie der 1990er Jahre bestätigt wird. Stecher/Dröge (1996) bestätigen auf Grundlage des Konzepts der Kulturhabitus die enge Beziehung zwischen Bildungsniveau und kulturellen Aktivitäten in der Herkunftsfamilie und den Bildungschancen der Heranwachsenden. Das kulturelle Erbe dient schließlich – so Bourdieus zusammenfassende Beurteilung – als „ein Komplex von *Vorverkaufsrechten auf die Zukunft*, auf die gesellschaftlichen Positionen, die eingenommen werden können, und daher auf die möglichen Modi menschlicher Existenz." (Bourdieu 1981 [1974]: 181) Trotzdem ist dieses „Vorverkaufsrecht" keine Garantie auf individuellen Erfolg. Es stellt eine

Gelegenheitsstruktur dar, die von den Heranwachsenden erst „selbstverantwortlich" genutzt werden muss. Kulturelles Erbe etwa kann auch lediglich dazu verwendet werden, um in den „besseren Kreisen verkehren" zu können, ohne jedoch parallel dazu die persönliche Bildungsbiographie strategisch zu planen. Der dadurch erzielte Nutzen des kulturellen Erbes verbleibt dann unter der familialen Erwartung an eine erwartbare Bildungskarriere. Der schulische Reproduktionsmodus ordnet Status- und Lebenschancen nicht wie bereits betont mechanisch zu, er sorgt für einen – und das bestätigen die empirischen Befunde – Mechanismus der *wahrscheinlichen* Reproduktion.

Formen der Eliminierung im Bildungswesen

Das Besondere an der Perspektive Bourdieu ist, dass gerade dieser Mechanismus dazu dient, die ungleichen Bildungschancen durch einzelne, aber effektvolle Beispiele des Versagens der Privilegierten bzw. des unerwarteten Erfolgs der Benachteiligten zu verschleiern. Dabei ist das bestimmende Moment die Auslese der bildungsfernen Familien im Schulsystem. Sie findet nach Bourdieu auf zwei Ebenen statt: auf der Ebene der Eliminierung durch objektive, nicht erfüllte Leistungskriterien (Fremdeliminierung) und durch Verzicht und bildungsstrategische Fehlentscheidungen (Selbsteliminierung):

> „Wenn man den Ausleseprozess darstellen will, der entweder innerhalb des Bildungssystems oder in Hinblick auf dieses System, wenn auch nicht unmittelbar durch es selber vollzogen wird, muß man neben den ausdrücklichen Verdikten der Prüfungsinstanzen auch jene Urteile berücksichtigen, die die unterprivilegierten Klassen über sich selbst verhängen, indem sie sich einfach eliminieren oder künftiger Eliminierung aussetzen, wenn sie in die Schulzweige eintreten, in denen die Chancen eines späteren Mißerfolgs am größten sind." (Bourdieu/Passeron 1971: 180)

Die Mechanismen beider Formen der Eliminierung bewirken, dass die „Eliminierten" ihre Selektion als selbst- und nicht als fremdverschuldet wahrnehmen. Es ist ein Prozess der sanften oder der schmerzlosen Eliminierung, der nicht erst des generellen Ausschlusses der Unterprivilegierten aus dem Bildungswesen bedarf. Er reproduziert jedoch mit der gleichen Wirksamkeit Sozialhierarchien durch die formal proklamierte Chancengleichheit des Bildungswesens hindurch (Bourdieu/ Passeron 1971: 182; Bourdieu/Champagne 1997). Selbst wenn als bildungsferne Gruppen die Hochschulreife oder den Hochschulabschluss erlangen, ist damit nach Bourdieu häufig verbunden, dass sie auf abgewertete Abiturzweige, Fakultäten und Fächer abgedrängt werden („cooling-out-function"), mit denen kein oder nur

Der schulische Reproduktionsmodus sozialer Ungleichheit   157

ein verminderter Profit in den anschließenden Erwerbsverläufen erwirtschaftet
werden kann. Das Abdrängen auf abgewertete Abiturzweige bezog sich hingegen lange
auf das französische Bildungssystem, in dem Schwerpunktsetzungen bereits im
Sekundar- und Oberstufenbereich vorgenommen werden und in unterschiedlich
gewichtete Schulabschlüsse eingehen (der Vorrang etwa der Natur- gegenüber den
Geisteswissenschaften, selbst wenn später ein geisteswissenschaftlicher Studiengang gewählt wird). Tatsächlich jedoch erlangen im deutschen Bildungssystem
mittlerweile ähnliche Hierarchien Bedeutung, die (wie bspw. naturwissenschaftliche Leistungskurse, zweite/dritte Fremdsprache etc.) anschließende Berufs- und
Bildungslaufbahnen beeinflussen. „Sanfte" bzw. „schmerzlose Eliminierung" wie
Bourdieu charakterisiert, stellen letztlich vielleicht sogar unglückliche Bezeichnungen dar, wenn damit übersehen wird, dass der Ausschluss aus dem Bildungswesen
und damit verbundene verringerte Berufschancen von den Betroffenen häufig
lebenslange Wirkungen haben. Das „Revisionsmuster" der befragten Schulversager bei Hurrelmann/Wolf (1986), die nachträglich dazu gezwungen sind, versäumte Bildungstitel zu erlangen, zeigt auf, dass der Prozess der Eliminierung
selbst als „schmerzlos" oder „sanft" nur insofern bezeichnet werden kann, da er,
gegenüber dem formellen Ausschluss (Fremdeliminierung), schlicht erst verzögert wahrgenommen wird. Die Selbstzuschreibung mangelhafter Leistungs- bzw.
Entscheidungsfähigkeit im Bildungswesen wird bei Hurrelmann/Wolf von Formen
der Selbsterniedrigung begleitet, die die biografische Bedeutung der schulischen
Leistungsbeurteilung in ihrer negativsten Form veranschaulichen.

Ein zweites Fazit zum Ansatz Bourdieus

Die kurze Durchsicht der bildungssoziologischen Arbeiten Bourdieus ergibt
schließlich: Der Strukturwandel der Wirtschaft sowie die damit verbundene Bildungsexpansion haben keinesfalls zu einer Demokratisierung der Bildungschancen
beigetragen. Der gestiegene Bedarf an qualifizierten und spezialisierten Führungskräften wird von den Angehörigen des mittleren und gehobenen Bürgertums abgedeckt, während die untere Mittelklasse und im Besonderen die Unterklasse
weiterhin gering qualifizierte Tätigkeiten ausführen. In Übereinstimmung mit der
internationalen bildungssoziologischen Diskussion, behauptet auch Bourdieu die
enorm gestiegene Bedeutung des Bildungswesens als soziale Selektions- und Statusallokationsinstanz. Es folgt indes einer Illusion anzunehmen, die formale Öffnung
des Bildungswesens hätte bereits Bildungschancen gesamtgesellschaftlich egalisiert.
Es ist in diesem Zusammenhang bemerkenswert, dass sich Bestandteile der
Ausführungen Bourdieus und Hurrelmann in der Analyse des Bildungssystems so
deutlich überschneiden. Wie Bourdieu behauptet auch Hurrelmann den hohen Stel-

lenwert ungleicher Kompetenzen für individuellen Schulerfolg bzw. individuelles Schulversagen. Zumal Hurrelmanns „Passungskonzept" zentrale Annahmen Bourdieus über die bedeutsame Differenz zwischen den schulischen Leistungsanforderungen und der persönlichen Leistungsfähigkeit beinhaltet. Hingegen wird bei der theoretischen Einordnung der empirischen Befunde bereits der ausschlaggebende Gegensatz zwischen Bourdieus und Hurrelmanns Position deutlich: Hurrelmann vermag die Ergebnisse seiner bildungssoziologischen Untersuchungen in das *Modell der produktiven Realitätsverarbeitung* theoretisch nicht zu integrieren. Dass die empirischen Befunde zur Reproduktion sozialer Ungleichheit bei Hurrelmann keine theoretische Berücksichtigung finden, ist Ergebnis seines Sozialisations- und Subjektkonzepts, das für die Analyse der Einflüsse ungleicher Herkunftsbedingungen auf die Persönlichkeitsentwicklung viel weniger sensibel zu sein scheint.

Demgegenüber werden die empirischen Befunde aus Bourdieus Bildungssoziologie mit den zentralen Annahmen seines ungleichheitstheoretischen Ansatzes vermittelt und bilden gewissermaßen den Kern seiner Sozialtheorie. Bourdieu unterscheidet nicht nur ungleiche Kompetenz- und Handlungsmuster der Heranwachsenden im Schulsystem, er führt sie zudem auf den Einfluss der ungleichen Herkunftsbedingungen zurück. Einstellungen zur Schule und Strategien im Schulsystem werden erst aus der *Relation* zwischen der Struktur der sozialen Ungleichheit und dem Bildungswesen erklärt. Die Forderung in der deutschsprachigen Sozialisationsforschung, Sozialisationsbedingungen und Sozialisationsverläufe mehrebenenanalytisch zu vermitteln (s. oben Abb. 8), findet in Bourdieus bildungssoziologischen Untersuchungen einen guten Ansatzpunkt.

Dabei fungiert der „Bildungsmarkt als Hauptschlachtfeld des Klassenkampfes" (Bourdieu/Boltanski/de Saint Martin 1981) nicht lediglich als statisches Reproduktionsinstrument. Das Bildungswesen bzw. die davon ausgehenden Effekte der Ungleichheit sind nach Bourdieu das Produkt symbolischer Klassifikationskämpfe um die Durchsetzung und Anerkennung einer legitimen Kultur. Dies ist noch etwas mehr als der inzwischen übergreifende Konsens in der internationalen Bildungsforschung über die Bedeutung des Schulwesens als zentrale Verteilungsstelle für Status-, Berufs- und Lebenschancen. Bourdieu nimmt in der Diskussion eine Sonderstellung ein, weil er Bildungsungleichheit a) mit dem Gesamtsystem strukturierter sozialer Ungleichheit in Beziehung setzen will, zumal mit den legitimatorischen Effekten des schulischen Reproduktionsmodus, und b) die konkreten Mechanismen der Selektion und Allokation im Bildungswesen mikroanalytisch untersuchen will. Das Bildungssystem besitzt also nicht bloß eine technische bzw. *Qualifikationsfunktion*, sondern umso mehr eine soziale bzw. *Legitimationsfunktion* der bereits vor Schuleintritt existierenden Ungleichheiten (Bourdieu 1973; Bourdieu/Boltanski 1981; Bourdieu/Champagne 1997). Die in das Bildungswesen übersetzten symbolischen Klassifizierungs- und Teilungsprinzipien (der fleißige

Lerner, der findige Typus, ein sehr sprachgewandtes junges Mädchen, er kann sich gut für den Stoff begeistern) finden damit in zweifacher Weise Ausdruck:

(1) Zum Einen in den objektiven Formen der Beurteilung. Die Schule prämiert Anstrengungen und Fähigkeiten, die mit der legitimen Kultur übereinstimmen. Das Bildungswesen ist mit jenen kulturell willkürlichen Konstruktionen der Unterscheidung historisch gewachsen, die bereits die Sozialwelt strukturieren (viel kulturelle und sprachliche Kompetenz = oben; wenig Kompetenz = unten).

(2) Zum Anderen existiert die symbolische Gewalt der Bewertungsprinzipien in den Dispositionen der Heranwachsenden selbst. Der Habitus ist Produkt der Verinnerlichung dieser Grenzziehungen. Werden die Unterschichten nicht ohnehin durch die objektivierten Regeln der Beurteilung frühzeitig selektiert, eliminieren sie sich selbst. Zumal der Mechanismus der Selbsteliminierung schließlich die vereinseitigenden Ansätze sozialwissenschaftlicher Erkenntnis ad absurdum führt. Die Unterscheidung in eine subjektivistische und objektivistische Erkenntnisweise kehrt in Bourdieus Bildungssoziologie einmal mehr wieder: Weder kann Selbsteliminierung als mechanischer Zirkel verstanden werden, in dem die Handelnden selbst keine Rolle spielen, noch ist sie das Ergebnis einer subjektiv freien Entscheidung.

Über die Bildungssoziologie findet folglich Bourdieus zentraler Erklärungsansatz im Hintergrund – die Habitus-Theorie – Eingang in den sozialisationstheoretischen Diskurs. Die habitustheoretischen Annahmen können nicht nur für die Lebensphasen bereits sozialisierter erwachsener Akteure, sondern auch für den Gegenstandsbereich der Sozialisationsforschung – die Lebensphasen Kindheit und Jugend – angewendet werden. Dabei bleibt nun abschließend zu erörtern, inwieweit Bourdieus praxistheoretische Perspektive den erkenntnistheoretischen Gegensatz zwischen Vergesellschaftungs- und Individuationspol überwinden und einen alternativen Ansatz in der Sozialisationsforschung anleiten kann.

6 Ausblick auf die ungleichheitsorientierte Sozialisationsforschung

Sozialisationsforschung ist eingangs nach ihrem Verhältnis zum Erkenntnisgegenstand der sozialen Ungleichheit befragt worden. Die Analyse ergab, dass im deutschsprachigen Forschungskanon in den vergangenen zweieinhalb Jahrzehnten ein Paradigmenwechsel stattgefunden hat: Die enge Verbindung von Sozialisations- und Ungleichheitsthematik in Gestalt der schichtspezifischen Sozialisationsforschung ist seit langem abgebrochen. Ein in den 1970er Jahren einsetzender kritischer Tenor gegenüber dem schichtspezifischen Paradigma bemängelte, dass dieses lediglich die Integration der Sozialisanden in ein gesellschaftliches Gefüge nach einem statischen Modell der Reproduktion von Lebenschancen thematisiert. Das Programm der schichtspezifischen Sozialisationsforschung erlaubt allenfalls – so der zentrale Einwand – die Vorstellung anpassungsmechanistischer Prägungsvorgänge im Prozess der familialen Sozialisation. Dem korrespondiere ein behavioristisches Menschenbild, das die Eigenaktivität sowie kognitive und motivationale Aspekte des Handelns Heranwachsender vernachlässigt. Zudem berücksichtigt die Orientierung an dem Modell hierarchischer Schichtung weder den Wandel der Sozialstruktur in „modernen" Gesellschaften noch nicht-hierarchisch differenzierte Sozialisationseinflüsse in der Nahumwelt der Heranwachsenden (etwa sozialökologische Kontexte oder Peer-Gruppeneinflüsse).

Diese Kritik bezeichnet das Ende eines Paradigmas, das durch den Vorwurf deterministischer, einseitig objektivistischer Grundannahmen bis heute keine Aktualität mehr beanspruchen kann. Es wurde mit dem Urteil belegt, lediglich Vergesellschaftungseffekte zu beschreiben und alles „Individuelle", nicht weiter aus gesellschaftlichen Strukturen Ableitbare im Forschungsprozess unberücksichtigt zu lassen. Den Gegensatz zur Vergesellschaftungsperspektive, aus der nach dieser Bewertung nur statische Reproduktion beschrieben werden kann, bezeichnet Individuation, das heißt, die Entwicklung des/der Einzelnen zu einem eigenständigen Subjekt, das mehr als nur Restkategorie der Anpassung an vorgegebene Strukturen darstellt. Die Sozialisationsforschung seit dem Ende der 1970er Jahre hat sich seither auf die Perspektive der Individuation konzentriert. – Ein Beispiel für diese Entwicklung gibt Klaus Hurrelmanns Modell des produktiv realitätsverarbeitenden Subjekts. Hurrelmanns Konzeption steht für jenen Paradigmenwechsel in der – zumal ungleichheitsorientierten – Sozialisationsforschung ein, der durch umgekehrt einseitige Konzentration auf Individuationsprozesse den Stellenwert strukturierter sozialer Ungleichheit immer weiter marginalisiert hat.

Die folgende Auseinandersetzung mit den Positionen Hurrelmanns und Bourdieus hat bisher zwischen den unterschiedlichen Herkunftsdisziplinen der Theoretiker vermitteln müssen. Die habitustheoretische Konzeption sowie das Modell der produktiven Realitätsverarbeitung befinden sich formal auf unterschiedlichen analytischen Ebenen. Einerseits auf der Ebene der „erwachsenen", sozialisierten Akteure, andererseits auf der Ebene des Sozialisationsprozesses selbst. Dennoch überschneiden sich die Fragestellungen beider Ansätze. Die Darstellung hier konnte zeigen, dass Bourdieus Ergebnisse nicht nur ein ungleichheitstheoretisches Hintergrundverständnis, sondern speziell die mit der Habitus-Theorie verbundene Perspektive eine Komplexitätssteigerung darstellt, wenn wir fragen, wie frei bzw. wie beschränkt die individuelle Entwicklung erfolgen kann. Bourdieus großer Vorteil liegt darin, die Struktur der ungleichen Herkunftsbedingungen mit dem konkreten Handeln sozialer Akteure zu vermitteln.

Mit den bildungssoziologischen Arbeiten Bourdieus eröffnet sich darüber hinaus die Möglichkeit, seine Befunde einer sozialisationstheoretischen Perspektive weiter anzunähern. Das ungleichheitstheoretische Konzept wird damit konkret auf den Gegenstandsbereich konventioneller Sozialisationsforschung – die Lebensphasen Kindheit und Jugend – bezogen. Dabei erfahren wir, wie eine konkrete Anwendung der habitustheoretischen Annahmen im Mittelpunkt steht; die Rekonstruktion der Ergebnisse aus der Bildungssoziologie stellt also eine Art empirische Überprüfung der theoretischen Konzeption dar. Hurrelmann operiert demgegenüber mit einem begrifflichen und theoretischen Instrumentarium, das den Einfluss der Sozialisanden auf die „eigene Entwicklung" in den Mittelpunkt stellt. Er geht von Heranwachsenden als *aktiven Akteuren* aus, die sich ihre Umwelt „eigentätig" aneignen, Umweltbedingungen *autonom gestalten* und mit der *Kompetenz zur Selbststeuerung der Persönlichkeitsentwicklung* ausgestattet sind. Jene in diesem Zusammenhang häufig gebrauchte Formel „Individuals as Producers of Their Development" (Lerner/Busch-Rossnagel 1981) ist Versinnbildlichung eines Akteurs- und Handlungskonzepts, das den Wechsel von der Vergesellschaftungs- zur Individuationsperspektive begleitet. Die von vielen AutorInnen dieser Zeit postulierte Handlungsautonomie wird aber nicht mehr systematisch mit der Verschiedenheit der Lebensbedingungen in Beziehung gesetzt. Im Ergebnis sind die vielen Annahmen wie die der produktiven Realitätsverarbeitung nur sehr beschränkt dazu geeignet, den für die Erhaltung eines sozialen Status quo reproduktiven Effekt des Handelns Heranwachsender zu erfassen. Es ist in der Anlage sehr theoretisch, getragen von der Abgrenzung zu „integrationslastigen" und „deterministischen" Grundannahmen der älteren Sozialisationsforschung, die die Vergesellschaftungsperspektive überbetont.

Das Modell des produktiv realitätsverarbeitenden Subjekts übernimmt in dieser Entwicklung – wie betont – nur eine beispielgebende Funktion. Der Perspektivwandel von Vergesellschaftung zu Individuation ist weder *nur* durch Hurrelmann initiiert noch *nur* durch diesen akademisch bis in die jüngste Zeit hinein repräsentiert. Ursachen (1) und Auswirkungen (2) des Paradigmenwechsels in der Sozialisationsforschung sind umfassender:

(1) Ursachen: Durch die Individualisierungsthese angeleitete struktur- und handlungstheoretische Annahmen in der soziologischen Ungleichheitsforschung flankieren den sozialisationstheoretischen Diskurs seit Beginn der achtziger Jahre. Dies umfasst einerseits die Auflösung sozialer Großgruppen nach Klassen- und Schichtindikatoren und andererseits die Behauptung anwachsender Autonomiepotenziale des Individuums in entstrukturierten und entvertikalisierten Gesellschaften. Insbesondere deutschsprachige AutorenInnen und Ansätze in der Nachfolge Ulrich Becks dienen als Begründung für die *Revision des Zusammenhangs zwischen dem System strukturierter sozialer Ungleichheit und privilegierenden bzw. benachteiligenden Einflüssen in der Sozialisationsumwelt Heranwachsender.* Dieser Entwicklung geht die missverstandene Kritik am rollentheoretischen Modell in der Sozialisationsforschung voraus. Vertreter der kritischen Rollentheorie waren ursprünglich darum bemüht, Rollenhandeln – das an bereits existierende Schemata vorangepasste Verhalten – nicht als die einzig denkbare menschliche Handlungsweise anzunehmen. So beispielsweise der Versuch von Jürgen Habermas, die Erlangung der „Ich-Identität" als Bedingung der Möglichkeit autonomen Handelns auszuweisen, das die „Rollenidentität" im Kontinuum individueller Persönlichkeitsentwicklung im „Idealfall" ablöst. Im Anschluss an die kritische Rollentheorie wurde der Rezeptionsfehler begangen, die Potenzialität und Eventualität von Autonomie und Eigenständigkeit als Ziele typischer Entwicklungsdynamiken anzunehmen.

(2) Auswirkungen: Das Modell des produktiv realitätsverarbeitenden Subjekts findet zahlreiche Entsprechungen in der Sozialisations-, Kindheits- und Jugendforschung. Analoge Konzeptionen berufen sich auf die Vorstellung einer Sozialisation in eigener Regie sowie damit verbundene Stichworte wie Selbstsozialisation, Selbstinitiation oder Selbstkultivierung. Alle beinhalten eine vergleichbar positiv aufgeladene Vorstellung über die Handlungsfähigkeit der Sozialisanden. Diese Aneinanderkettung von entsprechenden Ansätzen referiert Zinnecker (2000), der in dieser Bewegung allerdings noch einen Erkenntnisfortschritt in der Sozialisationsforschung zu erkennen vermag. Dagegen versucht die vorliegende Einführung hierin gerade ein besonderes theoretisches Defizit zu diagnostizieren. Viele sozialwissenschaftliche Ansätze scheinen in den 1980er und 90er Jahren zwar mit einer solchen subjektzentrierten Perspektive kompatibel zu sein (ausführlich hierzu Bauer 2006). Sie können aber die Fragestellung einer ungleichheitsorientierten Sozialisationsforschung, die spätestens mit den Ergebnissen der PISA-Untersuchungen seit dem Jahr 2000 immer aktueller wird, nicht aufnehmen. Auf den zentralen und berechtigten Vorwurf, das schichtspezifische Erklärungsmodell klammere den „subjektiven Faktor" aus und könne daher nicht zur Aufklärung der Vermittlungsprozesse zwischen ungleichen Sozialisationsbedingungen und

Sozialisationsverläufen beitragen – das von Ulrich Oevermann prägnant bezeichnete „Theoriedefizit" – folgte schließlich die Auflösung und nicht etwa die Ergänzung des schichtspezifischen Paradigmas. Die Einbeziehung des „subjektiven Faktors" gelang zwar, aber nur um den Preis der Ausklammerung des „objektiven Faktors" – des Einflusses objektiver Strukturbedingungen auf die individuelle Entwicklung.

Nach dem Paradigmenwechsel zur Individuationsperspektive ist somit das theoretische Defizit in der Sozialisationsforschung nicht nur nicht behoben worden, es ist weiter angewachsen. Empirische Befunde zur ungleichen Verteilung begünstigender bis benachteiligender Sozialisationseinflüsse lassen sich nicht mit theoretischen Konzepten abgleichen, die Heranwachsende per se als autonome, zur Selbststeuerung der eigenen Entwicklung fähige Subjekte ansehen. Die jüngeren Ansätze seit den 1980er Jahren nehmen den Einfluss objektiv ungleicher Lebensbedingungen kaum noch wahr. Der Forschungsgegenstand der strukturierten sozialen Ungleichheit wird dadurch psychologisiert (also auf eine Mikroperspektive verengt), soziologische Deutungsmuster werden mehr und mehr ausgeklammert. Selbst die Shell-Jugendstudien und die *Kinder und Jugendberichte der Bundesregierung* haben in den 1980er und 90er Jahren darauf abgehoben, dass die heutige Gesellschaft die Gestaltung einer individualisierten Lebensführung Kindern und Jugendlichen selbst überlässt (etwa Jugendwerk der Deutschen Shell 2000 und BMFSFJ 1998). Und dies, obwohl differierende, unterschiedlich privilegierende bzw. benachteiligende Sozialisationsumwelten auch damals bekannt waren. Sozialisationsforschung mit dieser Tendenz ist hier als subjektzentriert und in Verbindung mit der Analyse der Produktion und Reproduktion sozialer Ungleichheiten als *ungleichheitsdesorientiert* bezeichnet worden. Die Einführung hat daher im Verhältnis zwischen Sozialisation und Ungleichheit einen Perspektivwechsel vorgenommen. Der ungleichheitstheoretische Ansatz Pierre Bourdieus sollte die Widersprüchlichkeiten des sozialisationstheoretischen Diskurses aufzulösen. Aber ist dies auch gelungen?

Bourdieus Untersuchungen versuchen nicht soziale Ungleichheiten abzubilden. Sie versuchen, die Mechanismen der Erzeugung und Perpetuierung (also Aufdauerstellung) ungleicher Lebenslagen zu beschreiben. Konstitutives Merkmal dieser Perspektive ist, die Ebenen objektiver Verteilungsungleichheiten, symbolischer Repräsentationsformen und konkret individuellen Verhaltens zu vereinen. Die weitreichendste Konsequenz dieser Verbindung ist, dass Bourdieu keinen Gegensatz zwischen der Struktur der objektiven Lebensbedingungen und Formen der subjektiven Lebensführung konstruiert. Von der praxeologischen Erkenntnisweise über die Sozialraum-Lehre bis zur Habitus-Theorie erstreckt sich diese Grundprämisse Bourdieus. Sie ist Basis eines übergeordneten Verständnisses, das über den konkreten Anwendungsbereich in der Ungleichheitssoziologie hinaus auch für die Sozialisationsforschung elementare Einsichten beinhaltet.

Die Gegenüberstellung von Vergesellschaftungs- und Individuationsperspektive wäre nach Bourdieu mit der Unterscheidung zwischen einer objektivistischen und subjektivistischen Erkenntnisweise übereinstimmend. Während Bourdieu allerdings die notwendige Verbindung beider Erkenntnisweisen einfordert, werden sie in der Sozialisationsforschung lediglich als gegensätzliche Paradigmen verstanden und die Standpunkte gegeneinander ausgespielt. Es wird bis heute ein Paradigmenstreit konserviert, in dem längst jedoch nur noch eine Partei existiert. Sozialisationsforschung – zumal der nach-schichtspezifischen Periode – erzwang de facto das Bekenntnis ihrer Vertreter zum subjektivistischen Erkenntnispol. Die einseitig individuumszentrierten Ansätze entwickeln sich in dauernder Abgrenzung zur objektivistischen Erkenntnisweise und wollen diese ersetzen. Nicht zufällig geraten somit sozialstrukturell differenzierte Herkunftseinflüsse auf die Fähigkeits- und Kompetenzentwicklung Heranwachsender aus dem Blickfeld.

Der praxeologische Ansatz versucht demgegenüber, Einsichten in das wechselseitige Bedingungsverhältnis zwischen objektiven Strukturen und subjektiven Verhaltensweisen zu erhalten. Zwischen ihnen existiert eine Beziehung der Homologie, der Übereinstimmung, die zudem einen der wirksamsten Mechanismen der Reproduktion und Aufrechterhaltung sozial ungleicher Lebensbedingungen darstellt. Der Gegenstandsbereich *Individuum* und der Gegenstandsbereich *Gesellschaft* – und dazu analog das Verhältnis zwischen einzelnem Akteur und Struktur oder Individuation und Vergesellschaftung – lassen sich nach Bourdieu nur auf analytischem Wege und nur zu analytischen Zwecken voneinander unterscheiden. In der Realität sind beide Ebenen unauflöslich miteinander verwoben: Weder werden soziale Strukturen ohne die Mitwirkung der Akteure aufrecht erhalten noch die sozialen Akteure ohne den Einfluss objektiver (bzw. intersubjektiver) Bedingungen handlungsfähig. Oder wie Bourdieu sagt:

„Der sozialisierte Körper (was man Individuum oder Person nennt) steht nicht im Gegensatz zur Gesellschaft: er ist eine ihrer Existenzformen." (Bourdieu 1993b, 28)

Demgegenüber die Annahmen, die noch zu dualistisch, also im Gegensatz beider Erkenntnisweisen operieren. Die Vorstellung Hurrelmanns etwa, es existiere eine Art „innere Realität" der Heranwachsenden, die gemeinsam mit Einflüssen der „äußeren Realität" die Persönlichkeit konstituiert (s. oben Abb. 5) vermag nicht weiter anzugeben, welche Bestandteile diese „innere Realität" beinhaltet noch wie diese zur Ausbildung gelangen. Die Interaktion – bzw. die von Hurrelmann parallel so bezeichnete Dialektik – zwischen Individuum und Gesellschaft wird dann still gestellt, bleibt rein äußerlich, wenn die Beschaffenheit und Entwicklung der Kompetenzen der Heranwachsenden selbst nicht untersucht werden.

Demgegenüber bietet erst Bourdieu auf Grundlage der Habitus-Theorie Einblick in die Struktur der Persönlichkeitseigenschaften, die sich in Auseinandersetzung mit einer sozialstrukturell differenzierten Umwelt entwickeln. Der Sozialisand trifft auf eine soziale Realität, die er erst unter Rückgriff auf ein erfahrungsbiographisch erworbenes – Bourdieu sagt habituelles – Muster von Kompetenzen, Einstellungen und Haltungen bearbeitet und verarbeitet. Mit dem Habitusbegriff wird die Interaktion zwischen Person und Umwelt über die Analyse des rein äußerlich registrierbaren Handelns hinaus auf die Ebene der kognitiven Handlungsvoraussetzungen ausgedehnt. Der/die Einzelne tritt nicht jederzeit neu in eine quasi vorgeschichtslose Interaktion mit der Umwelt ein. Jede Interaktionssequenz ist durch die individuelle Dispositionsstruktur sowie das System kohärenter Wahrnehmungs-, Denk- und Handlungsschemata, die selbst wiederum das Resultat früherer Interaktionen mit der Realität darstellen, vorstrukturiert. Erst nach diesem dynamischen, Vergangenheit und Gegenwart gleichzeitig berücksichtigenden Verständnis befinden sich Individuum und Gesellschaft in einem – wenn man diese Bezeichnung tatsächlich gebrauchen will – dialektischen Verhältnis zueinander.

Die deutschsprachige Sozialisationsforschung besitzt demgegenüber kein analytisches Werkzeug mehr, das die Wirkung ungleicher Sozialisationsbedingungen auf die Ausbildung der Handlungskompetenzen Heranwachsender zu beschreiben erlaubt. Bourdieus Akteurs- und Handlungsperspektive verspricht darum eine Alternative. Die bildungssoziologischen Arbeiten stellen unter Beweis, dass die Habitus-Theorie auch auf den Gegenstandsbereich der Sozialisationsforschung Anwendung findet. Im Gegensatz zur Position Hurrelmanns vermag Bourdieu die empirisch gut abgesicherte Selektions- und Allokationsfunktion des Bildungswesens auch theoretisch zu erklären. Auf Grundlage der Habitus-Theorie, der Sozialraum-Lehre und des Konzepts der symbolischen Gewalt entwickelt er dabei einen Erklärungsrahmen, der – wie wir heute wissen – über die Untersuchung speziell „französischer Verhältnisse" in den 1960er Jahren hinaus Geltung beanspruchen kann. Der Reproduktionsmodus mit schulischer Komponente ist maßgebliches Beispiel für durch die Rhetorik universaler Chancengleichheit gut verborgene Mechanismen der Aufrechterhaltung ungleicher Status- und Lebenschancen in Abhängigkeit von der sozialen Herkunft. Dass diese Mechanismen heute ebenso wirksam sind, ist unbestritten. Dennoch existiert kein Anlass, bei der Zusammenführung von Ungleichheits- und Sozialisationsforschung an den Einsichten Bourdieus stehenbleiben zu können. Das relationale Paradigma, wofür Bourdieu steht, stellt sowohl auf der Strukturebene (1) als auch der Akteurs- und Handlungsebene (2) nur einen heuristischen Erklärungsrahmen bereit, der aus Sicht der ungleichheitsorientierten Sozialisationsforschung selbst erweiterungsbedürftig ist.

6.1 Erweiterung 1: Das Milieu-Modell

Empirischer Präzisierung bedarf die Ungleichheitsvorstellung Bourdieus oder genauer, sein Sozialstrukturmodell. Die Unterteilung gesellschaftlicher Großgruppen nach Positionsmerkmalen (der Beruf) sowie nach Einstellungs- und Handlungsmustern muss erweitert werden. Das bedeutet zum Beispiel eine Ergänzung durch regionale Besonderheiten, die Berücksichtigung der Veränderungen des ökonomischen Feldes und hier gerade voranschreitende Prozessen der Tertiarisierung, damit verbunden der Wandel des Verhältnisses zwischen ArbeitnehmerInnen und Führungskräften sowie Verschiebungen im korporatistischen Kräfteverhältnis. Bourdieus Klassenbegriff, wenn auch nicht-substanzialistisch, beinhaltet zu wenig Differenzierungen innerhalb der herrschenden, der mittleren und der Volksklasse (hier allein der Unterschied zwischen traditioneller und traditionsloser Arbeiterschaft sowie Kurzzeit- und Langzeitarbeitslosen, Sozialhilfeempfängern usw.). In der deutschsprachigen Ungleichheitsforschung bietet zum Beispiel das Milieumodell Michael Vesters ein Analyseraster für die Strukturierung der Gegenwartsgesellschaft an, das – vor allem da auf Grundlage Bourdieus – als Basis für eine zeitgemäße Aktualisierung des Sozialraum-Modells aufgefasst werden kann.

Das Milieukonzept der Hannoveraner Arbeitsgruppe interdisziplinäre Sozialstrukturanalyse (AgiS) stellt hier eine Erweiterung dar, die zugleich als Aktualisierung des Sozialstrukturmodells Bourdieus für die deutschen Verhältnisse verstanden werden kann (Grundlegend Vester et al. 2001; hier wie im Folgenden Anlehnung an Bauer/Bittlingmayer 2005 und Bauer/Vester 2008). Auf der Grundlage des Milieumodells lassen sich soziale Großgruppen zunächst drei Hauptklassen zuordnen: In der obersten Klasse befinden sich die führenden gesellschaftlichen Milieus. Sie sind durch die differenzierte Verteilung von Bildung, Macht und Besitz charakterisiert und stellen eine, wenn auch keinesfalls homogene, Elite dar (das obere Viertel der Sozialstruktur). Die Mittelklasse, auf der Milieulandkarte als mittlere Volksmilieus bezeichnet, besteht aus Arbeitern, Angestellten und Dienstleistenden sowie kleinen Selbstständigen. Diese bilden etwa zwei Drittel der Gesamtbevölkerung ab. Die Unterklasse, als untere Volksmilieus etikettiert, umfasst das unterste Sozialstruktursegment (10–12 %), bestehend aus gering qualifizierten Arbeitnehmern und Arbeitslosen.

Abbildung 14 gibt das AgiS-Milieumodell als eine Milieulandkarte wieder, die für den westdeutschen Bezugsrahmen insgesamt zehn einzelne Milieus unterscheidet. Hiernach ist die Gesellschaft vertikal (von oben nach unten) als „ständisch" dreigeteilt in eine privilegierte, eine nicht-privilegierte und eine unterprivilegierte Schichtungsstufe zu differenzieren. Die oberen bürgerlichen Milieus, zusammen etwa 20 %, unterscheiden sich von den gewöhnlichen Volksmilieus durch den besonderen Wert, den sie auf höhere Bildung, Kultur und geschmackliche Kennerschaft und Abgrenzung legen. Die sozialen Milieus der Oberklasse unterscheiden

Abbildung 14 Das *AgiS*-Milieumodell. Quelle: Bauer/Vester 2008.

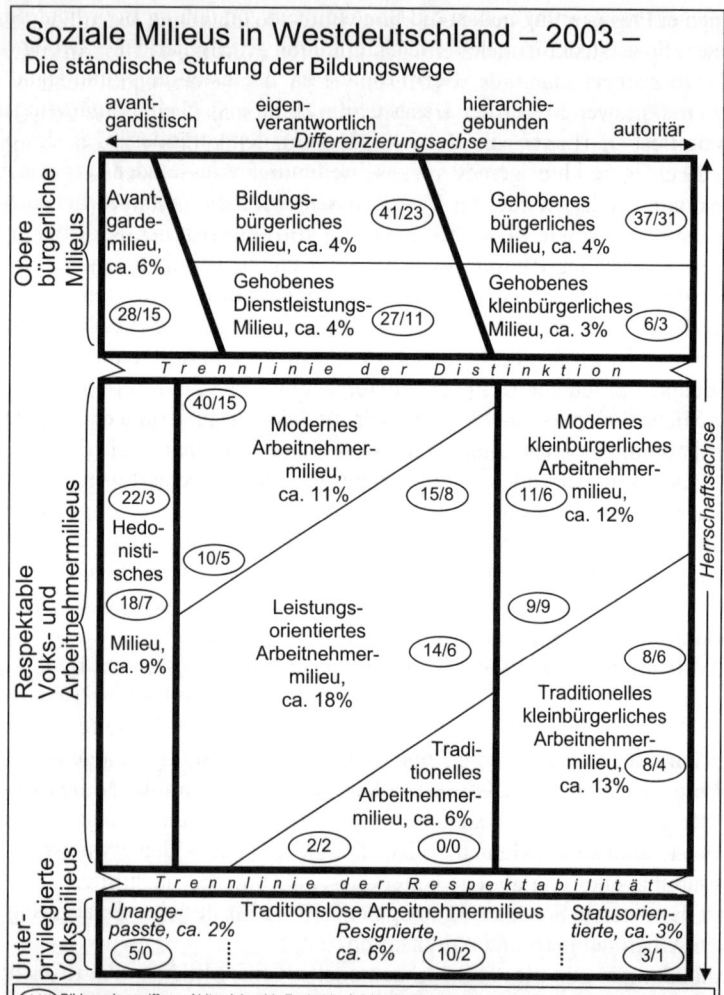

Erweiterung 1: Das Milieu-Modell

sich nach zwei Traditionslinien (hier wie im Folgenden Vester et al. 2001, 37 ff.): Die Traditionslinie Macht und Besitz symbolisiert das gehobene bürgerliche Milieu, das einen exklusiven Stil sowie ein klares Elite-, Erfolgs- und Machtbewusstsein kultiviert. Es setzt sich zunehmend aus jüngeren Führungskräften in freien und selbstständigen Berufen, aus Wissenschaftlern, Managern und leitenden Angestellten zusammen. Davon scharf abgegrenzt, gleichsam in einer Art Distinktionskampf, ist die Traditionslinie der Akademischen Intelligenz, die sich innerhalb des bildungsbürgerlichen Milieus noch einmal nach den Orientierungen einer progressiven Bildungselite (mit humanistischer Tradition) und einer modernen Dienstleistungselite unterscheiden lässt. Ihre Angehörigen entstammen einer gut situierten akademischen Führungsschicht, sind leitende oder höhere Angestellte, Beamte und Freiberufler. Das Avangardemilieu definiert sich vor allem durch moralisch-idealistische Orientierungen, tritt als kulturelle Avantgarde auf (wie in der 68er Bewegung) und rekrutiert sich aus „Ablegern" sowohl der liberal-intellektuellen als auch aus der konservativ-technokratischen Milieus.

Unter dieser *Trennlinie der Distinktion* finden sich die so genannten respektablen Volksmilieus, mit etwa 68%. Für sie sind gute Facharbeit oder ein sicherer sozialer Status die Grundlage der Selbstachtung. In dieser Mittelklasse lassen sich insgesamt sechs Milieus bündeln. Der historischen Traditionslinie der Facharbeit und praktischen Intelligenz folgen das traditionelle Arbeitermilieu, das aus einer überwiegend älteren Fraktion besteht, das jüngere leistungsorientierte Arbeitnehmermilieu, das sich aus Facharbeitern und -angestellten zusammensetzt sowie die jüngste Altersfraktion im modernen Arbeitnehmermilieu, bestehend aus einer hochqualifizierten Arbeitnehmerintelligenz in technischen, sozialen und administrativen Berufen. Nach Vester orientieren sich alle drei Milieus an hohen Ausbildungsabschlüssen, sind leistungsorientiert, wenig hierarchiegläubig, betonen Eigenverantwortung und Gleichberechtigung. Ihre Grundorientierung ist sowohl in politischer als auch in privater Hinsicht auf Flexibilität ausgerichtet. Weniger flexibel und mit einem höheren Altersdurchschnitt sind die mittleren Milieus der kleinbürgerlichen und traditionellen Traditionslinie. Die Angehörigen des kleinbürgerlichen Arbeitnehmermilieus sind zwar hoch diszipliniert, dafür aber moralisch rigoristisch, wenig offen für Innovation und daher als die Verlierer des wirtschaftlichen Strukturwandels zu bezeichnen. Die nachkommende Generation, das moderne kleinbürgerliche Milieu, ist durch modernere Lebensstile demgegenüber schon toleranter eingestellt, im Vergleich zu dem modernen und leistungsorientierten Arbeitnehmermilieu aber immer noch konservativer in den Grundhaltungen.

„Die mittleren Milieus grenzen sich nach oben als Arbeitnehmer und ‚kleine Leute' ab, die es durch eigene Leistung zu etwas gebracht haben. Sie sind daher sensibel gegenüber Privilegierungen, die die Grundsätze der Leistungsgerechtigkeit und

Statussicherung verletzen, wie dies etwa die Absenkung des Arbeitslosengeldes auf Sozialhilfeniveau (‚Hartz IV') tut. Horizontal sind zwei verfestigte Traditionslinien zu unterscheiden. Die kleinbürgerliche Traditionslinie (nahe dem rechten Pol) trägt ständisch-konservativen Züge. Viele Angehörige stammen aus Familien von Kleinbesitzenden, die sich auf Arbeitnehmerberufe umstellen mussten, aber ihre Sicherheit immer noch von der Einordnung in Hierarchien erwarten. Die moderne Traditionslinie (nach links tendierend) setzt dagegen auf Autonomie, erworben durch eine planvolle Lebensführung, gute fachliche Arbeit, Ausbildung und Leistung sowie gegenseitige Hilfe. [...] In beiden Traditionslinien sind junge Milieufraktionen der so genannten ‚modernen Arbeitnehmer' rasch gewachsen. Sie besetzen die konventionellen Dienstleistungen („Modernes Kleinbürgerliches Arbeitnehmermilieu") und die modereren Dienstleistungen (‚Modernes Arbeitnehmermilieu') mit mittlerem Qualifikationsniveau. Letztere Gruppe hat eine hohe Abiturquote erreicht, die aber mehr für Fachschulbesuch als für Aufstieg in akademische Berufe genutzt wird. Die Volksmilieus sind nicht mehr bildungsfern, sondern zur Hälfte über die Hauptschule hinausgelangt, allerdings auf dem weiteren Weg in die höhere Bildung ‚abgebremst'." (Bauer/Vester 2008: 195)

Der bedeutsamste Beitrag zu einer Aktualisierung des deutschen Sozialraummodells aus der Milieuperspektive besteht in der empirischen Beschreibung der Traditionslinie der Unterprivilegierten. Die Vester-Gruppe spricht diesbezüglich primär von dem traditionslosen Arbeitnehmermilieu, das sich, nach Prosperitätsschüben der Nachkriegszeit und damit vorübergehenden sozialen Abfederungseffekten, gegenwärtig wieder als eine „Unterklasse" unterhalb der großen Arbeitnehmermitte konstituiert (Vester 2004; Bauer/Vester 2008). Die Lebenslage der Unterprivilegierten ist durch einen Teufelskreis aus niedrigem Qualifikationsniveau und Beschäftigungsverhältnissen in Niedriglohnsektoren charakterisiert (wenn nicht sogar vollkommene Abhängigkeit von Transfereinkommen). Die unterprivilegierten Milieus (etwa 12 %) sind gering qualifiziert und liegen unterhalb der unsichtbaren *Trennlinie der Respektabilität*. Den prekären Lebensverhältnissen korrespondiert die Mentalität der Resignation. Von einer Orientierung an langfristigen Lebensentwürfen, dem Ethos planmäßiger Lebensführung, schließt sich das traditionslose Arbeitnehmermilieu selbst aus. Vester grenzt die Milieus der Unterprivilegierten in Anlehnung an Bourdieu vor allem dadurch ab, dass er ihre primären Handlungsorientierungen dem Habitus der Notwendigkeit zuordnet. Dieser ist von der Habitusstruktur der darüber liegenden sozialen Milieus (strebend, arriviert etc.) durch das dominierende Lebensführungsmuster der spontanen Situationsbewältigung und Gelegenheitsorientierung unterschieden. Vester kann milieutheoretisch sehr viel präziser als Bourdieu die konkreten lebensweltlichen Bedingungen gesellschaftlicher Unterprivilegierung nachzeichnen. Die „Gefahren einer Anomie" (Vester et al. 2001, 359) erfasst vor allem die nachwachsende Generation des traditionslosen

Arbeitnehmermilieus. Dazu gehört das Aufwachsen in und die Reproduktion von Familienverhältnissen mit erhöhten Belastungen. Während sich noch das moderne, leistungsorientierte, kleinbürgerliche und traditionelle Arbeitnehmermilieu (die Milieus der Mitte) in ihren Wertorientierungen stets durch ein hohes Maß an Eigenverantwortung, Selbstdisziplin, Leistungsorientierung und Leistungsmotivation charakterisieren lassen, bilden die Orientierungsmuster des traditionslosen Arbeitnehmermilieus hierzu ein Gegenmodell. Ihr Lebensstil ist nicht zielgerichtet, sondern eher von „Gelegenheitsorientierungen" abhängig:

> „Ihre Lebensführung ist nicht asketisch auf äußere und innere Stabilität eingerichtet. Sie ist mehr am Heute als an einer Lebensplanung orientiert, mehr an Entlastung und Lebensgenuß als an einem Ethos aktiver Verantwortung und Arbeit. Der Neigung, sich gehenzulassen, wird weniger Selbstkontrolle entgegengesetzt." (Vester et al. 2001, 523)

Der Mentalitätstypus sozialer Benachteiligung ist hiernach zusammenfassend durch eine fehlende verinnerlichte Leistungsorientierung und mangelnde Fähigkeiten zur Selbstmotivation gekennzeichnet. Diese „Mangeleigenschaften" sind einerseits das Ergebnis der an die tradierten Bewältigungsstile der Unterprivilegierten angepassten Verhaltensweisen. Sie sind andererseits – und diese Wechselseitigkeit mündet in eine Art *Circulus vitiosus* ein – das Ergebnis fehlender Anerkennungserfahrungen, eines Mangels an Respektabilität, die das Bewusstsein für die Aussichtslosigkeit der eigenen Lage fördern (Groh & Keller 2001). Das Reaktionsmuster in sozial benachteiligten Lebenslagen ist durch Fatalismus und Rückzug, Apathie und Abwehr gekennzeichnet. Entsprechend aussichtslos sind die meisten Strategien, aus den Abwärtsspiralen sozialer Benachteiligung auszubrechen.

6.2 Erweiterung 2: Die Habitus-Theorie

Die Aktualisierung der Annahmen zur Struktur sozialer Ungleichheiten stellt eine bedeutsame Erweiterung der Theorie Bourdieus dar. Die zweite bedeutsame Erweiterung betrifft die Theorie des Habitus. Und dieser Bedarf betrifft die Sozialisationsforschung im engeren Sinne. Bourdieu kann ein übergreifendes Sozialisationsverständnis wie gezeigt anleiten und schließlich dazu beitragen, die konkrete Analyse des Sozialisationsprozesses als Gegenstand soziologischer Theoriebildung zurückzugewinnen. Die Ausbildung von Mentalitäts-, Kompetenz- und Handlungsmustern wird von Bourdieu mit Einflüssen materieller Ungleichheit und symbolischer Gewaltverhältnisse in Beziehung gesetzt. In der Beschreibung des Zusammenhangs zwischen Herkunftsmerkmalen und der Dispositionsstruktur Heranwachsender liegt das Potenzial für die Synthese von Ungleichheits- und

Sozialisationsforschung. Und dennoch werden von Bourdieu solche Prozesse, in denen sozial ungleiche Lebensbedingungen zu sozial ungleichen Habitusstrukturen führen, nur angenommen, er analysiert sie aber nicht eigenständig.

Dieses Defizit bezeichnet eine der Aufgaben ungleichheitsorientierter Sozialisationsforschung: Das Sozialisationsgeschehen selbst, die Bedeutung unterschiedlicher Sozialisationsräume sowie die Wirkung der unterschiedlichen Sozialisationinstanzen (Familie, Schule, Peers) und die Ausbildung der Habitusdifferenzen zu untersuchen. Erst damit kann Aufschluss darüber erzielt werden, durch welche Mechanismen sich die Struktur der sozialen Ungleichheit in die Lebenswelt und biografische Erfahrungsmuster der Heranwachsenden übersetzt. Wenn diese Aufgabe ernst genommen wird, bedarf es einer Analyse der Verstärkereffekte, die wie das kulturelle Kapital zu einer ungleichen Ausbildung von Kompetenz-, Fähigkeits- und Einstellungsmustern führen. Hierzu gehört auch die Ersetzung des klassischen kulturellen Kapitals mit dem Schwerpunkt hochkultureller Schemata (in der Literatur, Malerei und Musik) durch modernisierte Formen des Kulturkapitals, das professionelles und spezialisiertes Wissen über technische, politische und rechtliche Handlungsabläufe voraussetzt (Bittlingmayer 2005). Es ist gerade eine Aufgabe der Sozialisationsforschung, den Schleier aufzulösen, der noch immer jene Erklärungsansätze umgibt, die die Kopplung von Ungleichheiten und Sozialisationsprozessen thematisieren. Also muss auch die Rezeption der Ergebnisse der schichtspezifischen Sozialisationsforschung entideologisiert werden.

Ulrich Oevermann etwa hat früh und differenziert auf Defizite schichtspezifischer Sozialisationsforschung aufmerksam gemacht, zugleich aber die Weiterführung und nicht die Auflösung dieses Paradigmas anempfohlen (Oevermann 1972; Oevermann et al. 1976a). Seine Arbeiten blieben sozialisationstheoretisch aber unbeachtet und harren weiterhin einer systematischen Einbeziehung in den Zusammenhang ungleichheitsorientierter Sozialisationsforschung aus. Oevermann bezeichnet sich selbst – analog zu Bourdieu – als Vertreter eines „genetischen Strukturalismus" (Bourdieu 1992a; Oevermann 1979) und insbesondere seine Analysen zur Bedeutung der Bildungsabschlüsse der Eltern für die Kommunikationssituation in der Familie („sozialisatorische Interaktion") bestätigen Bourdieus Vermutungen über den dominierenden Einfluss der Herkunftsfamilie auf die Reproduktion sozialer Ungleichheit sowie die Annahmen zu einer „stillen Pädagogik". Daneben sind aus soziologischer Sicht weder interaktionistische noch sozialökologische Forschungsstränge in ihrer Bedeutung für die Sozialisationsforschung sowie für eine Verbindung zu Bourdieu vollständig ausgeschöpft. Das gilt gerade für den symbolischen Interaktionismus in der Prägung George Herbert Meads, der gegenüber der Vielzahl rollentheoretischer Einflüsse auf die Sozialisationsforschung vor allem auch makrotheoretische Bezüge aufweist (Joas 1980; zum Bourdieu-Mead-Vergleich Wagner 1993). Es gilt aber auch auf für die Sozialökologie Uri Bronfenbrenners, dessen Modellvorstellung unterschiedliche Ebenen

Erweiterung 2: Die Habitus-Theorie

gesellschaftlicher Realität unterscheidet (Mikro-, Meso-, Exo- und Makrosysteme) und dabei – dem relationalen Paradigma gut vergleichbar – Sozialisationsbedingungen als „einen Satz ineinander geschachtelter Strukturen" (Bronfenbrenner 1981: 19) begreift (frühe Ansätze zur Aktualisierung des sozialökologischen Paradigmas bei Dippelhofer-Stiem 1995 und Grundmann/Lüscher 2000).

Sozialpsychologisch existiert außerdem eine Anzahl lerntheoretischer Befunde, die den Prozess der Persönlichkeitsentwicklung (bzw. im übertragenen Sinne der Habitusgenese) aus einer mikrosoziologischen Perspektive analysieren. Gerade diese Erkenntnisse erliegen aber immer noch dem Negativurteil, das über alle Ansätze ausgesprochen wird, die wie die schichtspezifische Sozialisationsforschung im Verdacht stehen, als *Ableitungswissenschaft* zu fungieren, also Verhaltensweise aus äußerlichen Strukturen abzuleiten. Dabei sind es gerade Gregory Batesons *Theorie der Lernstufen* und die *Theorie des Modell-Lernens* nach Albert Bandura, die die Wechselseitigkeit strukturierter und generativer Muster der Lerntätigkeit in der frühkindlichen Entwicklung beinhalten. Etwa durch Beobachtung und Nachahmung in der Primärsozialisation erworbenes *Kontext-Wissen*, das durch Übertragungsleistungen als Erzeugungsgrundlage für das eigene Verhalten fungiert (Bateson 1981, 1982; Bandura 1976, 1979; vgl. auch Portele 1985). Diese Ansätze müssen noch heute als modern angesehen werden, ohne dass der systematische Rückbezug auf sie tatsächlich erfolgen würde.

Schließlich muss an alternative Bemühungen angeknüpft werden, die sozialisationstheoretische Fragestellungen integrieren, zugleich aber bereits die engen disziplinären Grenzen der Sozialisationsforschung überschritten haben: Die Biografieforschung und lebenslauftheoretische Ansätze stellen Beispiele dar, dem Forschungsgegenstand Kindheit und Jugend ein empirisches Fundament zu verleihen (grundlegen Kohli 1991; Krüger/Marotzki 1999). Von besonderer Bedeutung erscheinen jene Versuche, die Sozialisationsforschung vorurteilslos und abseits programmatischer Grundsatzkontroversen zwischen funktionalistischen, interaktionistischen und marxistischen Positionen auf die Vermittlung der Vergesellschaftungs- mit der Individuationsperspektive abermals festzulegen (Leu 1997; Grundmann 1998, 2006) und keine Scheu vor dem Erbe der schichtspezifischen Sozialisationsforschung zeigen.

Die Funktion der Habitus-Theorie in Bourdieus soziologischen Arbeiten ist darum in ihrer Wirkung und in ihrer Anschlussfähigkeit nicht zu unterschätzen. Sie stellt zunächst unzweifelhaft eine *Ergänzung* für den Bezugsrahmen ungleichheitsorientierter Sozialisationsforschung dar. Der Habitusbegriff dient als analytisches Werkzeug, mit dem die Existenz und die Wirkung verborgener Mechanismen der Chancenungleichheit aufgedeckt wird. Das den individuellen Habitus eingelagerte Dispositionssystem, das auf Schulerfolg bzw. Misserfolg, die Bildungs- und Berufslaufbahn so entscheidenden Einfluss nimmt, ist darum auf seine *gesellschaftlichen Produktionsbedingungen* hin zu untersuchen. Dies nicht zu tun, führt – spricht man mit Bourdieu – zu einer Verwechslung von *Ursachen* und *Wirkungen*: Individuelle Fähigkeits- und Kompetenzmuster stellen bereits die Wirkung sozialstrukturell ungleicher Kräfteverhältnisse dar und nehmen erst in dieser Funktion als Ursache auf die persönliche Biografie einerseits, die Aufrechterhaltung und Reproduktion sozialer Hierarchien andererseits Einfluss. Die Einsicht, dass der Habitus sowohl das Ergebnis objektiver Strukturbedingungen („strukturierte Struktur") als auch eine strukturbildende Kraft („strukturierende Struktur") darstellt, erlaubt jene Erkenntnisgrenzen zu überschreiten, die sich die Sozialisationsforschung mit der scheinbar unversöhnlichen Gegenüberstellung von Vergesellschaftungs- und Individuationsperspektive selbst setzt.

Indem die Heranwachsenden die Chancenstruktur (etwa im Bildungswesen) über ihren Habitus vermittelt ungleich wahrnehmen und bewerten – beispielsweise durch die „intuitive" Ablehnung musischer Fächer und die „Begeisterung" für alle praktischen Tätigkeiten bei den Unterschichten – reproduzieren sie die Teilungskriterien der Sozialwelt. Sie wirken an der Übersetzung der objektiven Chancen in subjektive Strategien bewusst oder unbewusst, jedenfalls *aktiv* mit. Dadurch erst wird das System der sozialen Ungleichheit, obwohl in der Handlungsgrammatik der Habitus bereits repräsentiert, durch tätige Mitwirkung der Heranwachsenden selbst wiederhergestellt. Dieser Reproduktionsvorgang kann sich nicht rein mechanisch vollziehen. Weder bezeichnet er die Wiederherstellung identischer Ungleichheits- und Abhängigkeitsbeziehungen, noch bedeutet Reproduktion, zumal nach dem schulischen Reproduktionsmodus, dass jedes einzelne Mitglied einer bestimmten sozialen Schicht die ihm/ihr statistisch vorhergesagte Schul- oder Berufskarriere einschlägt. Die Reproduktion der Sozialstruktur muss nicht heißen: „Verewigung der jeweils empirisch beobachtbaren sozialen Klassen als konkrete, durch die Gesamtheit ihrer substantiellen Eigenschaften definierte Gruppen." (Bourdieu/Boltanski/de Saint Martin 1981: 71)

Abbildung 15 Die heuristische Funktion des Habitus für die Vermittlung der Individuations- mit der Vergesellschaftungsperspektive in der Sozialisationsforschung.

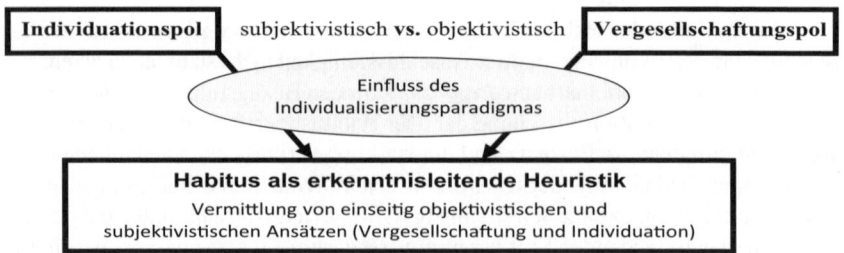

Erweiterung 2: Die Habitus-Theorie

Der Prozess der Sozialisation beinhaltet auch nach Bourdieu die Entwicklung von Eigenständigkeit, Handlungskompetenzen und Entscheidungsfähigkeit – Eigenschaften, die zweifellos dazu dienen, auf die persönliche Lebenslage im sozialen Raum Einfluss zu nehmen. Zugleich aber müssen strukturelle und vor allem symbolische Beschränkungen der Handlungsfähigkeit Heranwachsender mitberücksichtigt werden. Persönlichkeitsentwicklung muss – gemäß der Vergesellschaftungsperspektive – immer auch in den wahrscheinlichen Grenzen gesehen werden, an die der an die soziale Herkunft vorangepasste Habitus, individuelle Dispositionsstrukturen, Wahrnehmungs-, Denk- und Handlungsschemata der Sozialisanden stoßen. Mit Bourdieu steht also nicht die Grundbedingung des jüngeren sozialisationstheoretischen Diskurses selbst – die aktive Beteiligung der Heranwachsenden am Sozialisationsgeschehen – zur Disposition. Im Gegenteil, die Bedingung *Eigenaktivität* ist bereits für Bourdieus gesamtes Praxis-Konzept konstitutiv. Sein darüber hinaus gehendes Erkenntnisinteresse zielt jedoch erst auf die Frage, warum individuelles Handeln dann, trotz der potenziell offenen Interaktionsbeziehung zwischen Heranwachsenden und ihren Umwelt, der Wahrscheinlichkeit nach in jenen Bahnen verläuft, die durch die soziale, zumal familiale Herkunft vorgezeichnet sind.

Bourdieus habitustheoretische Konzeption basiert auf der statistischen Beziehung zwischen Herkunftsbedingungen und Entwicklungsverläufen. Sie stellt das Fundament eines streng empirischen Subjektmodells dar. Damit soll die Entwicklung individueller Habitusformationen sowohl an differenzierte Lagen im Raum der sozialen Positionen als auch an gesamtgesellschaftliche Klassifikationsprinzipien im Raum der Lebensstile (die Auswirkungen symbolischer Gewalt) zurückgebunden werden. Deutlich ist, dass damit das in der sozialisationstheoretischen Diskussion sehr allgemeine Verständnis des Aufbaus von Handlungskompetenzen präzisiert werden kann. Bourdieu zeigt durchgehend auf, dass klassen- oder milieubedingte Sinnstrukturen existieren, die auf die Ausbildung von Handlungskompetenzen besonderen Einfluss nehmen und dabei nicht von allen Heranwachsenden gleich erfahren werden (etwa die Bedeutung der Ausbildung physischen Kapitals in segregierten Wohngebieten, die spezifische Wirkung von Abhängigkeits- und Unterdrückungserfahrungen auf der Ebene symbolischer Gewaltausübung oder der herausfordernde Charakter von Bildungsprozessen in den akademischen Milieus mit ihren strukturierten Zeitplänen, der frühen Ausbildung von künstlerischen Neigungen etc.). Was aber sind dann die Schwächen der Habituskonzeption? Woran muss eine Erweiterung künftig anschließen?

Unabhängig von der *Ergänzung*, die Bourdieus Denkansatz für die sozialisationstheoretischen Erklärungsmuster darstellt, bleiben wichtige Bestandteile seiner Habitus-Theorie weiterhin *ergänzungsbedürftig*. Ungeachtet aller mit ihr verbundenen Einsichten, greift die Habitus-Theorie implizit auf Kausalitätsannahmen zurück, die mehr postuliert als – wie man wissenschaftlich fordert – ausreichend analysiert sind. Eine Kritik muss darauf aufmerksam machen, dass der Habitusbegriff auf die Bedingung sozialisierter Akteure angewiesen ist, obwohl Bourdieu das Sozialisationsgeschehen selbst, einzelne Sozialisationsinstanzen und -felder nicht systematisch analysiert hat. Seine ungleichheitstheoretischen Arbeiten gehen von der starken These ungleicher Sozialisationskontexte und komplementär dazu ungleich sozialisierter Habitus aus, ohne dass Bourdieu etwa eine Theorie der Sozialisation entworfen oder wenigstens Mechanismen der Habitusgenese untersucht hätte. Ungeklärt bleibt damit der konkrete Prozess bzw. Verlauf der Entstehung und vor allem der Entwicklung von Habitusunterschieden. Dieses Defizit wiegt schwer auf einer Theorie, die den Einfluss hierarchisch strukturierter Lebens- und Sozialisationsbedingungen auf die Ausbildung von Dispositionssystemen, die Ungleichheiten reproduzieren, so stark gewichtet. Bisher kann seine Theorie keine Aussagen über die Tiefenstruktur der Entwicklung sozialer Machtasymmetrien machen. Dieses Defizit wiegt also umso schwerer, wenn Bourdieus habitustheoretisches Fundament auf die Sozialisationsforschung übertragen werden soll. Dann wird zur „black box" erklärt, was sozialisationstheoretisch eigentlich im Mittelpunkt stehen soll (s. Abb. 16).

Abbildung 16 Das Fehlen explizit sozialisationstheoretischer Erklärungsmuster im Habitus-Konzept bei der Vermittlung zwischen Herkunftsbedingungen und Lebenschancen.

Eine Fundierung der Habitus-Theorie muss schließlich – sowohl für den Bezugsrahmen der Ungleichheits- als auch der Sozialisationsforschung – auf empirischer und theoretischer Basis beinhalten, welche Gewichtung den primären und sekundären Sozialisationsinstanzen zukommt. Es müssen die Sozialisationseinflüsse der Familie von denen des familialen und häuslichen Umfeldes, der peers sowie weiterer, zumal sozialökologischer Variablen unterschieden werden können. Und gerade die sozialökologische Sozialisationsforschung bietet eine Fülle empirischer Einzelbefunde zu dem Einfluss differenzierter Variablen der Sozialisationsumwelt auf die Persönlichkeitsentwicklung. Mit diesen Ergebnissen können bereits aus empirischer Sicht viele Annahmen Bourdieus über die Auswirkungen primärer Sozialisationsinstanzen bestätigt werden (Grundmann/Lüscher 2000). Dies ist aber eine reine Kann-Option. Es bleibt zunächst bei einem Defizit. Der Pädagoge Eckard Liebau hat in der bundesrepublikanischen Diskussion als erster systematisch darauf hingewiesen, dass Bourdieu nur die Seite des *Sozialisationsergebnisses*, nicht aber die Seite des *Sozialisationsprozesses* analysiert hat (Liebau 1987: 79). Die

Erweiterung 2: Die Habitus-Theorie 177

inhaltlich ausführlichsten Passagen zur Funktion des kindlichen Spiels (Bourdieu 1976: 189 ff.; sporadisch außerdem in Bourdieu 1987: 107; Bourdieu 1992b: 86; Bourdieu 1997e; Bourdieu/Wacquant 1996: 168) lösen dieses Defizit natürlich noch nicht auf. Bourdieu selbst räumt das Fehlen einer entsprechenden Fundierung der Habitus-Theorie ein, das aber nicht „als Ergebnis eines theoretischen Entschlusses" (Bourdieu 1985c: 376), sondern als *work to be done* aufgefasst werden soll. Er forderte eine experimentelle Soziologie, „die in der Lage wäre, die Unterschiede der erworbenen Dispositionen in Abhängigkeit von den sozialen Verhältnissen, unter denen sie erworben worden sind, zu messen." (Bourdieu 1981: 210 f., Fn. 10) So bleibt das Fehlen eines explizit sozialisationstheoretischen Erklärungsmusters eines der größten Hindernisse, Bourdieus ungleichheitstheoretischen Ansatz ohne Einschränkung auf die Perspektive der ungleichheitsorientierten Sozialisationsforschung zu übertragen.

„Das [das Fehlen eines sozialisationstheoretischen Erklärungsmusters; Anm. d. A.] hat mit der besonderen Logik eines intellektuellen Unternehmens zu tun, wo eben das, was unterm Strich rauskommt, sich in großen Teilen den vielfältigsten Zwängen und Zufällen verdankt (z. B. dem Umstand, daß alle Forscher, die ich etwas in die Richtung angestachelt hatte, irgendwann aufgegeben haben)." (Bourdieu 1985c: 376 f.)

Fazit – Wozu der Anschluss an Bourdieus Forschungsperspektive?

Die Sozialisationsforschung der vergangenen Jahre ist äußerst vielschichtig. Verfolgt man das Auf und Ab der unterschiedlichen Fragestellungen und wägt man die Schwächen der Engführungen ab, die auch hier zum Gegenstand der Hinführung wurden, bleibt ein Zugang übrig, der so etwas wie den definitorischen Kern der Sozialisationsforschung umfassen kann. Sozialisationsforschung beschreibt danach jenen Vermittlungsprozess, in dem gesellschaftliche Einflüsse in Interaktion mit einer sich ausbildenden und permanent weiter bildenden Persönlichkeit treten. Das eigentliche Zentrum der Sozialisationsforschung bezeichnet also der Interaktionsprozess zwischen dem handelnden Individuum und den umgebenden sozialen und materiellen Strukturen, die Prozesse der Persönlichkeitsentwicklung initiieren und dieser sich entwickelnden Persönlichkeit Handlungswissen zur Verfügung stellen. Handlungswissen, das wiederum für die Handlungsfähigkeit in den relevanten Bezugsystemen der Persönlichkeitsentwicklung notwendig ist. Aber auch dieses knapp skizzierte Grundverständnis ist gewiss nicht unumstritten. Zwar kann nur eine allgemeine Einführung in die Sozialisationsforschung auf diese Definitionsfrage mehr Raum verwenden. Hier sei aber zumindest angemerkt, dass die Differenz zu einer anderen, sehr gängigen und sehr populären Definition von Sozialisation beträchtlich ist. Wenn wir dem Diskussionsstand der Sozialisationsforschung ab den 1980er Jahren und dabei insbesondere der Position von Klaus Hurrelmann folgen, dann bezeichnet Sozialisation den *Prozess der Entstehung und Entwicklung der menschlichen Persönlichkeit in wechselseitiger Abhängigkeit von und in Auseinandersetzung mit den historisch vermittelten sozialen und dinglich-materiellen Lebensbedingungen* (s. oben 3.). Dass hier die Persönlichkeit im Mittelpunkt steht, ist gewiss kein Zufall. Es ist Anzeichen einer Entwicklung der Sozialisationsforschung, bei der Hinführung eine zu deutliche Dominanz der so bezeichneten Subjektzentrierung kritisierte. Und tatsächlich, allein den Prozess der Entstehung und Entwicklung der menschlichen Persönlichkeit als Gegenstand der Sozialisationsforschung anzusehen, hieße beinah schon, Sozialisation und Persönlichkeitsentwicklung synonym zu verstehen. Aber genügt das? Reservieren wir diese Beschreibung von Sozialisation nicht gleich besser für den viel dezidierteren Begriff der Persönlichkeitsentwicklung?

Wenn wir uns entscheiden, die Bedeutung von Sozialisation weiter zu fassen, wächst auch der Radius der relevanten Forschungsthemen. Diese erlaubt zwei Fragestellungen in den Blick zu nehmen, die die Sozialisationsforschung der vergangenen Jahrzehnte unterschiedlich intensiv bewegen und die aber – wie wir gesehen haben – nicht gegeneinander ausgespielt werden können: (1) Zum einen die Entstehung von Persönlichkeitsmerkmalen, die an Umfeldbedingungen angepasst sind und damit zu einer Reproduktion von Merkmalen führen, die in einem jeweiligen Sozialisationsarrangement als typisch angesehen werden; dieser Aspekt fokussiert auf soziale Reproduktionsaspekte und ist für die Analyse von sozial ungleichen Teilhabechancen unverzichtbar. (2) Zum anderen die Entstehung von untypischen Persönlichkeitsmerkmalen, die Reproduktionsprozesse unterbrechen, die also keine Anpassung an ein Sozialisationsarrangement bedeuten, sondern zu einer Reflexion von eigenen Entwicklungsprozessen führen, zur Steigerung von Autonomie- und Emanzipationspotenzialen. Gerade dieser Aspekt schließt an eine lange Diskussionslinie in der Sozialisationsforschung an, in der danach gefragt wird, welche individuellen und gesellschaftlichen Autonomiepotenziale durch Prozesse der Sozialisation eröffnet werden. Er bezeichnet eine Umkehrung von Effekten der bloßen sozialen Reproduktion und ist damit für die Sozialisationsforschung unverzichtbar. Mit dieser Fokussierung auf die Veränderungs- und Autonomieaspekte (die Ausschöpfung von individuellen Autonomiepotenzialen) ist die Sozialisationsforschung aber nicht vollständig. So reizvoll dieser Fokus ist, er kann immer nur eine Seite der relevanten Forschungsfragen abdecken.

Der Konzentration auf den Interaktionsaspekt als Kern des Sozialisationsgeschehens erlaubt also eine Offenheit, die nicht vorentscheidet, ob Sozialisation Dynamik oder Reproduktion bedeutet. Wenn die Entwicklung der vergangenen Jahre gezeigt hat, dass wir mit dem Phänomen der Reproduktion von sozialen Ungleichheiten einen sehr stabilen Kern der empirischen Realität in Gegenwartsgesellschaften erklären müssen, dann muss auch eine Theorie der Sozialisation diese reproduktiven Effekte erklären können. Dass sie das in den Jahren, seit dem das Paradigma der schichtspezifischen Sozialisationsforschung als verabschiedet galt, nicht mehr konnte, sollte mit diesem kleinen Theorieüberblick deutlich gemacht werden. Man kann aber auch viel schneller anhand der Wirkungsgeschichte eines einzelnen Buches den Wandel in der ungleichheitsorientierten Sozialisationsforschung verstehen. Und hierbei wird einiges im Detail noch einmal deutlich.

Die Untersuchung Hans-Günter Rolffs *Sozialisation und Auslese durch die Schule* gilt bis heute als Standardwerk der schichtspezifischen Sozialisationsforschung. Sie erscheint erstmals im Jahr 1967 und erreicht bis 1980 neun Auflagen. Nach 1980 jedoch wurde Rolffs Buch erst 1997 erneut aufgelegt. Dabei gibt nicht nur die Auflagenstärke indirekte Hinweise auf die Wirkungsgeschichte eines Themas. Rolff selbst macht etwas sehr interessantes, er ordnet in der letzten Auflage des Jahres 1997 die permanent veränderte Rezeption seiner Ergebnisse unterschiedlichen Strömungen im wissenschaftlichen Feld zu. Und dies ist ein besonderer Einblick in einen ständigen Paradigmenwechsel der ungleichheitsorientierten Sozialisationsforschung seit den 1960er Jahren. So schreibt Rolff, dass noch zum

Fazit – Wozu der Anschluss an Bourdieus Forschungsperspektive? 181

Zeitpunkt der Erstauflage im Jahr 1967 die Vertreter eines orthodox-marxistischen Standpunktes die fehlende Einbeziehung ökonomischer Determinanten der Lebenslagen Heranwachsender kritisierten. Schichtindikatoren würden gegenüber der Konzeption eines antagonistischen (das heißt gegensätzlichen) Klassenverhältnisses den Einfluss der herrschenden Produktionsverhältnisse (also der Arbeit und Weise wie wirtschaftliche Gewinne in der Gesellschaft verteilt werden) verwässern. Diese Kritik ist aus heutiger Perspektive dem objektivistischen oder dem Strukturpol zuzuordnen, hier ist sogar schon das Schichtmodell zu wenig strukturbezogen. Im Anschluss aber, seit Beginn der 1970er Jahre, nahm die Mehrzahl der Kritiker eine entgegengesetzte Haltung ein: Das Schichtungsmodell müsse – so die zentralen Einwände – aufgrund von *subkulturellen* und *ökologischen* Einflussvariablen weiter ausdifferenziert werden. Spätestens seit Mitte 1970er Jahre entwickelte sich dann die Position, nach der das schichtspezifische Paradigma sowohl empirisch als auch theoretisch zu undifferenziert sei und der Sozialisationsforschung insgesamt nichts weiter als einen „Scherbenhaufen" überlassen habe (Rolff 1997: 237 f.). Folglich – ab dem Jahr 1980 – ist auch Rolffs Klassiker *Sozialisation und Auslese durch die Schule* nicht mehr weiter erschienen.

Die schichtspezifische Sozialisationsforschung ist seither aus dem Bewusstsein einer kritischen Öffentlichkeit gewichen. Innerwissenschaftlich nahm sie nur noch die Rolle einer Negativfolie ein, man grenzte sich von ihr ab. Mit dem schichtspezifischen Paradigma hat die Sozialisationsforschung jedoch auch den Zusammenhang zwischen Sozialisations- und Ungleichheitsthematik aufgelöst. Allein aufgrund der liegen gebliebenen Aufgaben einer ungleichheitsorientierten Sozialisationsforschung ist es heute nicht mehr so leicht, das Programm oder genauer den Anspruch schichtspezifischer Fragestellungen so schnell aufzugeben. Können wir aber das *Erkenntnisinteresse*, dabei aber nicht die *Erkenntnismittel* der schichtspezifischen Sozialisationsforschung verteidigen? Kann man aktualisieren, ohne in die alten Probleme zurückzufallen.

Rolffs eigene Überlegungen zur Entwicklungsgeschichte seiner Theorie machen klar, die Ergebnisse der Sozialisationsforschung unterliegen konjunkturellen Schwankungen, die weniger auf den Wandel der Realität als auf den Wechsel theoretischer Perspektiven zurück gehen. Und dieser Wechsel theoretischer Perspektiven ist wiederum selbst Resultat ein bestimmten Entwicklung des Fachdiskurses. Dass also ein Interesse an der Invisibilisierung (das heißt, an dem Unsichtbarmachen) der Phänomene sozialer Ungleichheit vorhanden war, müssen wir gar nicht primär annehmen (es ist also kein „böser Wille"). Vielmehr treffen wir zum Ende der 1970er und zu Beginn der 1980er Jahre auf einen Zeitgeist, der die Verabschiedung des Klassen- und Schichtenparadigmas insgesamt vorsieht und wo die Durchsetzung des Individualisierungstheorems genau diesen Prozess verstärkt. Die nachschichtspezifische Sozialisationsforschung ist im Effekt also doppelt eingeschränkt: Sie geht einerseits die Ehe mit dem Individualisierungstheorem in der Ungleichheitsforschung ein und besitzt daher einerseits kein ausreichendes Verständnis der Ungleichheitsstruktur in modernen Gesellschaften. Sie verfügt andererseits nicht mehr über ein theoretisches Instrumentarium, das die Auswirkungen strukturierter sozialer Ungleichheit – so diese denn überhaupt sichtbar gemacht wird – auf die Handlungs- und Dispositionsstruktur überhaupt verständlich machen könnte. Es fehlen also die Erkenntnismittel.

Eine Alternative bietet also erst der ungleichheitstheoretische Ansatz Pierre Bourdieus. Er konfrontiert zwar die Hoffnung auf Autonomiepotenziale in der Subjektwerdung vorerst mit einer gewissen Ernüchterung. Bourdieu bietet aber eine empirisch basierte und theoretisch gesättigte Konzeption an, die die Zusammenführung von soziologischer Ungleichheits- und Sozialisationsforschung wieder neu belebt. Insbesondere Bourdieus Annahme, dass gesamte die Struktur der sozialen Ungleichheiten in den Einstellungen und Kompetenzen, Fähigkeiten und Dispositionen, schließlich den innersten Regungen handelnden Akteure auftaucht, stimuliert den Ansatz ungleichheitsorientierter Sozialisationsforschung. Bourdieu bietet also neue Begrifflichkeiten und eine neue Theorie an, die auch sozialisationstheoretisch die Erfahrung eines „lehrsamen Schocks" auszulösen, die nach Axel Honneth (1984: 159) das Charakteristikum der gesamten Bourdieuschen Soziologie darstellt. In erster Linie das Habitusmodell erfüllt dabei jene Anforderungen, die die Sozialisationsforschung ab ihr analytisches Werkzeug stellen muss. Der Habitus fungiert als ein synthetisierendes, im übertragenen Sinne *organisches Prinzip*, das die Zerfaserung der Persönlichkeit in die Erfüllung lediglich äußerlicher Verhaltensanforderungen und -regeln – wie etwa in der soziologischen Rollentheorie der Fall – zurückweist (Geulen 1973: 96; Krais 1993: 216). Gleichzeitig sperrt sich der Habitusbegriff gegen die entgegengesetzte Indienstnahme durch eine übersteigerte Subjektkonzeption. In der Vermittlung zwischen beiden gegenüberliegenden Erklärungsprinzipien liegt der Wert für sozialisationstheoretische Fragestellungen im Allgemeinen und den Zusammenhang der ungleichheitsorientierten Sozialisationsforschung im Besonderen.

Diese Würdigung des Habituskonzepts hebt indes auch darauf ab, dass dieses selbst einer weiteren Präzisierung bedarf. Die Produktion und Reproduktion des Systems sozialer Ungleichheit, die nach Bourdieu so elementar von den hierarchisch strukturierten Sozialisationseinflüssen auf die Persönlichkeitsstruktur der Heranwachsenden abhängt, ist längst noch nicht in allen Einzelheiten erschlossen. Gerade der Sozialisationsforschung obliegt heute, die veränderten Lebenswelten nachwachsender Generationen auf ihre häufig verborgene Funktion für die Aufrechterhaltung sozial ungleicher Lebensbedingungen zu untersuchen. Das Verhältnis zwischen soziologischer Ungleichheits- und Sozialisationsforschung ist infolgedessen gar nicht künstlich herzustellen. Es gründet auf der konstitutiven Beziehung zwischen ungleichen Lebensbedingungen und dem Prozess der Persönlichkeitsentwicklung. Diese Beziehung kann in der Realität gar nicht unterbrochen werden, sie in hier als interaktiver Prozess und damit als das Zentrum der Sozialisationsforschung charakterisiert worden. Bourdieus Theorie kann hier eine Scharnierfunktion erfüllen. Er wendet sich klar gegen einen Strukturdeterminismus, ist aber weit genug entfernt von einer Theorie, die nur Autonomie und Ungebundenheit des Subjektentwicklung kennt. Die Annahme, dass jeder Habitus individuell ist, also das Ergebnis einer immer vollkommen subjektiven Ansammlung von Erfahrungen, der kognitiven Verarbeitung dieser Erfahrungen und des praktischen Umgangs damit, ist Kern seiner Habitus-Theorie. Und doch ist durch die Ähnlichkeit von Erfahrungen, die Menschen unter bestimmten Bedingungen machen, der Link zur Ungleichheitsthematik hergestellt. Der Habitus ist kein Schicksal, jeder kann eigene „Gewohnheiten" reflektieren und Handlungsschemata verändern. Aber wiederum ist Bourdieus Argumentationsfigur schlagend. Wer Erfahrungen macht, bewegt sich in einem Feld, in dem er/sie diese Erfahrungen wiederholt. Wer wiederholte Erfahrungen macht, verfestigt dieses Erfahrungen und seine Reaktionsweisen darauf. Die Felder, in denen wir handeln, und die Dispositionen, die wir hierin ausbilden, haben also die von Bourdieu so bezeichnete Tendenz zur Hysteresis, eine Trägheitstendenz. Hierfür steht der Habitus. Potenziell offen als Dispositionssystem der sozialen Akteure, in der Art und Weise aber, wahrzunehmen, zu denken und zu handeln, ist der Habitus eher konservativ als innovativ. Und dies nicht, weil wir es als ForscherInnen so wollen. Sondern weil die Realität diese konservative Tendenz, die Tendenz zur Reproduktion, anzeigt.

Bourdieu selbst hat viel Hinweise zur Überwindung von habituellen Grenzen gegeben. Es ist eine eigene Arbeit, diese aufzuarbeiten und in eine Sozialisationstheorie zu integrieren. So lange dient der Habitusbegriff in der Sozialisationsforschung als wichtige Stütze. Bourdieus Basics beinhalten, dass Menschen sozial ungleich sind und zwar nicht nur in der Hinsicht, die wir mit dem ökonomischen Kapital, dem Einkommen und dem Vermögen also, identifizieren können. Sondern auch in jener Hinsicht, die bei Bourdieu neu ist, die einfach nur als gegeben hinnehmen. Die Art und Weise wie man auftritt, wie man sich kleidet, wie man sich benimmt, wie man sich ausdrückt, was man mag, wofür man Geld ausgibt. Das Wichtige der Theorie Bourdieus ist die Annahme, dass Menschen diese Unterschiede der Lebensführung nutzen, um sich zu unterscheiden. Wenn man etwas enger formuliert müsste man sagen: Menschen nutzen diese Ungleichheiten, um sich bewusst und unbewusst voneinander zu differenzieren oder noch genauer, viele der unbewussten Strategien (ich spiele lieber Golf, ich mag einfach keine Fernreisen, wenn ich Kultur spüre, lebe ich auf etc.) haben die bewusste Intention, sich zu unterscheiden. Die Kernidee ist also, dass Ungleichheiten, die wir im Alltag beobachten, in der Art und Weise, wie wir auftreten, wie wir Bildung konsumieren, wie wir uns verhalten, nicht nur ein Abbild sind von Ungleichheitsverhältnissen sind, das heißt, sie ergeben sich nicht nur daraus, dass Menschen sozial ungleich sind; sie sind selbst bewusste Strategien, mit denen Ungleichheiten hergestellt werden. Sie sind nicht nur ein Effekt, sie sind nicht nur das Ergebnis von Ungleichheiten, sondern sie sind ein richtiger Hebel, der Mechanismus also, über den Ungleichheiten produziert werden.

Wenn wir uns dieser Denkfigur anschließen, dann lautet die nächste Frage: Wie machen Menschen das? Wie schaffen sie es bewusst, Ungleichheiten herzustellen? Das Argument Bourdieus lautet, sie haben dafür unterschiedliches Kapital (ökonomisch, sozial, kulturell) und sie haben einen ungleichen Habitus, sie haben divergierende Fähigkeiten, diese Art der bewussten Unterscheidung herzustellen. Sie haben unterschiedliche Ressourcen. Auf der einen Seite ist das Kapital, auf der anderen Seite steht der Habitus. Also eine spezifische Art und Weise, die Welt wahrzunehmen, bestimmte Signale zu interpretieren und auf dieser Grundlage sich zu verhalten. Bourdieu geht davon aus, dass wir uns in jenen sozialen Feldern, die wir lange kennen, für die unser Kapital geeignet und auf die Habitus eingestellt ist, sehr sicher bewegen können. Er nennt dies die Fähigkeit, sich in einem Feld „wie ein Fisch im Wasser" zu bewegen. Jemand, der in einem Feld beweglich ist, muss also sich wie ein Fisch im Wasser bewegen können, es darf nicht künstlich oder gestelzt aussehen. Der Anzug beim Bewerbungsgespräch darf nicht neu gekauft aussehen, die Krawatte darf nicht zu bemüht wirken, ab einer bestimmten Hierarchiestufe im Management trägt man kein Gel mehr in den Haaren usw. Es muss eine Übereinstimmung zwischen mit dem, was die sozialen Aktuere als Ressourcen mitbringen und dem, was in diesem Feld erwartet wird. Diese Art und Weise der Passung ist das Entscheidende für Erfolg oder Misserfolg in einem Feld.

Dies sind die Basis in Bourdieus Theorie. Wir sprechen seit dem in der Ungleichheitsforschung von Zugangsbarrieren, die zum einen materieller Natur sind oder ökonomisches Kapital voraussetzen (Segel-, Golfclub etc.), zum anderen kulturelles Kapital, das in der Herstellung viel mehr Zeit kostet (die Art und Weise zu sprechen, einen Lernstil auszubilden, selbstbewusst zu sein etc.). Die Elitenforschung (Hartmann 2004, 2007) macht dies gut deutlich. Hiernach setzt der Aufstieg in gute Positionen zwei Dinge voraus. Das eine ist die formale Qualifikation (Abschlüsse, Auslandsaufenthalte, Qualifikationsmaße etc.). Das andere ist das Vorstellungsgespräch. Dieses folgt den Ritualen, auf die die Theorie Bourdieus hinarbeitet. Die Passung, das Homogamieverhältnis also, zwischen dem, was jemand mitbringen kann und dem, was das Feld erwartet, in das man eintreten will. Hier spielt der Habitus eine zentrale Rolle. Und auch wenn die Analogie nicht genau ist, in entfernter Form ist diese Funktion des Habitus mit dem Verständnis einer Rolle verwandt. Es ist eine Rolle, in die man schlüpfen kann. Nur eben, dass man für die Art und Weise, diese Rolle zu spielen, unterschiedliches Talent (das heißt soziale und individuelle Voraussetzungen) mitbringt. Man spiel eine Rolle nicht nur, man ist sie (man bewegt sich darin wie ein Fisch im Wasser). Man ist mit dieser Art der Welterschließung untrennbar verbunden, alles, was kognitiv verarbeitet wird und unser gesamter affektiver Apparat ist hiermit verknüpft. Die Art und Weise, wie

Fazit – Wozu der Anschluss an Bourdieus Forschungsperspektive? 185

wir trauern, wie wir aufnehmen, wie wir Dinge schön finden, alle ästhetischen Empfindungen sind damit gemeint. Diese Rolle ist also nicht fragmentiert (aufgeteilt in viele kleine andere Rollen, die man in anderen Zusammenhänge spielt) und nur begrenzt veränderbar. Man ist so gut wie man Zeit hatte, eine Rolle zu erlernen.

Dort wo die Reichweite des Rollenbegriffs aufhört, fängt die der Dispositionen an. Dieses Muster an Einstellungen, Haltungen, Fähigkeiten und Kompetenzen bezeichnet Anlagen zu einem typischen Verhalten. Diese Dispositionen sind meist nicht äußerlich, sondern unterhalb der Ebene der Sichtbarkeit als ein System der organischen, also der körperlichen und mentalen Dispositionen ausgebildet. Dispositionen wirken also viel grundlegender, sie wirken – das ist auch Bourdieu Sinn) wie eine Grammatik, die, wenn sie einmal eingeschrieben ist, unzählige Formen von Praxis erzeugen kann. Nur eben mit der Handschrift einer sehr spezifischen Grammatik. Diese folgen stets einem bestimmten Muster, immer einem bestimmten Habitus, einer spezifischen Denk-, Handlungs- und Wahrnehmungsgewohnheit. Wenn jemand einen speziellen Gender-Habitus internalisiert hat, einen bestimmten Geschlechtshabitus also, dann sieht er die Welt durch diese geschlechtsspezifische Brille. Wir denken allein an die Identitätskrise, wenn ein Junge mit elf, zwölf Jahren keine Muskeln bekommt (bei einem Mädchen analog die Bedeutung der Geschlechtsmerkmale). Dies ist ein Effekt einer spezifischen geschlechtsspezifischen Prägung, mit der Erwartungen an einen selbst einhergehen. Das Gleiche gilt für bestimmte Herkunftsdispositionen. Alle Formen der Erfahrung und Lebensführung, in einer Großfamilie aufzuwachsen oder in einer kleinen Familie, auf dem Land oder in der Stadt, all dies sind Wahrnehmungsmuster die als Lernstimuli wirken. Mit ihnen beginnen wir eine bestimmte Wahrnehmung der sozialen Welt auszubilden. Habitus und Dispositionen sind also eigentliche psychologische Konstrukte, mit denen ein Individuum beschrieben werden kann. Die psychologische Forschung, die diese Trägheitseffekte bei der Ausbildung solcher Dispositionen seit vielen Jahren bestätigt, ist hier also womöglich die richtige Referenztheorie (Emirbayer/Mische 1998; Grusec/Hastings 2008). Und doch vielleicht auch nicht. Im Mittelpunkt steht nicht, dass eine Verfestigungs- oder Trägheitstendenz der individuellen Dispositionen existiert, sondern wie diese Tendenz durch soziale Interaktionsverhältnisse beeinflusst wird. Die originär sozialisationstheoretische Perspektive zielt also auf die grundlegenden Differenzen der Lebensführung, die Art und Weise, wie wir die Welt kennenlernen, auf die Entwicklungszeiträume schließlich, in denen dies passiert und die für diese Einflüsse besonders sensibel sind.

Dass hier immer noch mehr Fragen als Antworten existieren, ist eindeutig. Was als Blackbox der Habitusgenese bezeichnet wurde, ist die generelle Frage nach dem Interaktionsverhältnis zwischen sozialen und individuellen Einflüssen, die zu einer Form der Entwicklung von individuellen Dispositionen führen. Der Hintergrund der entwicklungspsychologischen Forschung bedeutet für uns also nur, dass je früher ein bestimmter Einfluss erfahren wird, je länger dieser

Einfluss dauert, desto wahrscheinlicher ist es, dass dieser sich als ein kohärenter, zeitlich stabiler Habitus manifestiert. Hier besteht der sogenannte Vorrang der Ersterfahrung, was bei Bourdieu in der Theoriesprache der 1960er Jahre noch als ein Konditionierungsvorgang bezeichnet wird. Dies ist eine Ausdrucksweise, auf die wir heute nicht mehr referieren. Aber es besteht ein Vorrang der frühen Kindheit, Habitusmuster sind nach Grad der Ausprägung und Verfestigung vom Zeitpunkt ihrer Entstehung abhängig. Die biografisch am frühesten ausgebildeten Dispostionen prägen sich am nachhaltigsten auf ihre lebenslange praktische Anwendung aus. Und wiederum stellt dies nur den Regelfall, aber kein Schicksal dar. Es existieren viele Erfahrungen eines changierenden Habitus, sogar einer Habitusumkehr. Wir können immer nur von einer bestimmten Wahrscheinlichkeit der Verfestigung und des Vorrangs der frühen Erfahrungen sprechen. Was also nicht weniger zu einer Blackbox der Forschung gehört, ist die Frage der Veränderung. Die Frage nach den Einflussfaktoren, die eine Entwicklung unterbricht, die wir der Wahrscheinlichkeit nach erwarten würden. Die Unterscheidung zwischen Beharrungskräften und Veränderungspotenzialen auf Grundlage der Annahme sozial ungleicher Dispositionen gibt Abb. 17 noch abschließend wieder.

Dispositionen, als Anlagen zu einem typischen Verhalten, werden nach Darstellung in der Abbildung durch primäre, sekundäre und tertiäre Sozialisationsprozesse beeinflusst. Am vehementesten durch sogenannte primäre Effekte im Nahumfeld der Heranwachsenden, im familiären Bezugssystem. Die Einflüsse werden schwächer im sekundären Bezugssystem (Peers, Schule) und noch schwächer im Rahmen tertiärer Instanzen, also durch Referenzsysteme im Bereich der erweiterten schulischen Ausbildung oder auf dem Arbeitsmarkt. Damit wird also dem Vorrang der Ersterfahrung Raum gegeben, von der frühen, über die mittlere und späte Kindheit, bis zur späten Jugendphase. Es liegt eine permanente Variabilität vor, aber verbunden mit einem abnehmenden Einfluss der Sozialisationsinstanzen. Hiervon ausgehend verfestigen sich Dispositionen in den Entwicklungsphasen der Kindheit und Jugend immer weiter und schlagen sich in einer sehr kohärenten und stabilen Gestalt nieder. Um zu verstehen, dass Dispositionen immer nur Wahrscheinlichkeiten darstellen, aber niemals Determinationen müssen zwei Figuren unterschieden werden: (1) Die erste Figur meint die sogenannte dissipative Struktur, die entwicklungsoffene oder entwicklungsdynamische Struktur. Das wird hier als potentielle Offenheit dargestellt, die Möglichkeit, zu reflektieren, das eigene Verhalten zu verändern, anzupassen etc. Im Sinne einer Entwicklungslogik kann man hier von einem Pfad A sprechen, von einer Möglichkeit, sich zu entwickeln. Die dissipative Struktur steht also für Variabilität in der Entwicklung, eine permanente Offenheit. (2) Die zweite Figur beinhaltet Pfad A, jener Pfad, der Hysteresis- oder der Trägheitseffekte aufnimmt. Dies ist der Pfad, den wir als wahrscheinlicher annehmen. Die Entwicklungsoffenheit oder Entwicklungsdynamik stellt nicht die Wahrscheinlichkeit, sondern nur eine Potentialität dar. Wahrscheinlicher sind Träg-

Fazit – Wozu der Anschluss an Bourdieus Forschungsperspektive?

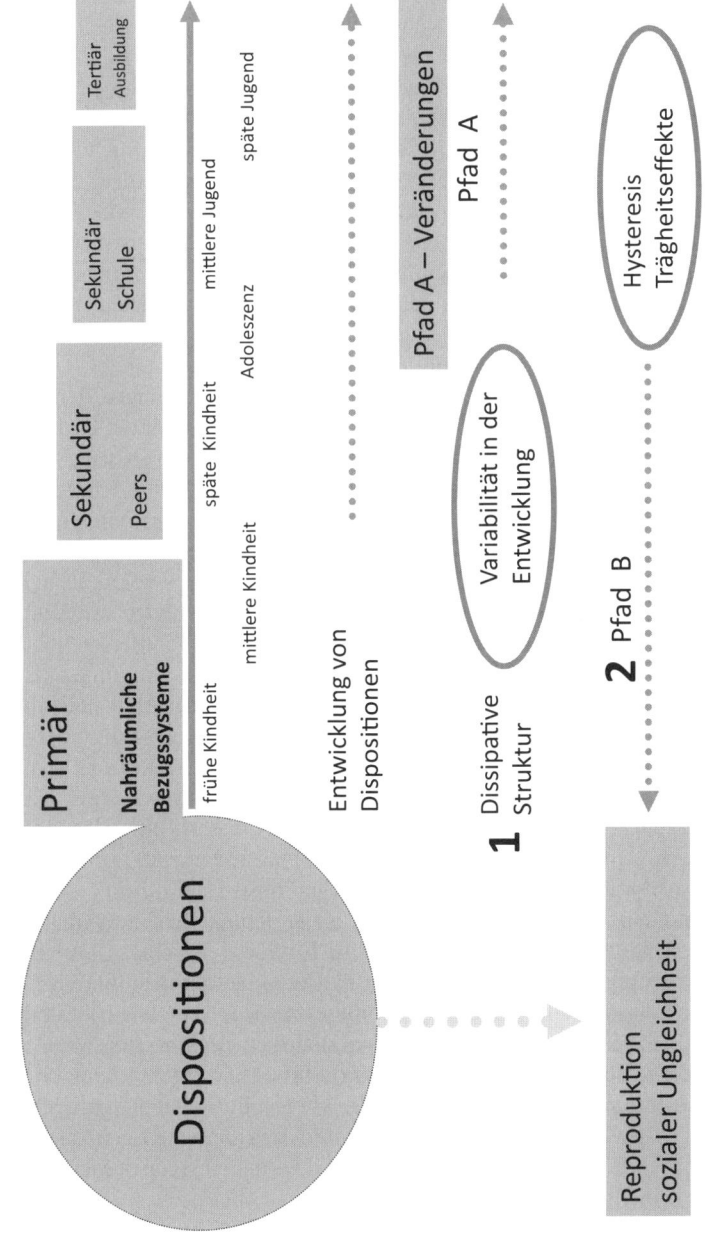

Abbildung 17   Die Entwicklung von Dispositionen, Variabilität in der Entwicklung und Trägheitseffekte.

heitseffekte. Veränderungsträge Dispositionen also, die im nahräumlichen Bezugssystem angelegt werden und die, wenn auch die Peers aus dem gleichen sozialen Milieu kommen und die Schule im gleichen Sozialraum verortet ist, ihre Stabilität der Wahrscheinlichkeit noch erhöhen. Wenn es also keine Irritationen gibt, gibt es auch kaum Veränderungsmöglichkeiten. Setzen sich also diese Trägheitseffekte durch, kann von einer Reproduktion sozialer Ungleichheit gesprochen werden.

Wenn grobschematisch diese zwei Pfade differenziert werden, dann gibt es unendlich viele Ausnahmen, aber der Trägheitseffekt bleibt dennoch die empirische Realität. Eine Ausnahme habe ich selbst vor Augen: Einer meiner Freunde in der Schulzeit war der Sohn eines großen Unternehmers. Der rauchte mit dreizehn, war absent (also abwesend), trank Alkohol und war aufsässig. Dies ging so lange, bis feststand, er schafft die Schule nicht. Seine Eltern haben ihn von der Schule genommen mit der Begründung, dass der Junge einem bestimmten Einfluss nicht mehr ausgesetzt werden sollte (in diesem Fall wohl auch meinem, denn ich war einer seiner Peers). Also kam er in ein Eliteinternat, um wieder die Dispositionen seiner Herkunft auszubilden, die herkunftsadäquat waren. Nebensächlich, dass diese Strategie aufging. Wichtiger, dass die Mechanismen der Trägheit, die zu Ungleichheiten führen, offenbar nicht immer reibungslos funktionieren. Es musste nachgeholfen werden. Und das, weil ein doppeltes Netz vorhanden war. Der Schulversager aus der Oberschicht kann also aufgefangen werden, er bekommt eine zweite Chance. Die Effekte der Hysteresis sind demnach mit Dispositionen (Habitus) verbunden, aber auch immer noch mit sehr handfesten Strukturen im Hintergrund, die als Absicherung oder Ermöglichungsbedingungen (eben als doppelte Netze) verstanden werden. Diese Effekte gelten natürlich auch in umgekehrter Hinsicht. Fehlen die doppelten Netze, wird ein Absturz um so drastischer und schneller erlebt, ein regelrechtes Durchreichen von Schulform zu Schulform, ohne eine Abfangmöglichkeit (sehr gute Schilderungen dazu bei Breyvogel 2010). Dann bleibt nur die Schule, sie ist für diejenigen, die ohne ein „Herkunftskapital" kommen, zentrale Selektionsinstanz und doppeltes Netz zugleich. Und dieses Spannungsverhältnis, das auch das schulische Potenzial für die Förderung von ressourcenschwachen Gruppen bezeichnet, bleibt immer noch ungenutzt. Die Biografien der Bildungsaufsteiger sind durch die Einflüsse einzelner LehrerInnen in der Schule geprägt, die sie gefördert oder Aufstiegsaspirationen motiviert haben.

Was bleibt also wirklich Neues, wenn jetzt wieder ein Theorierahmen der 1960er und 1970er diskutiert und mit Pierre Bourdieu ein Vertreter erneut aktuell wird, der der schichtspezifischen Sozialisationsforschung bereits zuzurechnen ist? Eine Antwort lautet sicher, dass die Frage, wie Habitus entstehen, ungebrochen aktuell ist. Wir wissen heute um so bestimmter, dass hier eine Leerstelle existiert und die Entwicklung der vergangenen zwei bis drei Jahrzehnte in der Sozialisationsforschung keinen Fortschritt dargestellt hat. Neu ist aber auch, dass wir nicht nur über Beharrung, sondern nun auch wieder über Veränderung sprechen. Kann also

Licht in die Blackbox geworfen und die Entwicklungsprozesse von habituellen Mustern entschlüsselt werden, dann ist das auch ein Schlüssel zu Veränderung von Ungleichheiten. Diesen Schlüssel in der Hand zu haben, sollte der Schule ermöglicht werden.

Literatur

Abels, Heinz/König, Alexandra (2010) Sozialisation. Soziologische Antworten auf die Frage, wie wir werden, was wir sind, wie gesellschaftliche Ordnung möglich ist und wie Theorien der Gesellschaft und der Identität ineinander spielen, Wiesbaden: VS Verlag
Adorno, Theodor W. (1966) Negative Dialektik, Frankfurt a. M.: Suhrkamp (= Ges. Schriften, Bd. 6)
Antonovsky, Aaron (1979) Health, stress and coping, San Francisco: dgvt
Arbeitsgruppe Bildungsbericht am Max-Planck-Institut für Bildungsforschung (1994) Das Bildungswesen in der Bundesrepublik Deutschland, Reinbek: Rowohlt
Arbeitsgruppe Schulforschung (Leitung K. Hurrelmann) (1980) Leistung und Versagen. Alltagstheorien von Schülern und Lehrern, München: Juventa
Baacke, Dieter/Heitmeyer, Wilhelm (Hg.) (1985) Neue Widersprüche. Jugendliche in den 80er Jahren, Weinheim/München: Juventa
Badura, Bernhard/Pfaff, Holger (1989) Streß, ein Modernisierungsrisiko? Mikro- und Makroaspekte soziologischer Belastungsforschung im Übergang zur postindustriellen Zivilisation, in: Kölner Zeitschrift für Soziologie und Sozialpsychologie, 41. Jg., H. 4, 644–668
Baltes, Paul B./Eckensberger, Lutz W. (1979) Entwicklungspsychologie der Lebensspanne, Stuttgart: Klett
Baltes, Paul B./Reese, Hayne W./Lipsitt, Lewis P. (1980) Life-Span Developmental Psychology, in: Annual Review of Psychology, 31, 65–110
Bandura, Albert (1976) Lernen am Modell. Ansätze zu einer sozial-kognitiven Lerntheorie, Stuttgart: Klett
Bandura, Albert (1979) Sozial-kognitive Lerntheorie, Stuttgart: Klett-Cotta
Barker, Roger Garlock (1968) Ecological psychology. Concepts and methods for studying the environment of human behavior, Stanford: Stanford Univ. Press
Barlösius, Eva (1999) „Das Elend der Welt". Bourdieus Modell für die „Pluralität der Perspektiven" und seine Gegenwartsdiagnose über die „neoliberale Invasion", in: BIOS (Zeitschrift für Biografieforschung und Oral History), 8. Jg., H. 1, 3–27
Bateson, Gregory (1981) Ökologie des Geistes. Anthropologische, psychologische, biologische und epistemologische Perspektiven, Frankfurt a. M.: Suhrkamp
Bateson, Gregory (1982) Geist und Natur. Eine notwendige Einheit, Frankfurt a. M.: Suhrkamp
Bauer, Ullrich (2005) Das Präventionsdilemma. Potenziale schulischer Kompetenzförderung im Spiegel sozialer Polarisierung, Wiesbaden: VS Verlag
Bauer, Ullrich (2006) Dominoeffekte sozialwissenschaftlicher Fehldiagnose. Oder: Individualisiert sozialisiert in der postmodernen Wissensgesellschaft, in: Bittlingmayer, U. H./ Bauer, U. (Hg.) Die „Wissensgesellschaft". Mythos, Ideologie oder Realität, Wiesbaden: VS Verlag, 223–250
Bauer, Ullrich/Bittlingmayer, Uwe H. (2000) Pierre Bourdieu und die Frankfurter Schule. Eine Fortsetzung der Kritischen Theorie mit anderen Mitteln?, in: Rademacher, Claudia/

Wiechens, Peter (Hg.) Verstehen und Kritik. Soziologische Suchbewegungen nach dem Ende der Gewissheiten, Wiesbaden: Westdeutscher Verlag, 241–298

Bauer, Ullrich/Vester, Michael (2008) Soziale Ungleichheit und soziale Milieus als Sozialisationskontexte, in: Hurrelmann, K./Grundmann, M./Walper, S. (Hg.): Handbuch Sozialisationsforschung. 7. vollst. überarb. Aufl.,Weinheim und Basel: Beltz, 184–202

Beck, Ulrich/Beck-Gernsheim, Elisabeth (1990) Riskante Chancen – Gesellschaftliche Individualisierung und soziale Lebens- und Liebesformen, in: Dies., Das ganz normale Chaos der Liebe, Frankfurt a. M.: Suhrkamp, 7–19

Beck, Ulrich/Giddens, Anthony/Lash, Scott (1995) Reflexive Modernisierung. Eine Kontroverse, Frankfurt a. M.: Suhrkamp

Beck, Ulrich (1983) Jenseits von Stand und Klasse? Soziale Ungleichheiten, gesellschaftliche Individualisierungsprozesse und die Entstehung neuer sozialer Formationen und Identitäten, in: Kreckel, R. (Hg.) Soziale Ungleichheiten, Soziale Welt (Sonderband 2), Göttingen: Schwartz, 35–74

Beck, Ulrich (1986) Risikogesellschaft. Auf dem Weg in eine andere Moderne, Frankfurt a. M.: Suhrkamp.

Beck, Ulrich (1999) Schöne neue Arbeitswelt. Vision Weltbürgergesellschaft, Frankfurt a. M. (= Die Buchreihe der EXPO 2000, Bd. 2)

Bell, Daniel (1985) Die nachindustrielle Gesellschaft, Frankfurt a. M.: Campus

Berger, Peter A. (1994) „Lebensstile" – strukturelle oder personenbezogene Kategorie? Zum Zusammenhang von Lebensstilen und sozialer Ungleichheit, in: Dangschat, J./ Blasius, J. (Hg.), Lebensstile in den Städten. Konzepte und Methoden, Opladen: Leske & Budrich, 137–149

Berger, Peter A. (1996) Individualisierung. Statusunsicherheit und Erfahrungsvielfalt, Opladen: Leske & Budrich

Berger, Peter L./Luckmann, Thomas (1969/1987) Die gesellschaftliche Konstruktion der Wirklichkeit. Eine Theorie der Wissenssoziologie, Frankfurt a. M: Fischer

Bernstein, Basil (1972a) Studien zur sprachlichen Sozialisation, Düsseldorf: Schwann

Bernstein, Basil (1972b) Der Unfug mit der „kompensatorischen" Erziehung, in: Betrifft: erziehung Redaktion (Hg.) Familienerziehung, Sozialschicht und Schulerfolg, Weinheim: Beltz, 21–36

Bernstein, Basil (1977) Class and Pedagogy. Visible and Invisible, in: Karabel, J. (Hg.) Power and Ideology in Education, New York: Oxford Univ. Press, 511–534

Bertram, Hans (1978) Gesellschaft, Familie und moralisches Urteil, Weinheim: Beltz

Bertram, Hans (1979) Sozialökologische Konzepte in der Sozialisationsforschung und Mehrebenenmodelle, in: Walter, H./Oerter, R. (Hg.) Entwicklung in ökologischer Sicht, Donauwörth: Auer, 210–228

Bertram, Hans (1981) Sozialstruktur und Sozialisation. Zur mikroanalytischen Analyse von Chancengleichheit, Darmstadt/Neuwied: Luchterhand

Betrifft: erziehung Redaktion (Hg.) (1972) Familienerziehung, Sozialschicht und Schulerfolg, Weinheim: Beltz

Bickerton, Derek (1981) Roots of Language, Ann Arbor: Karoma Publishers

Bittlingmayer, Uwe H. (2005) Wissensgesellschaft als Wille und Vorstellung, Konstanz: UVK.

Bittlingmayer, Uwe H./Bauer, Ullrich (Hg.) (2006) Die „Dienstleistungsgesellschaft". Mythos, Ideologie oder Realität, Wiesbaden: VS Verlag

Literatur

Bittlingmayer, Uwe (2000) Askese in der Erlebnisgesellschaft? Eine kultursoziologische Untersuchung zum Konzept der „nachhaltigen Entwicklung" am Beispiel des Car-Sharing, Wiesbaden: Westdeutscher Verlag

BMFSFJ (Bundesministerium für Familie, Senioren, Frauen und Jugend) (1998) Zehnter Kinder- und Jugendbericht. Bericht über die Lebenssituation von Kindern und die Leistungen der Kinderhilfen in Deutschland, Bundestagsdrucksache 13/11368, Bonn

BMJFFG (Bundesministerium für Jugend, Familie, Frauen und Gesundheit) (1990) Achter Jugendbericht. Bericht über die Bestrebungen und Leistungen der Jugendhilfe, Bundestagsdrucksache 11/6576, Bonn

Böhnisch, Lothar/Lenz, Karl/Schroer, Wolfgang (2009) Sozialisation und Bewältigung: Eine Einführung in die Sozialisationstheorie der zweiten Moderne. Weinheim/München: Juventa

Boltanski, Luc (1990) Die Führungskräfte. Die Entstehung einer sozialen Gruppe, Frankfurt a. M.: Campus

Bourdieu Pierre/Boltanski, Luc/de Saint Martin, Monique (1981) Kapital und Bildungskapital. Reproduktionsstrategien im sozialen Wandeln, in: Bourdieu, Pierre et al. (Hg.) Titel und Stelle. Über die Reproduktion sozialer Macht, Frankfurt a. M.: Europäisches Verlagsanstalt, 23–87

Bourdieu, Pierre (Hg.) (1999b) Eingrenzungen. Ausgrenzungen. Entgrenzungen, Internationales Jahrbuch für Literatur und Kultur 1998, Konstanz: UVK-Universitätsverlag

Bourdieu, Pierre/Boltanski, Luc (1981) Titel und Stelle. Zum Verhältnis von Bildung und Beschäftigung, in: Bourdieu et al. (Hg.) Titel und Stelle. Über die Reproduktion sozialer Macht, Frankfurt a. M.: Europäische Verlagsanstalt, 89–115

Bourdieu, Pierre/Chamboredon, Jean-Claude/Passeron, Jean-Claude (1991) [1968] Soziologie als Beruf. Wissenschaftstheoretische Voraussetzungen soziologischer Erkenntnis, Berlin/New York: de Gruyter

Bourdieu, Pierre/Champagne, Patrick (1997) Die intern Ausgegrenzten, in: Bourdieu, Pierre et al. (Hg.) Das Elend der Welt. Zeugnisse und Diagnosen alltäglichen Leidens an der Gesellschaft, Konstanz: UVK 527–533

Bourdieu, Pierre/Passeron, Jean Claude (1973a) Grundlagen einer Theorie der symbolischen Gewalt, Frankfurt a. M.: Suhrkamp

Bourdieu, Pierre/Passeron, Jean Claude (1973b) Grundlagen einer Theorie der symbolischen Gewalt, in: Dies., Grundlagen einer Theorie der symbolischen Gewalt. Kulturelle und soziale Reproduktion, Frankfurt a. M.: Suhrkamp, 7–87

Bourdieu, Pierre/Passeron, Jean-Claude (1971) Die Illusion der Chancengleichheit, Stuttgart: Klett

Bourdieu, Pierre/Wacquant, Loïc J. D. (1996) Reflexive Anthropologie, Frankfurt a. M.: Suhrkamp

Bourdieu, Pierre et al. (1981a) [1963] Eine illegitime Kunst. Die sozialen Gebrauchsweisen der Photographie, Frankfurt a. M.: Suhrkamp

Bourdieu, Pierre et al. (1981b) [1971] Titel und Stelle. Über die Reproduktion sozialer Macht, Frankfurt a. M.: Europäische Verlagsanstalt

Bourdieu, Pierre et al. (1997) Das Elend der Welt. Zeugnisse und Diagnosen alltäglichen Leidens an der Gesellschaft, Konstanz: UVK

Bourdieu, Pierre (1970a) Zur Soziologie der symbolischen Formen, Frankfurt a. M.: Suhrkamp

Bourdieu, Pierre (1970b) Strukturalismus und soziologische Wissenschaftstheorie, in: Ders., Zur Soziologie der symbolischen Formen, Frankfurt a. M.: Suhrkamp, 7–41
Bourdieu, Pierre (1970c) Klassenstellung und Klassenlage, in: Ders., Zur Soziologie der symbolischen Formen, Frankfurt a. M.: Suhrkamp, 42–74
Bourdieu, Pierre (1970d) Künstlerische Konzeption und intellektuelles Kräftefeld, in: Ders., Zur Soziologie der symbolischen Formen, Frankfurt a. M.: Suhrkamp, 75–124
Bourdieu, Pierre (1970e) Der Habitus als Vermittlung zwischen Struktur und Praxis, in: Ders., Zur Soziologie der symbolischen Formen, Frankfurt a. M.: Suhrkamp, 125–158
Bourdieu, Pierre (1973) Kulturelle und soziale Reproduktion, in: Ders./Passeron, Jean-Claude, Grundlagen einer Theorie der symbolischen Gewalt. Kulturelle und soziale Reproduktion, Frankfurt a. M.: Suhrkamp, 89–137
Bourdieu, Pierre (1976) Entwurf einer Theorie der Praxis auf der ethnologischen Grundlage der kabylischen Gesellschaft, Frankfurt a. M.; Suhrkamp
Bourdieu, Pierre (1981) [1974] Klassenschicksal, individuelles Handeln und das Gesetz der Wahrscheinlichkeit, in: Ders. et al., Titel und Stelle. Über die Reproduktion sozialer Macht, Frankfurt a. M.: Europäische Verlagsanstalt, 169–226
Bourdieu, Pierre (1982) Die feinen Unterschiede. Kritik der gesellschaftlichen Urteilskraft, Frankfurt a. M.: Suhrkamp
Bourdieu, Pierre (1985a) Sozialer Raum und „Klassen", in: Ders., Sozialer Raum und „Klassen" – Lecon sur la lecon. Zwei Vorlesungen, Frankfurt a. M.: Suhrkamp, 7–46
Bourdieu, Pierre (1985b) Leçon sur la leçon, in: Ders., Sozialer Raum und Klassen – Leçon sur la leçon. Zwei Vorlesungen, Frankfurt a. M.: Suhrkamp, 49–81
Bourdieu, Pierre (1985c) „Vernunft ist eine historische Errungenschaft, wie die Sozialversicherung." Bernd Schwibs im Gespräch mit Pierre Bourdieu, in: Neue Sammlung H. 3 (hg. von Eckart Liebau und Sebastian Müller-Rolli), 376–394
Bourdieu, Pierre (1987) Sozialer Sinn. Kritik der theoretischen Urteilskraft, Frankfurt a. M.: Suhrkamp
Bourdieu, Pierre (1989) Antworten auf einige Einwände, in: Eder, Klaus (Hg.), Klassenlage, Lebensstil und kulturelle Praxis. Theoretische und empirische Beiträge zur Auseinandersetzung mit Pierre Bourdieus Klassentheorie, Frankfurt a. M.: Suhrkamp, 395–410
Bourdieu, Pierre (1990) Was heißt sprechen? Die Ökonomie des sprachlichen Tausches, Wien: Braumüller
Bourdieu, Pierre (1991a) „Inzwischen kenne ich alle Krankheiten der soziologischen Vernunft". Pierre Bourdieu im Gespräch mit Beate Krais, in: Ders./Chamboredon, Jean-Claude/ Passeron, Jean-Claude, Soziologie als Beruf. Wissenschaftstheoretische Voraussetzungen soziologischer Erkenntnis, Berlin/New York: de Gruyter, 269–283
Bourdieu, Pierre (1991b) Politisches Feld und symbolische Macht. Gespräch mit Pierre Bourdieu, in: Berliner Journal für Soziologie, 1. Jg., H. 4, 483–487
Bourdieu, Pierre (1992a) „Fieldwork in Philosophy", in: Ders., Rede und Antwort, Frankfurt a. M.: Suhrkamp, 15–49; erstmals erschienen als: Der Kampf um die symbolische Ordnung. Pierre Bourdieu im Gespräch mit Axel Honneth, Hermann Kocyba und Bernd Schwibs, in: Ästhetik und Kommunikation 16 (1986), H. 61/62
Bourdieu, Pierre (1992b) Von den Regeln zu den Strategien, in: Ders., Rede und Antwort, Frankfurt a. M.: Suhrkamp, 79–98

Bourdieu, Pierre (1992c) Die Kodifizierung, in: Ders., Rede und Antwort, Frankfurt a. M.: Suhrkamp, 99–110

Bourdieu, Pierre (1992d) Sozialer Raum und symbolische Macht, in: Ders., Rede und Antwort, Frankfurt a. M.: Suhrkamp, 135–154

Bourdieu, Pierre (1993a) Satz und Gegensatz. Über die Verantwortung des Intellektuellen, Frankfurt a. M.: Fischer

Bourdieu, Pierre (1993b) Eine störende und verstörende Wissenschaft, in: Ders., Soziologische Fragen, Frankfurt a. M.: Suhrkamp, 19–35

Bourdieu, Pierre (1996) The state nobility. Elite schools in the field of power, Cambridge: Polity Press

Bourdieu, Pierre (1997a) Die feinen Unterschiede, in: Ders., Die verborgenen Mechanismen der Macht. Schriften zu Politik und Kultur 1, Hamburg: VSA-Verlag, 31–47

Bourdieu, Pierre (1997b) Ökonomisches Kapital – Kulturelles Kapital – Soziales Kapital, in: Ders., Die verborgenen Mechanismen der Macht. Schriften zu Politik und Kultur 1, Hamburg, 49–79; erstmals erschienen in: Kreckel, Reinhard (Hg.) (1983) Soziale Ungleichheiten, Soziale Welt, Sonderbd. 2, Göttingen, 183–198

Bourdieu, Pierre (1997c) Zur Genese der Begriffe Habitus und Feld, in: Ders., Der Tote packt den Lebenden. Schriften zur Politik und Kultur 2, Hamburg: VSA-Verlag, 59–78

Bourdieu, Pierre (1997d) Die männliche Herrschaft, in: Dölling, Irene/Krais, Beate (Hg.), Ein alltägliches Spiel. Geschlechterkonstruktion in der sozialen Praxis, Frankfurt a. M.: Suhrkamp, 153–217

Bourdieu, Pierre (1997e) Widersprüche des Erbes, in: Ders. et al., Das Elend der Welt. Zeugnisse und Diagnosen alltäglichen Leidens an der Gesellschaft, Konstanz: UVK, 651–658

Bourdieu, Pierre (1998a) Gegenfeuer. Wortmeldungen im Dienste des Widerstands gegen die neoliberale Invasion, Konstanz: UVK

Bourdieu, Pierre (1998b) Der Mythos „Globalisierung" und der europäische Sozialstaat, in: Gegenfeuer. Wortmeldungen im Dienste des Widerstands gegen die neoliberale Invasion, Konstanz: UVK, 39–52

Bourdieu, Pierre (1998e) Sozialer Raum, symbolischer Raum, in: Ders., Praktische Vernunft. Zur Theorie des Handelns, Frankfurt a. M.: Suhrkamp, 13–27

Bourdieu, Pierre (1998f) Staatsgeist. Genese und Struktur des bürokratischen Feldes, in: Ders., Praktische Vernunft. Zur Theorie des Handelns, Frankfurt a. M.; Suhrkamp, 91–136

Bourdieu, Pierre (1998g) Vom Gebrauch der Wissenschaft. Für eine klinische Soziologie des wissenschaftlichen Feldes, Konstanz: UVK

Bourdieu, Pierre (1998h) Die Ökonomie der symbolischen Güter, in: Ders., Praktische Vernunft. Zur Theorie des Handelns, Frankfurt a. M.: Suhrkamp, 159–200

Bourdieu, Pierre (2000b) Die Internationale der Intellektuellen. Wissenschaft als Beruf, Politik als Engagement: Plädoyer für eine neue politische Arbeitsteilung, in: Berliner Zeitung Nr. 134, 10./11. Juni 2000, M4

Bronfenbrenner, Urie (1976a) Ökologische Sozialisationsforschung, hg. v. Kurt Lüscher, Stuttgart: Klett

Bronfenbrenner, Urie (1976) Ökologische Sozialisationsforschung – Ein Bezugsrahmen, in: Ders., Ökologische Sozialisationsforschung, hg. v. Kurt Lüscher, Stuttgart: Klett, 199–220

Bronfenbrenner, Urie (1981) Die Ökologie der menschlichen Entwicklung. Natürliche und geplante Experimente, Stuttgart: Klett

Brubaker, Rogers (1993) Social Theory as Habitus, in: Calhoun, Craig/LiPuma, Edward/ Postone, Moishe (Hg.), Bourdieu: Critical Perspectives, Cambridge: Cambridge University Press, 212–234

Bründel, Heidrun/Hurrelmann, Klaus (1994) Bewältigungsstrategien deutscher und ausländischer Jugendlicher. Eine Pilotstudie, in: Zeitschrift für Sozialisationsforschung und Erziehungssoziologie, 14. Jg., H. 1, 2–19

Brusten, Manfred/Hurrelmann, Klaus (1973) Abweichendes Verhalten in der Schule, München: Juventa

Castells, Manuel (2005): Die Internet Galaxie. Interne, Wirtschaft und Gesellschaft. Wiesbaden: VS Verlag

Dahrendorf, Ralf (1958) Homo Sociologicus. Ein Versuch zur Geschichte, Bedeutung und Kritik der Kategorie der sozialen Rolle, Opladen: Leske & Budrich

Dallinger, Ursula (1998) Der Konflikt zwischen familiärer Pflege und Beruf als handlungstheoretisches Problem, in: Zeitschrift für Soziologie, 27. Jg., H. 2, 94–112

Dangschat, Jens S. (1998) Klassenstrukturen im Nach-Fordismus, in: Berger, Peter A./Vester, Michael (Hg.), Alte Ungleichheiten – Neue Spaltungen, Opladen: Leske & Budrich, 49–87

Denzin, Norman K. (2009) Childhood socialization. New Brunswick: Aldine Transaction

Dippelhofer-Stiem, Barbara (1995) Sozialisation in ökologischer Perspektive. Eine Standortbestimmung am Beispiel der frühen Kindheit, Wiesbaden: Westdeutscher Verlag

Doise, W./Palmonari, A. (Hg.) (1984) Social Interaction and Individual Development, Cambridge: Cambridge University Press

Edelstein, Wolfgang/Habermas, Jürgen (Hg.) (1984) Soziale Interaktion und soziales Verstehen. Beiträge zur Entwicklung der Interaktionskompetenz, Frankfurt a. M.: Suhrkamp

Edelstein, Wolfgang/Keller, Monika (Hg.) (1982) Perspektivität und Interpretation. Beiträge zur Entwicklung des sozialen Verstehens, Frankfurt a. M.. Suhrkamp

Eder, Klaus (Hg.) (1989a) Klassenlage, Lebensstil und kulturelle Praxis. Theoretische und empirische Beiträge zur Auseinandersetzung mit Pierre Bourdieus Klassentheorie, Frankfurt a. m.: Suhrkamp

Eder, Klaus (1989b) Jenseits der unvollendeten Mittelstandsgesellschaft. Das Kleinbürgertum als Schlüssel einer Klassenanalyse in fortgeschrittenen Industriegesellschaften, in: Ders., Klassenlage, Lebensstil und kulturelle Praxis. Theoretische und empirische Beiträge zur Auseinandersetzung mit Pierre Bourdieus Klassentheorie, Frankfurt a. M.: Suhrkamp, 341–392

Egger, Stephan/Pfeuffer, Andreas/Schultheis, Franz (1996) Bildungsforschung in einer Soziologie der Praxis: Pierre Bourdieu, in: Jahrbuch Bildung und Arbeit. Die Wiederentdeckung der Ungleichheit. Aktuelle Tendenzen in Bildung und Arbeit, Opladen: Leske & Budrich, 312–339

Eickelpasch, Rolf (1998) Struktur oder Kultur? Konzeptionelle Probleme der soziologischen Lebensstilanalyse, in: Hillebrandt, Frank/Kneer, Georg/Kraemer, Klaus (Hg.), Verlust der Sicherheit. Lebensstile zwischen Multioptionalität und Knappheit, Opladen: Westdeutscher Verlag, 9–25

Elder, Glen H. (1974) Children of the Great Depression. Social Change in Life Experience, Chicago

Emirbayer, Mustafa/Mische, Ann, (1998) What is agency?, in: American Journal of Sociology, vol. 103, n. 4 (Jan.), 962–1023

Endruweit, Günter (2000) Milieu und Lebensstilgruppe – Nachfolger des Schichtenkonzepts?, München/Mering: Hampp

Engel, Uwe/Hurrelmann, Klaus (1989) Psychosoziale Belastung im Jugendalter. Empirische Befunde zum Einfluß von Familie, Schule und Gleichaltrigengruppe, Berlin/New York: de Gruyter

Fend, Helmut/Hurrelmann, Klaus (1986) Zur Einführung: Sozialisations- und Persönlichkeitsentwicklung, in: Zeitschrift für Sozialisationsforschung und Erziehungssoziologie, 6. Jg., H. 1, 1–3

Fend, Helmut (2000) Entwicklungspsychologie des Jugendalters. Ein Lehrbuch für pädagogische und psychologische Berufe, Opladen: Leske & Budrich

Ferchhoff, Wilfried (1985) Zur Pluralisierung und Differenzierung von Lebenszusammenhängen bei Jugendlichen, in: Baacke, Dieter/Heitmeyer, Wilhelm (Hg.), Neue Widersprüche. Jugendliche in den 80er Jahren, Weinheim/München: Juventa, 46–85

Fuchs, Werner (1983) Jugendliche Statuspassage oder individualisierte Jugendbiographie?, in: Soziale Welt, 34. Jg., H. 3, 341–371

Gebauer, Gunter/Wulf, Christoph (Hg.) (1993) Praxis und Ästhetik. Neue Perspektiven im Denken Pierre Bourdieus, Frankfurt a. M.: Suhrkamp

Geißler, Rainer (1998) Das mehrfache Ende der Klassengesellschaft. Diagnosen sozialstrukturellen Wandels, in: Kölner Zeitschrift für Soziologie und Sozialpsychologie, Sonderheft 38, Die Diagnosefähigkeit der Soziologie, 207–233

Geulen, Dieter (2005) Subjektorientierte Sozialisationstheorie. Sozialisation als Epigenese des Subjekts in Interaktion mit der gesellschaftlichen Umwelt. Weinheim/München: Juventa.

Geulen, Dieter (Hg.) (1982) Perspektivenübernahme und soziales Handeln. Texte zur sozialkognitiven Entwicklung, Frankfurt a. M.: Suhrkamp

Geulen, Dieter/Hurrelmann, Klaus (1980) Zur Programmatik einer umfassenden Sozialisationstheorie, in: Hurrelmann, Klaus/Ulich, Dieter (Hg.), Handbuch der Sozialisationsforschung, Weinheim/Basel: Beltz, 51–67

Geulen, Dieter (2007) Sozialisation. In: Joas, Hans (Hg.): Lehrbuch der Soziologie. 3. Auflage, Frankfurt/New York: Campus, 137–158.

Geulen, Dieter (1973) Thesen zur Metatheorie der Sozialisation, in: Walter, Heinz (Hg.) Sozialisationsforschung. Band I: Erwartungen, Probleme, Theorieschwerpunkte, Stuttgart: Frommann Verlag, 85–101

Geulen, Dieter (1980) Die historische Entwicklung sozialisationstheoretischer Paradigmen, in: Hurrelmann, Klaus/Ulich, Dieter (Hg.) Handbuch der Sozialisationsforschung, Weinheim/Basel: Beltz, 15–49

Geulen, Dieter (1981) Zur Konzeptualisierung sozialisationstheoretischer Entwicklungsmodelle, in: Matthes, Joachim (Hg.) Lebenswelt und soziale Probleme. Verhandlungen des 20. Deutschen Soziologentags, Frankfurt a. M.: Campus, 537–556

Geulen, Dieter (1999) Subjekt-Begriff und Sozialisationstheorie, in: Leu, Hans Rudolf/Krappmann, Lothar (Hg.) Zwischen Autonomie und Verbundenheit. Bedingungen und Formen der Behauptung von Subjektivität, Frankfurt a. M.: Suhrkamp, 21–48

Giegel, Hans-Joachim (1989) Distinktionsstrategie oder Verstrickung in die Paradoxien gesellschaftlicher Umstrukturierung? Die Stellung der neuen sozialen Bewegungen im Raum der Klassenbeziehungen, in: Eder, Klaus (Hg.), Klassenlage, Lebensstil und

kulturelle Praxis. Theoretische und empirische Beiträge zur Auseinandersetzung mit Pierre Bourdieus Klassentheorie, Frankfurt a. M.: Suhrkamp, 143–187
Gilgenmann, Klaus (1986) Autopoiesis und Selbstsozialisation, in: Zeitschrift für Sozialisationsforschung und Erziehungssoziologie, 6. Jg., H. 1, 71–90
Goffman, Erving (1973) Interaktion, Spaß am Spiel, Rollendistanz, München: Piper
Gottschalch, Wilfried et al. (1971) Sozialisationsforschung. Materialien, Probleme, Kritik, Frankfurt a. M.: Suhrkamp
Griese, Hartmut M. (2000) Frühjahrstagungen des Zentrums für Kindheits- und Jugendforschung 1997, 1998, 1999 in Bielefeld, in: Zeitschrift für Soziologie der Erziehung und der Sozialisation, 20 Jg., H. 1, 101–106
Gross, Peter (1985) Bastelmentalität: ein ‚postmoderner' Schwebezustand?, in: Schmid, Thomas (Hg.) Das pfeifende Schwein, Berlin: Wagenbach 63–84
Gross, Peter (1994) Die Multioptionsgesellschaft, Frankfurt a. M.; Suhrkamp
Grundmann, Matthias (1994) Das „Scheitern" der sozialstrukturellen Sozialisationsforschung oder frühzeitiger Abbruch einer fruchtbaren Diskussion. Zeitschrift für Sozialisationsforschung und Erziehungssoziologie (ZSE), 14, S. 163–186.
Grundmann, Matthias (2006) Sozialisation. Skizze einer allgemeinen Theorie. UTB, Konstanz: UVK
Grundmann, Matthias (Hg.) (1999) Konstruktivistische Sozialisationsforschung. Lebensweltliche Erfahrungskontexte, individuelle Handlungskompetenzen und die Konstruktion sozialer Strukturen, Frankfurt a. M.: Suhrkamp
Grundmann, Matthias/Lüscher, Kurt (Hg.) (2000) Sozialökologische Sozialisationsforschung. Ein anwendungsorientiertes Lehr- und Studienbuch, Konstanz: UVK
Grundmann, Matthias, 1997, Individuation und Vergesellschaftung. Sozialisationstheoretische Überlegungen im Anschluß Jean Piaget und Alfred Schütz, in: Schweizerische Zeitschrift für Soziologie, 23. Jg., H. 1, 83–115
Grundmann, Matthias (1998) Norm und Konstruktion: Sozialisationstheoretische Überlegungen und empirische Befunde zum Bildungserwerbsprozeß, Opladen: Leske & Budrich
Grundmann, Matthias: Sozialisation (2006) Skizze einer allgemeinen Theorie, Konstanz: UVK
Grusec, Joan E./Hastings, Paul D. (2008) Handbook of Socialization. Theory and Research, New York/London: Guilford Press
Grusec, Joan E/Hastings, Paul D (2007) Handbook of socialization : theory and research, New York: Guilford Press.
Habermas, Jürgen (1971) Vorbereitende Bemerkungen zu einer Theorie der kommunikativen Kompetenz, in: Ders./Luhmann, Niklas (Hg.) Theorie der Gesellschaft oder Sozialtechnologie, Frankfurt a. M.: Suhrkamp, 101–141
Habermas, Jürgen (1973) [1968] Stichworte zu einer Theorie der Sozialisation, in: Ders., Kultur und Kritik. Verstreute Aufsätze, Frankfurt a. M.: Suhrkamp, 118–194
Habermas, Jürgen (1976) Moralentwicklung und Ich-Identität, in: Ders., Zur Rekonstruktion des Historischen Materialismus, Frankfurt a. M.: Suhrkamp, 63–91
Habermas, Jürgen (1981) Theorie des kommunikativen Handelns, 2 Bde., Frankfurt a. M.: Suhrkamp
Hadjar, Andreas (2008) Meritokratie als Legitimationsprinzip. Die Entwicklung der Akzeptanz sozialer Ungleichheit im Zuge der Bildungsexpansion, Wiesbaden: VS Verlag
Hartmann, Michael (2004) Elitesoziologie. Eine Einführung, Frankfurt a. M.: Campus

Hartmann, Michael (2007) Eliten und Macht in Europa. Ein internationaler Vergleich, Frankfurt a. M.: Campus
Häußermann, Hartmut/Siebel, Walter (1995) Dienstleistungsgesellschaften, Frankfurt a. M.: Suhrkamp
Havighurst, Robert J. (1972) Development Tasks and Education, New York: David McKay Company
Heitmeyer, Wilhelm/Hurrelmann, Klaus (1988) Sozialisations- und handlungstheoretische Ansätze in der Jugendforschung, in: Krüger, Heinz-Hermann (Hg.) Handbuch der Jugendforschung, Opladen: Leske & Budrich, 47–70
Heitmeyer, Wilhelm/Jacobi, Juliane (Hg.) (1991) Politische Sozialisation und Individualisierung. Perspektiven und Chancen politischer Bildung, Weinheim/München: Juventa
Heitmeyer, Wilhelm/Möller, Kurt/Sünker, Heinz (Hg.) (1989) Jugend – Staat – Gewalt. Politische Sozialisation von Jugendlichen, Jugendpolitik und politische Bildung, Weinheim/München: Juventa
Heitmeyer, Wilhelm/Möller, Kurt (1989) Milieu Attachment and -Erosion as Problems of Individual Socialization, in: Hurrelmann, Klaus/Engel, Uwe (Hg.), The Social World of Adolescents. International Perspectives, Berlin/New York: de Gruyter, 297–319
Heitmeyer, Wilhelm/Olk, Thomas (Hg.) (1990) Individualisierung und Jugend, Weinheim/München: Juventa
Heitmeyer, Wilhelm et al. (1992) Die Bielefelder Rechtsextremismus-Studie. Erste Langzeituntersuchung zur politischen Sozialisation männlicher Jugendlicher, Weinheim/München: Juventa
Heitmeyer, Wilhelm et al. (1995) Gewalt. Schattenseiten der Individualisierung bei Jugendlichen aus unterschiedlichen Milieus, Weinheim/München: Juventa
Heller, Kurt A. (1969): Zum Problem der Begabungsreserven. In: Lückert, Heinz-Rolf (Hg.), Begabungsforschung und Bildungsförderung als Gegenwartsaufgabe. München: Reinhardt, 352–430
Hengst, Heinz/Zeiher, Helga (Hg.) (2000) Die Arbeit der Kinder. Kindheitskonzept und Arbeitsteilung zwischen den Generationen, Weinheim: Juventa
Herz, Martin (1996) Disposition und Kapital. Ein Beitrag zur Bourdieu-Debatte, Wien: Braumüller
Hitzler, Ronald/Honer, Anne (1994) Bastelexistenz. Über subjektive Konsequenzen der Individualisierung, in: Beck, Ulrich/Beck-Gernsheim, Elisabeth (Hg.), Riskante Freiheiten. Individualisierung in modernen Gesellschaften, Frankfurt a. M.: Suhrkamp, 307–315
Hitzler, Ronald (1994) Sinnbasteln. Zur subjektiven Aneignung von Lebensstilen, in: Mörth, Ingo/Fröhlich, Gerhard (Hg.), Das symbolische Kapital der Lebensstile. Zur Kultursoziologie der Modern nach Pierre Bourdieu, Frankfurt a. M./New York: Campus, 75–92
Honneth, Axel (1984) Die zerrissene Welt der symbolischen Formen. Zum kultursoziologischen Werk Pierre Bourdieus, in: Kölner Zeitschrift für Soziologie und Sozialpsychologie, 36. Jg., H. 1, 147–164
Hörner, Wolfgang/Drinck, Barbara/Jobst, Solveig (2008) Bildung, Erziehung, Sozialisation. Opladen & Farmington Hills: Barbara Budrich
Hörning, Karl H./Michailow, Matthias (1990) Lebensstil als Vergesellschaftungsform. Zum Wandel von Sozialstruktur und sozialer Integration, in: Berger, Peter A./Hradil, Stefan (Hg.), Lebenslagen, Lebensläufe, Lebensstile, Soziale Welt, Sonderbd. 7, 501–522

Hradil, Stefan (1983a) Die Ungleichheit der „Sozialen Lage", in: Kreckel, Reinhard (Hg.), Soziale Ungleichheiten (Sonderband der Sozialen Welt, Bd. 2), Göttingen, 101–118

Hradil, Stefan (1983b) Entwicklungstendenzen der Schicht- und Klassenstruktur in der Bundesrepublik, in: Matthes, Joachim (Hg.), Krise der Arbeitsgesellschaft? Verhandlungen des 21. Deutschen Soziologentages in Bamberg, Frankfurt a. M.: Campus, 189–205

Hradil, Stefan (1987) Sozialstrukturanalyse in einer fortgeschrittenen Gesellschaft. Von Klassen und Schichten zu Lagen und Milieus, Opladen: Leske & Budrich

Hradil, Stefan (1992) Alte Begriffe und neue Strukturen. Die Milieu-, Subkultur- und Lebensstilforschung der 80er Jahre, in: Ders. (Hg.), Zwischen Bewusstsein und Sein. Die Vermittlung „objektiver" Lebensbedingungen und „subjektiver" Lebensweisen, Opladen: Leske & Budrich, 15–55

Hurrelmann, Klaus/Engel, Uwe (Hg.) (1989) The Social World of Adolescents. International Perspectives, Berlin/New York: de Gruyter

Hurrelmann, Klaus/Mansel, Jürgen (1993) Individualisierung in der Freizeit?, in: Zentrum für Kindheits- und Jugendforschung (Hg.), Wandlungen der Kindheit. Theoretische Überlegungen zum Strukturwandel der Kindheit heute, Opladen: Leske & Budrich, 77–94

Hurrelmann, Klaus/Mürrmann, Martin/Wissinger, Jochen (1986) Persönlichkeitsentwicklung als produktive Realitätsverarbeitung. Die interaktions- und handlungstheoretische Perspektive in der Sozialisationsforschung, in: Zeitschrift für Sozialisationsforschung und Erziehungssoziologie, 6. Jg., H. 1, 91–110

Hurrelmann, Klaus/Neubauer, Georg (1986) Sozialisationstheoretische Subjektmodelle in der Jugendforschung, in: Heitmeyer, Wilhelm (Hg.), Interdisziplinäre Jugendforschung. Fragestellungen, Problemlagen, Neuorientierungen, Weinheim/München: Juventa, 157–172

Hurrelmann, Klaus/Rosewitz, Bernd/Wolf, Hartmut K. (1984) Die Belastung von Jugendlichen durch die Schule. Bieten die gegenwärtigen Bildungs-, Ausbildungs- und Arbeitsmarktbedingungen verbesserte Chancen der Persönlichkeitsentwicklung?, in: Die Deutsche Schule, 5, 381–391

Hurrelmann, Klaus/Rosewitz, Bernd/Wolf, Hartmut K. (1985) Lebensphase Jugend. Eine Einführung in die sozialwissenschaftliche Jugendforschung, Weinheim/München: Juventa

Hurrelmann, Klaus/Ulich, Dieter (1980b) Einführung durch die Herausgeber: Aufgaben und Probleme der Sozialisationsforschung, in: Dies. (Hg.), Handbuch der Sozialisationsforschung, Weinheim: Beltz, 7–12

Hurrelmann, Klaus/Ulich, Dieter (1991b) Gegenstands- und Methodenfragen der Sozialisationsforschung, in: Dies. (Hg.), Handbuch der Sozialisationsforschung, Weinheim/Basel: Beltz, 3–20

Hurrelmann, Klaus/Wolf, Hartmut K. (1986) Schulerfolg und Schulversagen im Jugendalter, Weinheim: Juventa

Hurrelmann, Klaus (1975) Erziehungssystem und Gesellschaft, Reinbek: Rowohlt

Hurrelmann, Klaus (1976b) Gesellschaft, Sozialisation und Lebenslauf. Zum theoretischen Stand der sozialwissenschaftlichen Sozialisationsforschung, in: Ders. (Hg.), Sozialisation und Lebenslauf. Empirie und Methodik sozialwissenschaftlicher Persönlichkeitsforschung, Reinbek: Rowohlt, 15–33

Hurrelmann, Klaus (1978) Programmatische Überlegungen zur Entwicklung der Bildungsforschung, in: Bolte, Karl Martin (Hg.), Verhandlungen des 18. Deutschen Soziologentages, München, 531–564

Hurrelmann, Klaus (1983a) Das Modell des produktiv realitätsverarbeitenden Subjekts in der Sozialisationsforschung, in: Zeitschrift für Sozialisationsforschung und Erziehungssoziologie, 3. Jg., H. 3, 291–310
Hurrelmann, Klaus (1983b) Kinder der Bildungsexpansion. Die Interpretation der eigenen Bildungs- und Berufschancen durch Angehörige der Geburtsjahrgänge 1962–1964, in: Zeitschrift für Sozialisationsforschung und Erziehungssoziologie, 3. Jg., H. 3, 363–383
Hurrelmann, Klaus (1985) Soziale Ungleichheit und Selektion im Erziehungssystem. Ergebnisse und Implikationen aus der sozialstrukturellen Sozialisationsforschung, in: Strasser, Hermann/Goldthorpe, John H. (Hg.), Die Analyse sozialer Ungleichheit. Kontinuität, Erneuerung, Innovation, Opladen: Westdeutscher Verlag, 48–69
Hurrelmann, Klaus (1986) Einführung in die Sozialisationstheorie. Über den Zusammenhang von Sozialstruktur und Persönlichkeit, Weinheim: Beltz
Hurrelmann, Klaus (1989a) The Social World of Adolescents: A Sociological Perspective, in: Ders./Engel, Uwe (Hg.) The Social World of Adolescents. International Perspectives, Berlin/New York: de Gruyter, 3–26
Hurrelmann, Klaus (1989b) Adolescents as Productive Processors of Reality: Methodological Perspectives, in: Ders./Engel, Uwe (ed.), The Social World of Adolescents. International Perspectives, Berlin/New York: de Gruyter, 107–118
Hurrelmann, Klaus (1989c) Warteschleifen. Keine Berufs- und Zukunftsperspektiven für Jugendliche?, Weinheim/Basel: Beltz
Hurrelmann, Klaus (1991) Gesundheitswissenschaftliche Ansätze in der Sozialisationsforschung, in: Ders./Ulich, Dieter (Hg.), Neues Handbuch der Sozialisationsforschung, Weinheim, 189–213
Hurrelmann, Klaus (1994) Sozialisation und Gesundheit. Somatische, psychische und soziale Risikofaktoren im Lebenslauf, 3. Aufl., Weinheim/Basel: Juventa
Hurrelmann, Klaus (1995a) Risikoverhalten bei Jugendlichen, in: Ferchhoff, Wilfried/Sander, Uwe/Vollbrecht, Ralf (Hg.), Jugendkulturen – Faszination und Ambivalenz. Einblicke in jugendliche Lebenswelten. Festschrift für Dieter Baacke zum 60. Geburtstag, Weinheim: Juventa, 161–171
Hurrelmann, Klaus (1995b) Gewalt. Ein Symptom für fehlende soziale Kompetenz, in: Valentin, Renate/Portmann, Rosemarie (AK Grundschule/Grundschulverband e. V.) (Hg.) Gewalt und Aggression. Herausforderungen für die Grundschule, Frankfurt a. M.: Eichborn, 75–84
Hurrelmann, Klaus (2006) Einführung in die Sozialisationstheorie. 8. Vollst. überarb. Aufl., Weinheim/Basel: Beltz
Hurrelmann, Klaus/Matthias Grundmann, Sabine Walper (Hg.) (2008) Handbuch Sozialisationsforschung, 7. vollst. überarb. Aufl., Weinheim: Beltz
May, Michael (2004) Selbstregulierung. Eine neue Sicht auf die Sozialisation Gießen: Psychosozial-Verlag
Meadows, Sara (2009) The child as social person. New York : Routledge.
Joas, Hans (1980) Praktische Intersubjektivität. Die Entwicklung des Werkes von G. H. Mead, Frankfurt a. M.: Suhrkamp
Jostock, Simone (1999) Kindheit in der Moderne und Postmoderne. Eine bildungstheoretische und sozialwissenschaftliche Untersuchung, Opladen: Leske & Budrich

Jugendwerk der deutschen Shell (Hg.) (2000) Jugend 2000. Die 13. Shell Jugendstudie, bearb. v. Fischer, Arthur/Fritzsche, Yvonne/Fuchs-Heinritz, Werner/Münchmeier, Richard, Opladen: Leske & Budrich

Kelle, Helga/Breidenstein, Georg (1996) Kinder als Akteure: Ethnographische Ansätze in der Kindheitsforschung, in: Zeitschrift für Sozialisationsforschung und Erziehungssoziologie, 16. Jg., H. 1, 47–67

Keller, Carsten (1999) Armut in der Stadt. Zur Segregation benachteiligter Gruppen in Deutschland, Opladen/Wiesbaden: Westdeutscher Verlag

Keller, Carsten. (2005). Leben im Plattenbau. Zur Dynamik sozialer Ausgrenzung. Frankfurt a. M.., New York: Campus.

Keller, Monika (1976) Kognitive Entwicklung und soziale Kompetenz, Stuttgart: Klett

Kohlberg, Lawrence (1996) Die Psychologie der Moralentwicklung, Frankfurt a. M.: Suhrkamp

Kohlberg, Lawrence E. (1974) Zur kongnitiven Entwicklung des Kindes, Frankfurt a. M.: Suhrkamp

Kohli, Martin (1991) Lebenslauftheoretische Ansätze in der Sozialisationsforschung, in: Hurrelmann, Klaus/Ulich, Dieter (Hg.) Neues Handbuch der Sozialisationsforschung, Weinheim: Beltz, 303–317

Kohn, Melvin L. (1999) Two Visions of the Relationship Between Social Structure and Personality: The ‚Bell Curve' Versus Social Structure and Personality, in: Phyllis Moen/ Donna Dempster McClain/Henry Walker (Hg.) A Nation Divided: Diversity, Inequality and Community in American Society, New York: Cornell University Press, 34–51

Kohn, Melvin L. (1999) Social Structure and Personality under Conditions of Apparent Social Stability and Radical Social Change, in: Aleksandra Jasinska-Kania/Melvin L. Kohn/Kazimierz Slomczynski (Hg.) Power and Social Structure: Essays in Honor of Wodzimierz Wesoowski, Warsaw: University of Warsaw Press, 50–69

Kohn, Melvin L. (1981) [1969] Persönlichkeit, Beruf und soziale Schichtung, Stuttgart: Klett

Konietzka, Dirk (1994) Individualisierung, Entstrukturierung und Lebensstile. Zu einigen konzeptionellen Fragen der Analyse von Lebensstilen, in: Dangschat, Jens/Blasius, Jörg (Hg.), Lebensstile in den Städten. Konzepte und Methoden, Opladen: Leske & Budrich, 150–168

Konietzka, Dirk (1995) Lebensstile im sozialstrukturellen Kontext. Ein theoretischer und empirischer Beitrag zur Analyse soziokultureller Ungleichheiten, Opladen: Leske & Budrich

Klaus Kramer/Uwe H. Bittlingmayer (2001) Soziale Polarisierung durch Wissen. Zum Wandel der Arbeitsmarktchancen in der „Wissensgesellschaft", in: Paul A. Berger/Dirk Konietzka (Hg.) Die Erwerbsgesellschaft. Neue Ungleichheiten und Unsicherheiten, Opladen: Leske & Budrich, 313–329.

Krais, Beate (1993) Geschlechterverhältnis und symbolische Gewalt, in: Gebauer, Gunter/ Wulf, Christoph (Hg.) Praxis und Ästhetik. Neue Perspektiven im Denken Pierre Bourdieus, Frankfurt a. M.: Suhrkamp, 208–250

Krais, Beate/Gebauer, Gunter (2002) Habitus, Bielefeld: transcript

Krappmann, Lothar (1985) Mead und die Sozialisationsforschung. In: Joas, Hans (Hg.) Das Problem der Intersubjektivität. Neuere Beiträge zum Werk George Herbert Meads, Franklurt a. M.: Suhrkamp

Krappmann, Lothar (1999b) Die Reproduktion des Systems gesellschaftlicher Ungleichheit in der Kinderwelt, in: Grundmann, Matthias (Hg.) Konstruktivistische Sozialisationsforschung. Lebensweltliche Erfahrungskontexte, individuelle Handlungskompetenzen und die Konstruktion sozialer Strukturen, Frankfurt a. M.: Suhrkamp, 228–239

Kreckel, Reinhard (1998) Klassentheorie am Ende der Klassengesellschaft, in: Berger, Peter A./Vester, Michael (Hg.) Alte Ungleichheiten – Neue Spaltungen, Opladen: Leske & Budrich, 31–47

Krüger, Heinz-Hermann/Rabe-Kleberg, Ursula/Kramer, Rolf-Torsten/Budde, Jürgen (Hg.) (2010) Bildungsungleichheit revisited. Bildung und soziale Ungleichheit vom Kindergarten bis zur Hochschule, Wiesbaden: VS-Verlag

Krüger, Heinz-Hermann/Marotzki, Winfried (Hg.) (1999) Handbuch erziehungswissenschaftliche Biografieforschung, Opladen: Leske & Budrich

Labov, William (1966) The Social Stratification of English in New York City, Washington D. C.: Center for Applied Linguistics

Lareau, Annette (2003) Unequal Childhoods. Class, Race, and Family Life. Berkeley and Los Angeles, California: University of California Press

Lerner, Richard M./Busch-Rossnagel, Nancy A. (Hg.) (1981) Individuals as Producers of Their Development. A Life-Span Perspective, New York: Academic Press

Leu, Hans Rudolf/Krappmann, Lothar (Hg.) (1999a) Zwischen Autonomie und Verbundenheit. Bedingungen und Formen der Behauptung von Subjektivität, Frankfurt a. M.: Suhrkamp

Leu, Hans Rudolf/Krappmann, Lothar (1999b) Subjektorientierte Sozialisationsforschung im Wandel, in: Dies. (Hg.), Zwischen Autonomie und Verbundenheit. Bedingungen und Formen der Behauptung von Subjektivität, Frankfurt a. M.: Suhrkamp, 11–18

Leu, Hans Rudolf (1997) Die neue Aktualität der Sozialisationsforschung, in: Diskurs 1/97, 4–7

Liebau, Eckard (1987) Gesellschaftliches Subjekt und Erziehung. Zur pädagogischen Bedeutung der Sozialisationstheorie von Pierre Bourdieu und Ulrich Oevermann, Weinheim/München: Juventa

Liebau, Eckart/Müller-Rolli, Sebastian (Hg.) (1985) Lebensstil und Lernform. Zur Kultursoziologie Pierre Bourdieus (= Neue Sammlung, H. 3), Stuttgart: Klett

Lorenz, Lothar (1972) Arbeiterfamilie und Klassenbewusstsein. Zum Zusammenhang von der Klassenlage der Familie, der familiären Sozialisation der Kinder und dem Klassenbewusstsein des Arbeiters, Gießen: Achenbach

Lüdtke, Hartmut (1989) Expressive Ungleichheit. Zur Soziologie der Lebensstile, Opladen: Leske & Budrich

Lüdtke, Hartmut (1990) Lebensstile als Dimension handlungsproduzierter Ungleichheit, in: Berger, Peter A./Hradil, Stefan (Hg.), Lebenslagen, Lebensläufe, Lebensstile, Soziale Welt, Sonderbd. 7, 433–454

Ludwig, Monika/Leisering, Lutz/Buhr, Petra (1995) Armut verstehen, in: aus Politik und Zeitgeschichte. Beilage zur Wochenzeitung Das Parlament, 45 (B 31/32), 24–34

MacLeod, Jay (2004): Ain't No Makin' It. Boulder, Colorado: Westview Press

Mansel, Jürgen/Hurrelmann, Klaus, (1991) Alltagsstreß bei Jugendlichen. Eine Untersuchung über Lebenschancen, Lebensrisiken und psychosoziale Befindlichkeiten im Statusübergang, Weinheim/München: Juventa

Mansel, Jürgen/Hurrelmann, Klaus (1992) Belastungen Jugendlicher bei Statusübergängen. Eine Längsschnittstudie zu psychosomatischen Folgen beruflicher Veränderungen, in: Zeitschrift für Soziologie, 21. Jg., H. 5, 366–387

Mansel, Jürgen/Palentin, Christian (1998) Vererbung von Statuspositionen. Eine Legende aus vergangenen Zeiten?, in: Berger, Peter A./Vester, Michael (Hg.), Alte Ungleichheiten – Neue Spaltungen, Opladen: Leske & Budrich, 231–253

Mansel, Jürgen (1995) Sozialisation in der Risikogesellschaft. Eine Untersuchung zu psychosozialen Belastungen Jugendlicher als Folge ihrer Bewertung gesellschaftlicher Belastungspotentiale, Neuwied: Luchterhand

Matthiesen, Ulf (1989) „Bourdieu" und „Konopka". Imaginäres Rendezvous zwischen Habituskonstruktion und Deutungsmusterrekonstruktion, in: Klaus Eder (Hg.), Klassenlage, Lebensstil und kulturelle Praxis. Theoretische und empirische Auseinandersetzung mit Pierre Bourdieu Klassentheorie, Frankfurt a. M.; Suhrkamp, 221–299

Mead, George H. (1987a) Die Genesis der Identität und die soziale Kontrolle. In: Joas, Hans (Hrsg.): George H. Mead. Gesammelte Aufsätze. Band 1, Frankfurt a. M.: Suhrkamp, 299–328.

Mead, George H. (1987b) Sozialpsychologie als Gegenstück zur physiologischen Psychologie. In: Joas, Hans (Hrsg.): George H. Mead. Gesammelte Aufsätze. Band 1, Frankfurt a. M.: Suhrkamp, 199–209.

Mead, George H. (1987c) Eine behavioristische Erklärung des signifikanten Symbols. In: Joas, Hans (Hrsg.): George H. Mead. Gesammelte Aufsätze. Band 1, Frankfurt a. M.: Suhrkamp, 290–298.

Mead, George H. (1987d) Der Mechanismus des sozialen Bewusstseins. In: Joas, Hans (Hrsg.): George H. Mead. Gesammelte Aufsätze. Band 1, Frankfurt a. M.: Suhrkamp, 232–240.

Mead, George Herbert (1995) Geist, Identität und Gesellschaft aus der Sicht des Sozialbehaviorismus/George Herbert Mead. Frankfurt a. M.: Suhrkamp

Michailow, Matthias (1994) Lebensstil und soziale Klassifizierung. Zur Operationsweise einer Praxis sozialer Unterscheidung, in: Dangschat, Jens/Blasius, Jörg (Hg.), Lebensstile in den Städten. Konzepte und Methoden, Opladen: Leske & Budrich, 27–46

Mörth, Ingo/Fröhlich, Gerhard (Hg.) (1994) Das symbolische Kapital der Lebensstile. Zur Kultursoziologie der Moderne nach Pierre Bourdieu, Frankfurt a. M./New York: Campus

Müller, Hans-Peter (1992) Sozialstruktur und Lebensstile. Der neuere theoretische Diskurs über soziale Ungleichheit, Frankfurt a. M.

Müller, Hans-Peter (1995) Differenz und Distinktion. Über Kultur und Lebensstile, in: Merkur, 49. Jg., H. 558/559, 927–934

Müller-Schneider, Thomas (1998a) Subjektivität und innengerichtete Modernisierung. Erlebniskultur in der Metamorphose, in: Hillebrandt, Frank/Kneer, Georg/Kraemer, Klaus (Hg.) Verlust der Sicherheit? Lebensstile zwischen Multioptionalität und Knappheit, Opladen. Westdeutscher Verlag, 137–157

Müller-Schneider, Thomas (1998b) Subjektbezogene Ungleichheit. Ein Paradigma zur Sozialstrukturanalyse postindustrieller Gesellschaften, in: Berger, Peter A./Vester, Michael (Hg.) Alte Ungleichheiten – Neue Spaltungen, Opladen: Leske & Budrich, 275–296

Neckel, Sighard (1991) Status und Scham. Zur symbolischen Reproduktion sozialer Ungleichheit, Frankfurt a. M./New York: Campus

Neumann, Karl (1997) Mit sich selbst identische Subjekte? Welche Identität soll und kann die Schule heute vermitteln, in: Neue Sammlung. Vierteljahres-Zeitschrift für Erziehung und Gesellschaft, 37. Jg., H. 3, 419–437

Oerter, Rolf/Montada, Leo (Hg.) (1979) Brennpunkte der Entwicklungspsychologie, Stuttgart: Kohlhammer

Oerter, Rolf/Montada, Leo (Hg.) (1982) Entwicklungspsychologie. Ein Lehrbuch, München: Urban & Schwarzenberg

Oerter, Rolf (1982) Jugendalter, in: Ders./Montada, Leo (Hg.), Entwicklungspsychologie, München: Urban & Schwarzenberg, 242–313

Oevermann, Ulrich et al., (1976a) Die sozialstrukturelle Einbettung von Sozialisationsprozessen: Empirische Ergebnisse zur Ausdifferenzierung des globalen Zusammenhangs von Schichtzugehörigkeit und gemessener Intelligenz sowie Schulerfolg, in: Zeitschrift für Soziologie, 5. Jg., H. 2, 167–199

Oevermann, Ulrich et al. (1976b) Beobachtungen zur Struktur der sozialisatorischen Interaktion, in: Lepsius, M. Rainer (Hg.) Zwischenbilanz der Soziologie, Stuttgart: Klett, 274–295

Oevermann, Ulrich (1972) Sprache und soziale Herkunft. Ein Beitrag zur Analyse schichtspezifischer Sozialisationsprozesse und ihre Bedeutung für den Schulerfolg, Frankfurt a. M.: Suhrkamp

Oevermann, Ulrich (1976) Programmatische Überlegungen zu einer Theorie der Bildungsprozesse und zur Strategie der Sozialisationsforschung, in: Hurrelmann, Klaus (Hg.), Sozialisation und Lebenslauf. Empirie und Methodik sozialwissenschaftlicher Persönlichkeitsforschung, Reinbek: Rowohlt, 34–52

Oevermann, Ulrich (1979) Sozialisationstheorie. Ansätze zu einer soziologischen Sozialisationstheorie und ihre Konsequenzen für die allgemeine soziologische Analyse, in: Kölner Zeitschrift für Soziologie und Sozialpsychologie, Sb. 21 (hg. v. Günter Lüschen), 143–168

Olbrich, Erhard (1984) Jugendalter – Zeit der Krise oder der produktiven Anpassung?, in: Ders./Todt, Eberhard (Hg.) Probleme des Jugendalters. Neuere Sichtweisen, Berlin: Springer, 1–49

Olk, Thomas (1985) Jugend und gesellschaftliche Differenzierung – Zur Entstrukturierung der Jugendphase, Zeitschrift für Pädagogik (Sonderheft), 290–302

Olson, James M., C. Peter Herman, Mark P. Zanna (Hg.) (1986) Relative Deprivation and Social Comparison, Lawrence Erlbaum Associates

Oswald, H. (1997) Sozialisation, Entwicklung und Erziehung im Kindesalter. Zeitschrift für Pädagogik. Forschungs und Handlungsfelder der Pädagogik, 36. Beiheft, 52–74. Weinheim – Basel: Beltz

Piaget, Jean (1972) Psychologie und Intelligenz, Olten: Walter

Piaget, Jean (1973) Das moralische Urteil beim Kinde, Frankfurt a. M.: Suhrkamp

Picht, Georg (1964) Die deutsche Bildungskatastrophe. Analyse und Dokumentation, Olten: Walter

Portele, Gerhard (1985) Habitus und Lernen. Sozialpsychologische Überlegungen, in: Neue Sammlung, H. 3, (hg. von Eckart Liebau und Sebastian Müller-Rolli), 298–313

Rademacher, Claudia (1999) Vielfalt der Familie – Einfalt der Schule. Familiensoziologische Gesichtspunkte, in: Preuß, Eckhardt/Itze, Ulrike/Ulonska, Herbert (Hg.), Lernen und Leisten in der Grundschule, Bad Heilbrunn: Klinkhardt, 133–149

Reichwein, R. (1985). Das deutsche Schulsystem im Reproduktionsprozeß der Gesellschaft. In: Buer, F. et al. (Hg.) Zur Gesellschaftsstruktur der BRD. Beiträge zur Einführung in ihre Kritik, 2. überarb. Aufl., Münster: Westfälisches Dampfboot, 234–300

Ritsert, Jürgen (1998) Soziale Klassen, Münster: Westfälisches Dampfboot

Rodax, Klaus/Spitz, Norbert (1982) Soziale Umwelt und Schulerfolg. Eine empirisch-soziologische Untersuchung der ökologisch und sozialstrukturell variierenden Determinanten des Schulerfolgs, Weinheim: Beltz

Rolff, Hans-Günter (1967) Sozialisation und Auslese durch die Schule, Heidelberg: Quelle & Meyer

Rolff, Hans-Günter (1997) Sozialisation und Auslese durch die Schule, überarb. Neuaufl., Weinheim/München: Juventa

Sadovnik, Alan R. Basil Bernstein (2001) in: Prospects: the quarterly review of comparative education, vol. XXXI, no. 4, December 2001, 687–703.

Sameroff, Arnold (Hg.) (2009) The Transactional Model of Development. How Children and Contexts Shape Each Other. Washington D. C.: American Psychological Association

Scherr, Albert (2008) Sozialisation, Person, Individuum, in: Einführung in Hermann Korte/ Bernhard Schäfers (Hg.) Hauptbegriffe der Soziologie, 7. grundleg. Überarb. Aufl., Wiesbaden: VS Verlag, 45–68

Schmeiser, Martin (1986) Pierre Bourdieu – Von der Sozio-Ethnologie Algeriens zur Ethno-Soziologie der französischen Gegenwartsgesellschaft. Eine bio-bibliographische Einführung, in: Ästhetik und Kommunikation, 61/62, 167–183

Schneewind, Klaus A./Beckmann, Michael/Engfer, Anette (1983) Eltern und Kinder. Umwelteinflüsse auf das familiäre Verhalten, Stuttgart: Kohlhammer

Schnierer, Thomas (1996) Von der kompetitiven Gesellschaft zur Erlebnisgesellschaft? Der „Fahrstuhl-Effekt", die subjektive Relevanz der sozialen Ungleichheit und die Ventilfunktion des Wertewandels, in: Zeitschrift für Soziologie, 25. Jg., H. 1, 71–82

Schulze, Gerhard (1992) Die Erlebnisgesellschaft. Kultursoziologie der Gegenwart, Frankfurt a. M./New York: Campus

Schwingel, Markus (1993) Analytik der Kämpfe. Macht und Herrschaft in der Soziologie Bourdieus, Hamburg: Argument

Schwingel, Markus (1995) Bourdieu zur Einführung, Hamburg: Junius

Sennett, Richard (1998) Der flexible Mensch. Die Kultur des neuen Kapitalismus, Berlin: Berlin Verlag

Slomp, Hans (2000). European Politics Into the Twenty-First Century: Integration and Division, Westport: Praeger

Statistisches Bundesamt (Hg.) (1994) Datenreport 1994. Zahlen und Fakten über die Bundesrepublik Deutschland, in Zusammenarbeit mit dem Wissenschaftszentrum Berlin für Sozialforschung und dem Zentrum für Umfragen, Methoden und Analysen Mannheim (= Schriftenreihe der Bundeszentrale für politische Bildung, Bd. 325)

Stecher, Ludwig/Dröge, Raimund (1996) Bildungskapital und Bildungsvererbung, in: Silbereisen, Rainer K./Vaskovics, Laszlo A./Zinnecker, Jürgen (Hg.), Jungsein in Deutschland. Jugendliche und junge Erwachsene 1991 und 1996, Opladen, 331–348

Stecher, Ludwig (1999) Bildungsergeiz der Eltern, soziale Lage und Schulbesuch der Kinder, in: Silbereisen, Rainer K./Zinnecker, Jürgen (Hg.), Entwicklung im sozialen Wandel, Weinheim, 337–356

Steinkamp, Günther (1986) Jugendbezogene Lebenslagenforschung als interdisziplinäre Mehrebenenanalyse, in: Heitmeyer, Wilhelm (Hg.), Interdisziplinäre Jugendforschung. Fragestellungen, Problemlagen, Neuorientierungen, Weinheim/München: Juventa, 133–154

Steinkamp, Günther (1991) Sozialstruktur und Sozialisation, in: Hurrelmann, Klaus/Ulich, Dieter (Hg.), Neues Handbuch der Sozialisationsforschung, Weinheim: Juventa, 251–277

Strasser, Hermann/Dederichs, Andrea Maria (2000) Die Restrukturierung der Klassengesellschaft: Elemente einer zeitgenössischen Ungleichheitstheorie, in: Berliner Journal für Soziologie, 10. Jg., H. 1, 79–98

Sutter, Hansjörg (1997) Bildungsprozesse des Subjekts. Eine Rekonstruktion von Ulrich Oevermanns Theorie- und Forschungsprogramm, Opladen: Leske & Budrich

Sutter, Tilmann (2009) Interaktionistischer Konstruktivismus zur Systemtheorie der Sozialisation, Wiesbaden: VS Verlag

Tajfel, Henri (1982) Social identity and intergroup relations, Cambridge: Cambridge University Press

Tamke, Fanny (2008) Jugenden, soziale Ungleichheit und Werte. Theoretische Zusammenführung und empirische Überprüfung, Wiesbaden: VS Verlag

Tillmann, Klaus-Jürgen (1989) Sozialisationstheorien. Eine Einführung in den Zusammenhang von Gesellschaft, Institution und Subjektwerdung, Reinbek: Rowohlt

Tillmann, Klaus-Jürgen (2010) Sozialisationstheorien : Eine Einführung in den Zusammenhang von Gesellschaft, Institution und Subjektwerdung, Reinbek: Rowohlt

Trudgill, Peter (2000) Sociolinguistics: An introduction to language and society, 4. Aufl. London: Penguin

Ulich, Dieter (1987) Krise und Entwicklung. Zur Psychologie der seelischen Gesundheit, München: Beltz

Vaskovics, Laszlo A. (Hg.) (1982) Umweltbedingungen familialer Sozialisation, Beiträge zur sozialökologischen Sozialisationsforschung, Stuttgart: Enke

Veith Hermann (1996) Theorien der Sozialisation. Zur Rekonstruktion des modernen sozialisationstheoretischen Denkens, Frankfurt a. M.: Campus

Veith, Hermann (2008) Sozialisation, München: Reinhardt

Veith, Werner H. (2005) Soziolinguistik. Ein Arbeitsbuch; 2. Aufl., Tübingen: Narr

Vester M./v. Oertzen P./Geiling H. (2001). Soziale Milieus im gesellschaftlichen Strukturwandel. Zwischen Integration und Ausgrenzung, Frankfurt a. M.: Suhrkamp.

Vester, Hans-Günther (1991) Sozialer Streß und seine Folgen in der Bundesrepublik Deutschland, in: Kölner Zeitschrift für Soziologie und Sozialpsychologie, 43. Jg., H. 2, 558–569

Vester, M. (2004). Die Illusion der Bildungsexpansion. Bildungsöffnungen und soziale Segregation in der Bundesrepublik Deutschland, in: Engler, S./Krais, B. (Hg.): Das kulturelle Kapital und die Macht der Klassenstrukturen. Sozialstrukturelle Verschiebungen und Wandlungsprozesse des Habitus, Weinheim: Juventa, 13–53.

Vester, Michael/Gardemin, Daniel, (2001) Milieu und Klassenstruktur. Auflösung, Kontinuität oder Wandel der Klassengesellschaft?, in: Rademacher, Claudia/Wiechens, Peter (Hg.) Geschlecht – Ethnizität – Klasse. Zur sozialen Konstruktion von Hierarchie und Differenz, Opladen: Leske & Budrich, 219–274

Wacquant, Loïc J. D. (1996) Auf dem Weg zu einer Sozialpraxeologie. Struktur und Logik der Soziologie Pierre Bourdieus, in: Bourdieu, Pierre/Ders., Reflexive Anthropologie, 17–93

Wagner, Hans-Josef (1993) Sinn als Grundbegriff in den Konzeptionen von George Herbert Mead und Pierre Bourdieu. Ein kritischer Vergleich, in: Gebauer, Gunter/Wulf, Christoph (Hg.) Praxis und Ästhetik. Neue Perspektiven im Denken Pierre Bourdieus, Frankfurt a. M.: Suhrkamp, 317–340

Wagner, Hans-Josef (2004a) Krise und Sozialisation: strukturale Sozialisationstheorie II, Frankfurt a M.: Humanities online

Wagner, Hans-Josef (2004b) Sozialität und Reziprozität strukturale Sozialisationstheorie I, Frankfurt a. M.: Humanities online

Walker, Ian/Smith, Heather J. (Hg.) (2002) Relative Deprivation. Specification, Development, and Integration, Cambridge: University Press

Walter, Heinz (1973) Einleitung oder Auf der Suche nach einem sozialisationstheoretischen Konzept, in: Ders. (Hg.) Sozialisationsforschung (3 Bde.). Erwartungen, Probleme, Theorieschwerpunkte (Bd. 1), 13–65

Wenzel, Harald (1990) George Herbert Mead zur Einführung. Hamburg: Junius

Wolf, Hartmut K. (1985) Bildung und Biografie. Der 2. Bildungsweg in der Perspektive des Bildungslebenslaufs, Weinheim: Beltz

Wrong, Dennis H. (1961) The oversocialized conception of man in modern society, in: American Sociological Review, vol. 26, n. 2, 183–193

Wurzbacher, Gerhard (1963) Sozialisation – Enkulturation – Personalisation, in: Ders. (Hg.) Sozialisation und Personalisation. Beiträge zu Begriff und Theorie der Sozialisation, Stuttgart: Enke, 1–36

Zentrum für Kindheits- und Jugendforschung (Hg.) (1993) Wandlungen der Kindheit. Theoretische Überlegungen zum Strukturwandel der Kindheit heute, Opladen: Leske & Budrich

Zimmermann, Peter (2006) Grundwissen Sozialisation. Einführung zur Sozialisation im Kindes- und Jugendalter, Wiesbaden: VS Verlag

Meadows, Sara (2010) The Child a Social Person, London/New York: Routledge

Zinnecker, Jürgen (1986) Jugend im Raum gesellschaftlicher Klassen. Neue Überlegungen zu einem alten Thema, in: Heitmeyer, Wilhelm (Hg.) Interdisziplinäre Jugendforschung. Fragestellungen, Problemlagen, Neuorientierungen, Weinheim/München: Juventa, 99–132

Zinnecker, Jürgen (2000) Selbstsozialisation – Essay über ein aktuelles Konzept, in: Zeitschrift für Soziologie der Erziehung und der Sozialisation, 20. Jg., H. 3, 272–290